武田晴人

事件から読みとく

日本企業史

有斐閣

目　次

第6章　綿業総解合（そうとけあい）　市場の暴走　95

第7章　三菱・川崎争議　協調的労資関係の起源　117

はしがき

この書物では、明治維新以降の企業が直面したさまざまな「事件」を素材にしながら、企業がそれぞれの時代に、どのような役割を果たしていたのか、あるいはどのような役割を果たすものだと考えられていたのかについて、政府との関係、株主との関係、取引相手との関係、従業員との関係など、企業に関わるさまざまな人びとやその置かれた時代背景と関係に注目しながら、考えてみたいと思います。

このような視点に立つ理由は、企業に関する考え方が歴史的にみて変化し続けているからです。最近では二〇一九年八月に、米国主要企業の経営者団体であるビジネスラウンドテーブルが「幅広い利害関係者（ステークホルダー）に配慮した経営」を推奨する声明を出しています。一九八〇年代以降、株主第一主義を主唱して企業経営のあり方に大きな影響を与えてきた米国ですが、近年では、このように幅広い社会関係を視野に入れた企業活動が求められるようになっていることは注目されてよいでしょう。

もちろん現在でも、企業経営に関する論調の主流は株主主権を堅持しています。しかし、そこでも「物言う株主」のなかから、持続可能な開発目標（SDGs）や地球温暖化対策への配慮を経営陣に求める声もあがるようになっています。それは狭い意味での株主利益を優先するというあり方からの方向転換を求めています。「企業は株主のもの」という株主主権論を逆手にとって、株主の発言権を最大限利用して企業経営のあり方に短期的な利益優先とは異なる、新しい目標を加えることを求めているのです。このような動きは、二〇二〇年度にマイクロソフト社が「組み込まれた誠実性（Integrity Built in）」としてサプライヤーの労働安全性や責任ある原材料の調達など、設計から調達、製造、流通、利用、廃棄に至る製品のライフサイクル全体における「環境・社会・ガバナンス（ＥＳＧ）」を意識した取り組みを実施している報告と軌を一にしています。これは、目先の利益を追い求めているようにみえる投資の世界でも、ＥＳＧ投資とよばれるような環境や社会などの要素を重視している企業への投資を促す仕組みが影響力を高めていることを示しています。

また、日本企業でも、ユニクロを運営するファーストリテイリングでは、社会・環境に配慮した「サステナブルな商品」の実現に向けて、倫理的かつ責任ある方法により原材料を調達するとして、サステナブルなコットンの調達比率一〇〇％を目指し、コットンの収穫時に政府主導の強制労働が行われている懸念が指摘されているウズベキスタンで産出されるコットンを使用しないと宣言しています。国際政治のパワーゲームが影を落としている面はあるとはいえ、国際的にみた人権意識の高まりなどを背景に、企業は原材料調達先の労働環境にまで配慮しているわけです。もちろん、この動きについて、問題のある原材料の使用が消費者からの批判、不買につながるという懸念からの経営判断であるとみることはできます。しかし、かつて発展途上国への工場移転が安価な労働力の利用を目的とし、安価な原材料の調達が優先されていたことに比べると明らかに様変わりしています。消費者の選択まで視野に入れる必要が生じており、安価な労働力・安価な原材料というような単純な利潤追求行動の見直しが求められています。企業に求められている役割期待が変わりつつあること、株主主権の時代が終わりつつあることを示唆しているようにも思います。

このように企業に対する見方は、時代とともに変化すると考えることができます。企業に期待される役割は、社会的な課題に対する認識の変化とともに、時代状況を映し込んで変わってきたのです。そして、そうした役割を担わせることができると考えられるほどに、近現代の経済社会において企業は重要な役割を果たし続けてきました。

それは近現代経済社会の次のような特質に基づいています。近代的な経済発展は、「市場経済」といわれることもあるように市場における取引の拡大によって進められてきたと考えられています。その市場でもっとも重要なプレーヤーが企業です。ただし、それは市場が主で企業が従というわけでないことはいうまでもありません。その意味では、「市場経済」という表現は、近代経済社会の特質を正確に表現できていないのです。

本書は、市場と企業は近代経済発展の車の両輪だという考え方に立っています。経済の成長・発展は、市場が自律的な調整を進めていくことによってだけ実現するわけではありません。市場は調整の場の一つで、そこでは主として競争的な枠組みによって、自律的な調整が可能になると経済学の教科書は教えています。市場に登場する二つのタイプの異なるプレーヤー、つまり、家計＝個人消費者と企業のうち、この競争過程を通してこれほどまでに「豊かな」社会を作り出した主役は、企業だといっても過言ではないということでしょう。

しかし、市場と企業との関係は、単に「競争の場とプレーヤー」という関係ではありません。市場も企業も時代とともに、その働きを変えてきました。そうしたなかで市場は、その空間的な広がりもゆがみも異なってきました。また、企業も委ねられる経済活動が異なってきました。一般的には、企業が発展することは、市場の働きを強めると同時に、それを制限することもあったというのが、もっとも妥当な評価だろうと思います。これは、現在の標準的な経済学の教科書とは異なる捉え方かもしれません。しかし、企業という組織の発展は、その組織内での経済的な資源の配分を増大させています。それによって市場の働きが制限されていくことは、しばしば観察されます。経済発展とともに誕生する大企業は、この代表例です。しかし、大企業の時代に市場の働きが一方的に弱体化するわけではありません。このような企業と市場の関係を解き明かすことが経済発展のメカニズムを明らかにする重要な鍵の一つだと考えています。

そうした視点に立ったとき、その時代時代の企業のあり方を「事件」という視角から検討することは、とくに異常な事態、つまり何か経営上の問題が発生したときに注目するという意味では、やや「裏口」からの接近という印象もあります。しかし、それは重要な糸口を与えてくれると思います。

なぜ「事件」に注目するのかというと、企業の日常的な活動とは異なって、世間の耳目を集め、ビジネス社会に何らかのあるインパクトを与えた「事件」は、その時代状況を映す鏡となると考えることができるからです。それに、そうした事件の方が、さまざまな利害関係者の多様な情報が意外と残っているものです。もちろん、利害関係者全体を捉えうるという本書執筆の意図に沿って、すべての素材が適切に選択され、必要な情報が十分に収集されているというほどの自信はありません。「失敗」の経験に着目する経営史の研究が登場するようになった現在では、そうした類書が少なからず存在しますし、個々の事件については、より詳細な書物が書かれている場合もあります。いくつかの代表的な書物は参考文献に掲げてあります。それらを参考にしながら、おそらく、この小さな書物ではとても扱いきれないほどの多くの事件のなかから、関心の赴くままにお話ししていこうと思います。どこから読んでいただいてもかまいませんが、時代の変化は、それなりに追えるように構成したつもりなので、順番に読んでいただくことの方が、私からのメッセージは伝わるかもしれません。

歴史的なアプローチを用いた書物ですから、企業とは何か、というような問題について、理論的な答えが直接に出てくるものではありませんが、いくつもの「事件」の経過や背景を掘り下げていくなかで、何かヒントになるものが見出されればと思います。ただし、企業と株主との関係にとくに関心のある人は、4章、5章、8章などに、企業と従業員との労使関係に関心があれば、7章、10章、11章などに、企業と政府との関係に関心があれば、1章、2章、9章、12章というように主題を選んで読んでいただくこともできるでしょう。その方が、それぞれの視点からの歴史的な変化がより鮮明になるかもしれません。

全体を通して、企業とはどのようなものであるかについての現在の議論が現代社会に特有なもので、時代が変われば、そこにはかなりの相違があることはわかるだろうと思います。それは一体なぜなのか、そんなことを考えながら、読んでいただければと思います。

参考文献

宇田川勝・佐々木聡・四宮正親『失敗と再生の経営史』有斐閣、二〇〇五年

奥村宏『会社はなぜ事件を繰り返すのか　検証・戦後会社史』NTT出版、二〇〇四年

奥村宏・佐高信『企業事件史　日本的経営のオモテとウラ』現代教養文庫、一九九二年

佐高信『戦後企業事件史』講談社現代新書、一九九四年

第1章 小野組破綻

曖昧だった営業の自由

はじめに

幕末の開港から明治維新を経て、近代的な諸制度が整備されていくなかで、新政府の台所は、三井組、小野組、島田組という三つの特権的な豪商が担っていました。新政府の支えでもあったこれらの豪商のうち、一八七四（明治七）年に小野組と島田組とが破産して表舞台から退場し、三井組も厳しい経営的な危機に直面しました。

きっかけとなったのは、この年に政府が命じた「抵当増額令」（第3節で詳しく述べます）による官金預かり業務に対する新しい規制でした。これによって、政商的な発展を遂げていた豪商たちは、その放漫な経営ぶりもあって、持ちこたえることができなかったのです。

この時代には政商たちをめぐるさまざまな事件が起きています。いずれも政府の高官がらみの事件で、たとえば山城屋和助事件、尾去沢銅山事件などがあります。このうち、前者の主人公であった山城屋和助は、もと野村三千三（みちぞう）といい、幕末期に奇兵隊の隊長として活躍した人物ですが、明治維新後に陸軍省御用達として成功し財をなしたと伝えられています。このような成功は、山城屋が山縣有朋らと強い人的な絆をもっていたからだと考えてよいでしょうが、当然、そうした関係には疑惑がつきまといました。真偽のほどはともかくとして、官金六〇万円を私用に供したことが問題になります。そして山城屋をめぐり長州閥内の癒着に疑惑を抱く司法省の江藤新平や、陸軍省内で山縣の失脚を企図した薩摩の桐野利秋(としあき)の攻撃の標的になりました。こうした経緯のなかで、山城屋和助は、自らに関わる陸軍省をめぐる疑惑の責任をすべて負うかたちで一八七二年一一月に陸軍省内で自決しています。尾去沢銅山事件は、旧南部藩の御用商人鍵屋茂兵衛から没収した尾去沢銅山を、井上馨が腹心の政商岡田平蔵に払い下げたことに関わる疑惑で、これも司法省江藤新平の追及を受けています。

この二つの事件は、大蔵省対司法省の対立でもあり、長州閥と江藤との対決の様相も呈していますが、内容的には、政府のまわりにある利権に関わる疑惑でした。こうした政府と出入りの商人との癒着に関わる疑惑は、とくにこの時代に限ったことではないでしょう。「私腹を肥やす」という表現は、権力を握る人びとには陥りやすい罠があることを示しているようです。シーメンス事件や戦後の造船疑獄、そしてロッキード事件などその例は時代にかかわらず枚挙にいとまのないくらいあります。その一部は、第12章でも紹介しています。

しかし、本章で取り上げる豪商たちのたどった運命は、そうした物語とは少し違うものです。政商の時

江藤新平

国立国会図書館ウェブサイト

代ではありましたが、その政商たちのもつ事業基盤がその特権と背中合わせのもろいものであったことに注目する必要があります。政商と呼ばれる存在の有利さと同時に、営業の自由の保障を欠いていたために、政府が一方的に事業に介入し、壊滅的な打撃を与えることもありました。近代社会の黎明期における事業活動の足元はかなり危ういものだったのです。

1　小野組の経営発展

事件の主役となる小野組については、宮本又次さんの『小野組の研究』（大原新生社、一九七〇年）という大著があります。この研究によりながら、まず、小野組とはどのような商人であったのかを明らかにしておきましょう。

江戸時代から明治初期の豪商の一つとして数えられる小野組の当主である小野家は近江国滋賀郡小野村（現・滋賀県大津市）の出身です。一七世紀中ごろといいますから、江戸幕府が開かれてから半世紀くらいたったころになりますが、陸奥・出羽地方と京都・大坂・近国の物産の交易に従事するようになります。近江商人の成功者の一人ということでしょう。しばらくのち小野一族は南部藩の盛岡（岩手県）に進出し、この盛岡を拠点に京都・大坂・江戸にも店を出しています。こうして主要な都市に出店した小野一族のなかで、小野善助は、京都で井筒屋と称し、南部の物産を上方で売りさばき、そのかわりに上方の木綿や古手雑貨を奥州地方に販売していました。もう一人、小野権右衛門は「鍵屋」という屋号の店を京都に開き、紙に関する株仲間株を取得し、質屋なども営業していました。

一七七六年に小野組は幕府の金銀御為替用達の地位をえて、為替十人組に加入し、以来、これによってえられた為替名目金を利用して、①大名などへの貸付、②両替商などを営むようになります。さらに事業を拡大して、和糸問屋、生絹問屋、紅花問屋としても知られるようになり、油、古着などにも商いを広げていきました。

こうして、鴻池、三井、島田などと並び称されるようになった小野組は、明治維新期の混乱のなかで、一族の小野善助が新政府に協力して金穀出納御用達となり、率先して献金・御用金を提供したといわれています。石井寛治さんによると、鳥羽・伏見の戦いが始まったとき、倒幕側がまず軍資金の相談相手に選んだのが、小野組の番頭西村勘六であり、この西村の誘いで三井と島田が加わったということです（石井寛治『大系日本歴史12』小学館、一九八九年、二八八頁）。

このころ、小野組をはじめとする豪商たちの経営状態は、必ずしも良好ではなく、「資力の点では、大坂を本拠とする鴻池家のほうが断然優位にあった」のですが、鴻池は討幕派との関わりには必ずしも積極的ではありませんでした（石井、前掲書、二八七頁）。小野組にすれば、維新政府に協力することは失地回復を図る絶好の機会とみえたかもしれません。そして、この賭けは、短期的には成功しますが、あとで述べるように、こうして肩入れし、頼りにしていた新政府から切り捨てられ破綻の憂き目にあうことになるのです。

一八六八（慶応四）年二月小野組は、三井組・島田組とともに政府の会計事務局為替方に任命され、会計基立金の募債や金札の発行に協力し、国庫金の収納支出送金を扱うことになります。これは、ちょうど幕府の為替名目金の流用によってかつて小野組がさまざまな事業に投資する資金をえたのと同じような意味をもつことになります。つまり、小野組は、この国庫金を流用して米穀取引、生糸貿易、製糸場経営、鉱山投資などの事業を拡大していったのです。

小野組の生糸取引は、一八七〇（明治三）年以降活発化し、豊富な資金を原資として生糸を買い付けて輸出を行っただけでなく、番頭古河市兵衛の提案に基づいて、前橋藩営の器械製糸場の指導に来日したスイス人技師を雇い入れて築地製糸場（一八七〇年、イタリア式）を設立し、西洋式器械製糸に着手しています。さらに、福島県の二本松製糸場や、長野県でも深山田製糸場などに小野組が資金を提供するなど、製糸業の発展に関わることになります。

また、鉱山業では、東北地方を中心に活発な投資を行い、以前から御用達として関わっていた釜石鉱山のほかに、秋田県の阿仁、院内などの有力鉱山を経営し、さらに、尾去沢鉱山への資金提供などにあたりました。当時の記録によれば、このほか東北地方で少なくとも一三の鉱山に小野組が関与していたことがわかっています。

こうした事業のなかで、小野組がもっとも積極的だった

築地製糸場
（「東京築地舶来ぜんまい大仕かけきぬ糸を取る図」孟斎芳虎，1872年）
国立国会図書館ウェブサイト

のが、為替方の業務でした。この為替方は、一八七一年の廃藩置県後、府県方と改称されて引き続き三井、小野、島田が担当することになりますが、この取扱に小野組はとくに積極的に進出し、七二年四月にはすでに一五県の出納業務を引き受けています。このときに三井はまだ二県にすぎなかったのですが、さらに、小野組は、七三年までに全国三府六〇県のうち、四〇数県に対して府県方の御用を引き受けることになりました（宮本『小野組の研究』第四巻、六七三頁）。少し時期は異なりますが、三井組は七三年一〇月で一府一二県、島田組は七四年の閉店時で七県という記録がありますから、こうした比較から、小野組が三井や島田と比べて突出していたことがわかります。

この業務は、単に金銭の出納を請け負うだけでなく、たとえば東北一一県について小野組は、租税収納の業務も請け負っています。これは、これらの諸県の貢米を集荷し、それを売却して代金を政府に納める役割ですが、租税として米を集めるときの米金換算率と、米の実際の相場との差が小野組の儲けとなるなど、巨利をえることになります（宮本、前掲書、三三二頁）。しかも、すでにふれたように、これらの業務によって小野組は、多額の資金の利用（流用）ができるようになり、これがさまざま事業への出資、貸付の原資となっていたのです。

なお、このほか小野組は、関西鉄道会社の設立に際して出資者として加わったり、京都博覧会の発起人となったり、さらに渋沢栄一の勧誘で三井とともに抄紙会社（後の王子製紙）の設立を発起するなどのさまざまな活動を展開しています。

2「小野組転籍事件」

このように一見すると順調にみえた小野組の政商的な事業展開に影を落とす事件として、宮本又次さんが注目しているのが、小野組転籍事件です。この事件は、一八七三年四月、小野組当主小野善助や一族の善右衛門が京都から東京へ本籍を移そうとしたことが発端でした。この小野組の請願は、「大蔵省の内規で、用達商人が新たに金銭取扱いを開始する場合には、そのつど、営業主の戸籍謄本を要するので、……それら（東京・横浜など）の営業所で、いちいち本籍京都の戸籍謄本を求めていては、急場の間にあわぬ」という理由からでした。しかし、「その実は、京都府からしばしば公納金を課せられる」のを免れるためという噂もあったとされています（宮本、前掲書、六四九頁）。とはいえ同じ時期に、一族の小野助次郎が、力を入れている生糸貿易の関係で、その支店のある神戸への転籍を請願していますから、商売上の都合というのは口実だったとはいえないでしょう。

この請願に対して、当時の京都府大参事で長州出身の槇村正直はこれを認めようとしませんでした。京都府の側では、小野一族が同時に三人も京都を離れ、さらにこれに追随する富豪たちが出てくれれば、寄付金や徴税に影響し、京都が衰微すると心配したからだといわれています。

槇村正直

京都府立京都学・歴彩館 京の記憶アーカイブ　所蔵

木戸孝允や井上馨など長州閥のドンと密接なつながりのあった槇村は強圧的でした。請願を許可しないだけでなく、「善助に代わって出願した善右衛門および助次郎を白洲に呼び入れ、荒蓆の上に座せしめて、転籍の理由を尋問し、中止を勧告した」（宮本、前掲書、六五〇頁）と伝えられています。

このような態度に対して、小野組は京都府の措置は不当だとして京都裁判所に訴訟状を提出して転籍を認めるように求めます。一八七三年五月二七日のことです。裁判所の管轄は司法省です。こうして問題は、司法省・裁判所が京都府の措置をどのように判断するかにかかってくることになりました。そして、この問題の処理の指揮にあたったのが、冒頭でお話しした疑獄事件で山縣や井上などの長州閥に対して追及の急先鋒だった司法省であり、江藤新平だったのです。江藤にとっては格好の攻撃材料かもしれません。道理は小野組の方が通っていますから、長州閥の槇原が牛耳る京都府に対して、司法省は法律に準拠した処理を求め、転籍を認めるべきだとの判断を示すことになります。つまり、訴訟は、小野組の勝訴となりましたが、問題は中央政界の対立にまでエスカレートしていきます。そして、この司法判断に京都府は簡単には従わなかったため、司法省は京都府の行政官が法律を遵守していないとして、槇原をついには勾留してしまいます。

京都府は槇村の釈放に奔走し、木戸孝允などもいろいろと動いたようです。この事件、実は、征韓論の政治的な対立から江藤などが政府を辞めてしまったので、右大臣岩倉具視が槇村の勾留を解くようにとの特命を通達するなど、さらに異例な措置を経て、小野組の勝訴が確定するとともに、槇原もお構いなしの措置になったようです。

転籍は実現したのですが、このとき、長州閥の恨みをかったというのが、宮本さんの解釈です。

3　抵当増額令

さて、こうしたごたごたのなかで、一八七三年七月に政府は、それまでの方針を改めて、各府県の為替方に対して、取扱高に応じて、担保として公債その他の確実な質物を徴収する方針をとることになります。それまで、とくにこのような措置をとらずに、官金の取扱を認め、余裕金を無担保で運用ができるようになっていたことの方が、おかしなことだったのでしょうが、さすがに問題だと気がついたということになります。この措置は、同じ年の六月に第一国立銀行と大蔵省の間で金銀取扱規則が定められ、担保として公債証書などを預り高の半額相当分を差し出すことになったことに連動した措置でした。小野組などの為替方に対して要求された担保の比率は、この第一国立銀行に対するものよりも緩和され、「各府県為替方設置手続及び為替規則」の改正によって、翌七四年二月に三分の一と定められています。

ところが、この新しい規則が、同じ年の一〇月二二日にさらに改正され、担保額を預り金相当額に引き上げることになります。しかも、二四日には、この改正の通達に追いかけるように、この担保の差し出しの期限を一二月一五日とすることが命じられました（石井寛治「銀行創設前後の三井組」『三井文庫論叢』一七号、一九八三年、三三頁）。預り金と同額の担保を提供するということは、担保適格の資産への運用を認めていることになりますから、それでもうまみはあるはずですが、すでにさまざまな用途に運用し投資しているわけですから、簡単に運用法を切り替えることはできません。しかも、ひと月半ほどの間に耳を揃えて提出せよという命令ですから、大変な騒ぎになります。

対応する方法として考えられるのは、運用している資産のなかで不適格な資産に運用されているものを回収して、公債などの担保品に代えることですが、それができなければ、自己資金で担保適格の公債などを購入して、帳尻を合わせなければなりません。

こうした事態の急変を受けて、小野組は一一月一〇日、不動産の売却などによる資金調達によって担保品を揃える方法を検討しました。しかし、いくら知恵を絞っても急な措置は無理と判断せざるをえませんでした。もちろん、貸付金の回収も困難でしたから、二〇日には大蔵省に対して自発的に為替方辞退を出願し、各府県にも御用辞退を願い出て店を閉じることにしました。小野組に続いて、一二月一九日には島田組も閉店することになります。

閉店にあたって、小野組はその資産すべてを大蔵省に提出し、小野組の債権者に対する返済にあてることにしましました。そのため、大蔵省は臨時取調掛をおいてこの清算処理にあたらせ、処分が完了したのはそれから三年後の一八七七年六月でした。

小野組が破綻した時期の資産負債状態は、表1－1の通りです。この資産状態については、別の調査もあるようですから、これが決定版というわけではありませんが、おおよその状態を知ることはできるでしょう。表によると、総額七四七万円ほどの負債のうち、官金預かりが五二四万円、民間からの預り金が二二三万円でしたが、これに対応する資産では、現金が一〇四万円ほど、貸付二七九万円、抵当物一六〇万円などとなっていました。この計算からすると、抵当物がもし政府の担保に適格のものであれば、現金と合わせて官公預金の二分の一は確保できたでしょうが、全額を担保に代えるためには、貸付金の回収を行わなければならないという状態であったことがよくわかります。そして、貸付金の減額や物品の減額を見込むと資産額は五三〇万円にすぎず、差引二一六万円の負債超過となっていたのです。ちなみに、この年（一八七三会計年度）の政府の歳入総額は八五五一万円、同じ年設立されたばかりの国立銀行が二行ありましたが、その預金総額は二八八万円という状態でしたから、国の財政の一割弱に相当する小野組の負債額がいかに大きかったか、そして、その閉店の影響がいかに衝撃的であったかを推測することはできるでしょう。

閉店に伴う債務の整理は、簡単にまとめると、まず、抵当付きの負債を除く無担保債務五三六万円に対して、資産の処分や貸付の回収などによってえられた資金を、一八七五年一一月に官・民とも債権一〇〇円に対して三五円の割合で現金で配分しました（第一次分配、総額一八七万円）。ついで、翌年一〇月に残額三四八万円余については、一〇〇〇円以下の債権者二八〇〇人については全額返済し（合計金額約八万円）、一〇〇〇円以上については、官民とも年二分の利子を付けた四六年賦での返済方法を講じることとして決着します。政府の歳出では、「小野組閉店につき損金」として七五万円余が計上されていますから（宮本、前掲書、七四七頁）、この分は、破綻の負担を政府、そして納税者が負担したことを示していると考えることがで

表 1-1　小野組破綻時の資産・負債状態

（単位：千円）

負債の部		資産の部	
官庁預	5,239	有　金	1,038
人民預	2,228	官庁立替	54
		貸　付	2,787
		公債証書	173
		地　券	33
		米　穀	111
		抵当物	1,595
		物品その他	900
合　計	7,467	合　計	6,691
		貸付減高	1,115
		物品減高	270
		通　計	5,306
		差引負債超過額	2,160

（出所）宮本又次『小野組の研究』第 4 巻，1970 年，697 頁より作成。

きます。

4　なぜ小野組はつぶれたか

小野組は、為替方として地方から中央政府に納める税金を無利子・無抵当で預かり、かつ、その出納事務を取り扱ってきたのですが、この国庫金を流用して各種の事業に投資していました。しかも、こうした官金利用のほかにも、民間人との間の一種の預り金勘定をもうけてこれを貸付に回すなどして運用していた金額も巨額に上っています。製紙・鉱山・米相場・油相場など、各方面の積極的事業も自己資金ではなく、こうした資金の運用に依存していたといわれています。三井組と共同で設立した第一国立銀行からもかなりの金額の融通を受けていますし、簡単にいうと、明らかに借入が超過という状態でした。手を広げすぎて、管理が行き届かない面もあったようで、これに対応するために一八七四（明治七）年には店制改革を実施したようですが徹底しませんでした。そのため、本店と各支店が勝手にバラバラに商売をやっている状態で、各支店が独立採算で取引するため、九州の支店が販売した米を広島支店が購入することもあったようです（宮本、前掲書、三九、一四七頁）。そうした混乱は、代金の回収にも支障をきたしたようです。投資の有力分野となりつつあった鉱山の経営も必ずしも成績が芳しくありませんでした。つまり、一言でいえば、放漫経営というわけです。

しかし仮にそのような経営状態が事実だとしても、小野組と島田組がつぶれ、三井組が生き残ったことを説明できるでしょうか。石井寛治さんによると、抵当増額令が出された当時、小野組五二四万円に対して、三井組は二一四万円の官金の預り高があったといわれています。三井もかなりの金額です。しかも、「三井も滞り貸し激増によって経営不振に陥りつつあり」、この負担は簡単に処理できるものではなかったと指摘されています。当時の三井銀行東京店の店員がのちに語ったところによると、「金がフンダンにあるものだから無理に貸し付けた。其貸しが固定していけなくなったのです」というわけで、こちらも放漫経営でした（石井、前掲論文、二二三頁）。

経営内容に差があまりないとすると、理由は何でしょうか。宮本又次さんは、小野組が長州閥ににらまれていたことを重視しています（宮本、前掲書、六六九頁）。つまり、すでにお話しした「小野組転籍事件」によって、長州出身の槇村正直京都府大参事が拘禁される事態になったことを恨んで長州藩出身の政府首脳が小野組に冷淡だったということです。この話にはさらに続きがあります。そんな背景のなかで、以前から三井組と懇意であった井上馨から、三井の三野村利左衛門にあらかじめ抵当増額令の内容が知らされていたというわけです。この情報によって三井組は万端ぬかりなく準備ができていたという話になります。いかにもありそうな話です。

しかし、これは現在の学界の定説ではありません。ふたたび石井さんの研究によりますが、三井組は、この急場をオリエンタルバンクからの一〇〇万ドルの緊急融資によって切り抜けたことが明らかになっています（石井、前掲論文、二三五頁以下）。緊急融資とはいえ、この当時、政府は民間の事業者

三野村利左衛門

公益財団法人三井文庫　所蔵

が外国資本から多額の借入をすることを許してはいませんでした。このことを外資排除政策といいますが、外国資本が日本国内の事業に橋頭堡を築くことをひどく警戒していました。この方針は明治の前半期には政府の基本的な方針でした。ですから、井上からの事前の情報があったとしても、かなりきわどい橋を渡って三井組は危機を乗り切ったことになります。

しかも、すでにお話しした経営状態ですから、結局三井組はこの資金を自力で返済することはできませんでした。オリエンタルバンクの返済要求に対して、三井の三野村利左衛門は、大蔵卿の大隈重信と交渉して一八七六年九月に三井物産が政府の輸出米を扱い、輸出代金の前払い分の大半をオリエンタルバンクへの返済資金に一時流用することを認めてもらいました。つまり、三井組の延命は、政府の援助によるものです。こうしてオリエンタルバンクからの借金は、政府への借金に切り替えられ繰り延べられたのです。

5　危うい足元

小野組の破綻は、以上のようにその放漫経営によってのみ説明できるものではありませんでした。三井にしても破綻寸前のところだったわけですから、抵当増額令という政府の指令は、一歩間違えれば、政府の台所を支えていた三つの豪商をすべて破綻に追い込む危険性のあるものでした。その意味では、これは政策の失敗といってもよい過激な要求であり、それよってもたらされた過剰な企業整理だったということになります。

仮にそうだとすると、なぜこの時期に、明治政府はこのような政策を実行したのでしょうか。背景は、このときに政府が直面していた外交上の危機にありました。この年、政府は、台湾出兵によって清国との国際関係が緊張していました。一触即発の状態であり、清国との戦争がはじまる危険すらあったといわれています。そのため、台湾出兵後の政府は、清国との衝突に備えて財政的な基盤を整備しなければならなくなっていました。だから官公預金をすぐにでも軍事費に利用できるようにしなければならないと焦っていたようです。石井寛治さんは、「政商の一つや二つつぶれることなどかまっていられないというほどの緊張感が政府内部にみなぎっていた」（石井、前掲書、二九〇頁）と書いていますが、状況の説明としては、これがもっとも説得的なようです。

そのことは認めたうえで、この小野組破綻事件に関して、ここでは別の角度から考えておきたいと思います。それは、特権的な政商たちの立っていた基盤のもろさということです。もろさという点では、彼らは経営的にみると「放漫」と評されるような問題を抱えていました。だから、破綻はいずれ訪れたかもしれません。しかし、それだけではなく、さらに、明確にしておかなければならない問題があります。

それは、市場経済的な関係の成立に必要な「営業の自由」という原則に関わっています。政商たちは、政府からの特権に依存して経営的な基盤、資本蓄積の基盤を与えられていました。そのため、その経営は、特権の剝奪が現実のものとなれば、一挙に崩れてしまうもろさをもっていたのです。経済学が教えるように市場のメカニズムが働いて、放漫経営に嫌気がさした預金者たちが預金の取付に走り、倒産したというわけではありません。そもそも、わずか半年前には、三分の一でよかった抵当額を全額相当に引き上げ、しかも、ひと月あまりで揃えることを命じるという政府のやり方は、一方的であり恣意的で場当たり的と批判されても仕方ないような政策運営です。政府は取引関係としては、豪商たちに政府資金の収集や送金、管理を依頼しているという限りでは、市場経済的な関係が前提条件だとすれば、対等な契約関係となるはずです。しかしもちろん、この場合は、特権が前提になっており、このような特権的な関係は対等な関係ではありません。特権を与える側と受け止める側には上下関係があります。上下関係は、市場的な取引にはなじみにくいものです。ここに、明治の初め、近代的な経済制度が導入されつつある時代の過渡的な性格をみることができます。

この時代、特権に関わるそうした不安定さは、ほかにもいくつかの事例で見出すことができます。だいぶ前に、銅山の歴史を書いたときに、この時期の銅山経営は、経営的な基盤が不安定であったことを指摘しました。それは、当時の鉱業法制度では、鉱山は基本的には政府の所有物で、民間の事業者は政府から免許を受けて一五年という期限を限って経営することが認められるというものであったことに由来するものです（武田晴人『日本産銅業史』東京大学出版会、一九八七年）。

これらの法制度は「鉱山王有制」と専門的にはよばれたりしますが、問題はそうした名前をつけることではありません。当時の鉱山では、こうした法制度のもとで鉱山の採掘権について、しばしば私人間の争いが起こりました。そして、それらは行政的な判断に委ねられて解決されていきましたが、それは法に基づく処理というよりは、しばしば政府の都合によって恣意的というべき結論が出されています。鉱山の営業の権利が政府の判断で正当な理由もなく取り消されることもあったのです。冒頭で紹介した尾去沢銅山事件も同じような問題でした。こうした事例は、鉱山の経営が本格的な意味で「営業の自由」を獲得していないことを意味しています。

本来、「営業の自由」とは、政府からの「自由」を意味するものです。近代社会、つまり市場経済的関係を経済的原理として受け入れる社会では、誰でも自由に職業を選ぶことができ、誰でも生計の手段として事業を興すことができます。そのためには、特権によって守られている株仲間に入る必要もない、あるいは政府からのいわれのない介入を受けることがないことが大切なのです。そして、小野組破綻事件は、そうした意味での「営業の自由」がこの明治の初めには未確立だったことを示しています。明治維新政府は身分制度を廃止して四民平等を宣言しています。しかし、政府自身がそうした原則を基本的なところで軽視していました。白洲に呼び出した槇村の時代錯誤は極端な例かもしれませんが、政府による営業活動への介入が公然と行われうる可能性がある状況でした。それは、市場経済が本格的に展開するために必要な条件、つまり営業者が自由に、かつ対等に契約を結ぶことのできる条件が十分には整っていなかったことを意味しています。

江戸時代、紀伊國屋文左衛門の例に知られるように、豪商たちはしばしば幕府などの介入によってその地位を失い、資産を取り上げられる憂き目にあいました。有力な商人たちは、事業資産のすべてをこうしたかたちで失うリスクを軽くするために、同族の間で営業用の資産を名目的に分割所有し、連座制によって取りつぶされる被害を最小限にする工夫をしていたといわれています。そうした自衛手段が必要なくらい、江戸時代の「発達した」市場経済は、市場のプレーヤーである商人たちにとって、危うい基盤にすぎなかったのです。

このような説明には異論があるかもしれません。企業活動の範囲は、発達した市場経済でも政府がさまざまな規制によって政府の管轄下に入れる、つまり国有化するというようなことはありえます。しかし、たとえば、明治の終わりころになってたばこ事業が専売となった時、あるいは鉄道が国有化されたとき、それぞれの出資者たちは、その事業の評価にふさわしい対価を受け取っていました。次章でお話しする三菱の海運業に関する政府との対立も、特権に基づく事業基盤の危うさを示していると同時に、政府の関与の仕方にも、変化がみられています。このケースでも一方的に営業権を取り上げたわけではありません。営業の自由は権利として有償で買い取られています。それに比べると、豪商の一つや二つつぶれてもという抵当増額令は乱暴なやり方でした。そこには、企業活動が、特権を基盤とするものから営業の自由を基盤とするものに転換していく時期の過渡的で不安定な状態があらわれています。それは、近代経済社会がまだ形成途上であり、市場経済的な原理がこの社会の基盤にきちんと据えられてはいなかったことを意味します。

参考文献

石井寛治「銀行創設前後の三井組」『三井文庫論叢』一七号、一九八三年
石井寛治『大系日本の歴史12　開国と維新』小学館、一九八九年
武田晴人『日本産銅業史』東京大学出版会、一九八七年
宮本又次『小野組の研究』全四巻、大原新生社、一九七〇年

第2章 日本郵船誕生

政争に巻き込まれた政商

はじめに

一八八五年（明治一八）に設立される日本郵船は、今日まで日本の海運業を代表する企業です。その設立の事情は、第1章でみたような特権に基づく政商的な企業活動が転換期を迎えつつあったことを示す事件です。

特権に基づく事業の独占状態に対する批判が生じたことが経済的には大きな要素となっていますが、同時にこの事件には明治政府内の主導権争い、自由民権運動との対抗などの政治的な要素が大きな影響を与えているという点では、単なる特権批判とは異なっています。海運の独占状態については、本章第2節でも詳しく紹介しますが、他社の参入が制限されていたわけではありません。もちろん主役となる三菱には、上海航路に対する助成金が与えられていますが、これは国際郵便業務を日本郵船が担うために支給されているもので、こうした補助金は欧米の海運会社の定期航路には珍しいことではありませんでした。

競争状態を欠いているために運賃が高止まりしているというような批判があったことには耳を傾けるべ

き面があります。これに関連して、さまざまな角度から三菱の海運業に対する研究もありますが、それだけでなく、当時からやかましいほどの言説が重ねられています。ただし、考えておかなければならないのは、同じ時期の内国航路のうち瀬戸内海の海運業のことです。瀬戸内では西南戦争後に船舶数が過剰となったために熾烈な競争が勃発し、一八八〇年には大阪府ほか一三府県の指導により航路同盟が締結され、取締会社として同盟汽船取扱会社が設立されています。しかし、競争が再燃して中小の海運会社は立ち行かなくなり、八二年には住友の総理人広瀬宰平を長とする大連合の結成交渉が進められることになりました。しかし、この交渉が難航したため、広瀬らが創立委員となって事態の収拾を図り、八四年五月資本金一二〇万円の大阪商船が設立されています。これからお話しする東京を中心とした三菱と共同運輸の競争と同じ時期のことです。視野を広くとって、当時の言説に振り回されないような観察が必要です。

もう一つ、海運時代の三菱は、当時の日本のなかでは巨大な組織を形成した企業体でしたから、それが近代的な企業組織となるためにどのような試みが重ねられているのか、輸送業務ではどのような創意工夫があったのか、という点も見逃さないようにする必要があります。特権を頼りにそれまでのやり方に安住していたわけではないのです。政商的な特権から離脱するためには、企業の自立が必要だったことはいうまでもありません。そんなことを気にかけながら本章の物語を味わってください。

1　三菱の海運事業の誕生

まずは、日本郵船の母体となる三菱の海運事業の歴史から振り返っておきましょう。

三菱は、三井や小野組のような江戸時代からの豪商ではなく、維新の動乱期に事業家としての活動を始めた岩崎弥太郎が創設した事業です。岩崎弥太郎は土佐藩の身分の低い武士から身を興し、土佐藩の貿易事業、あるいは海運事業の担い手として経験を積んでいきます。しかし、廃藩置県で士族の身分を失い、職を失った岩崎は、海運を中心とした商業活動に乗り出します。伝統的な和船による海運業ではなく、蒸気船を使ったモダンな海運業に着手したのです。この岩崎弥太郎の生涯と事業については、別に『岩崎弥太郎』(ミネルヴァ書房、二〇一一年)に書いたのでそちらも参照してください。

企業家への出発点となったのは、一八七二年一月に九十九商会が社名を三ツ川(みつかわ)商会と改称し、再発足したときのことです。このときに、土佐藩から「夕顔」と「鶴」という二隻の船を、四万両で払い受け、その代わりに土佐・神戸間の航路を、収支のいかんにかかわらず運行することになります。藩営の事業からの転身ですが、いろいろと便宜が与えられていたことも間違いありません。

さて、三ツ川商会が開業して一年ほどたった一八七三年三月に、この商会は「三菱商会」という名前に変わり、七四年には大阪から東京に本拠を移しました。岩崎弥太郎が数え年四〇歳のときです。

日本の近代的な海運業についてもみてみると、一八七〇年末には西洋式蒸汽船総数二五隻、一万五四九八トン、西洋式帆船総数一一隻、二五五四トンにすぎませんでした。日本の近海では、サンフランシスコ・上海間航路を開いた米国のパシフィック・メイル汽船会社(太平洋郵便蒸汽船会社)が、米国政府の助成金を得て、米国と極東間の航路を開設していました。この会社は、太平洋定期航路だけでなく、日本沿岸の海運を日本政府から受託したいとも願い出ていました。明治維新政府は、米国の海運会社に日本沿岸の海運を委ねるか、それとも自前の海運隊をつくるべきかの決断に迫られていたのです。

小風秀雅さんの『帝国主義下の日本海運』（山川出版社、一九九五年、一〇七頁）によると、この時期の日本沿岸航路の七割ぐらいをパシフィック・メイル汽船会社が占めていました。こうしたなかで、外国海運業者の優位を崩すために、政府は、一八七〇年に回漕会社をつくり、幕府から接収した汽船を交付して、東京・大阪間の貨客の輸送を開始します。これは三井組の献策でしたが、この会社は年間一二万円の大損失を出して、ほぼ一年間で瓦解してしまいます。

翌一八七一年に改めて廃藩置県などで政府が収納した諸藩の船舶を交付し、さらに助成金を与える海運業保護策をまとめています。この案に沿って帝国郵便蒸汽船会社（日本国郵便蒸汽船会社ともいう）が設立されました。これには、三井組、鴻池組、島田組、小野組など、江戸時代以来の豪商が出資していました。総額で二五万円の船舶がこの会社に下付されて、一五年無利息の年賦返済という条件でした。さらに、この会社に年貢米の輸送についての独占的な取扱権なども認められています。こうして海運保護政策がスタートしますが、このとき、保護の対象になったのは三菱、岩崎の事業ではありませんでした。三菱の所有船舶はまだ七二年に五隻ほどしかなく、特権とは少し距離のある存在でした。

岩崎弥太郎

国立国会図書館ウェブサイト

特権的な海運会社が事業を展開するのを横目でみながら、岩崎弥太郎は、一八七四年にかけて身の丈に合う範囲でゆっくりと事業を伸ばしはじめます。七三〜七四年には持ち船の数は一〇隻に増えていますが、比較的小さな船を取得しただけでした。蒸気船は中古船を購入するとしてもかなり高額の投資になります。

岩崎には、まだそれほど大きな資金を動かすだけの力はありませんでした。この資金力の限界が、三菱の海運業にとっては一番の制約要因で、だから初めのころはゆっくりとした成長だったのです。

ところが、一八七五年には所有船舶数は一挙に四八隻になり、さらに七七年にはおよそ六〇隻になります（旗手勲『日本の財閥と三菱』楽游書房、一九七八年、三九頁）。この急成長は、七四年から政府の本格的な助成をえるようになったことによるもので、この年には東海丸（一二二三トン）、金川丸（一一八五トン）、東京丸（二二一七トン）など、一〇〇〇トン級の大型船を大量に購入しています。この大量購入は、翌年も続きます（岩崎家伝記刊行会編『岩崎弥太郎伝』下、東京大学出版会、一九七九年、五〇～五六頁）。

これにともなって、運行している航路も次々と拡張されました。開業当時営業していた航路は、大阪・東京間、神戸・高知間です。一八七二年に神戸・博多間、七三年に四日市・東京間の航路を開設していますが、急激に航路が拡張したのは、七五年に上海航路、北海（函館）航路を開設してからのことでした。これにともなって、支店網もどんどん広がっていきます。

2　三菱による海運独占

岩崎弥太郎が最初に直面したのは、帝国郵便蒸汽船会社との競争、つまりお上（かみ）の保護を受けた会社と競争しながら、どうやって自分の事業の基盤を打ち立てるかでした。一八七三年四月、帝国郵便蒸汽船会社と競争をしているころに、米国留学中の弟弥之助に送った手紙によると、弥太郎は「只今大蔵省之ヒイキノ日本郵便会社ト我三ツ川商会ト双方必至之角力ナリ」と書いています。また、社中に向けて飛ばした檄文では、「かの郵便蒸汽船会社は政府の保護をうけ、徒らに規模宏大なるも、これを主宰総轄する人物が凡庸なり」（三菱経済研究所編『東山先生伝記稿本』二〇〇四年、一九三頁）とも書いています。つまり、政府の保護を受けているといっても、帝国郵便蒸汽船会社は「商売のやり方を知らないから勝てるぞ」という檄を飛ばしていたのです。どこからその自信が生まれてくるかはわかりませんが、荷主たちは、三菱に軍配を上げることになります。

この競争のさなかに、前章でみた抵当増額令が出て小野組・島田組が破綻するなど、帝国郵便蒸気船会社の出資者に異変が生じたことも影響を与えたかもしれません。実は、この抵当増額令の背景となった台湾出兵に関わる輸送業務が三菱にチャンスをもたらしました。このとき、政府は初めは輸送業務に外国船を使う予定だったのですが、あてにしていた米英両国は、清国との外交関係が悪化するのを嫌って、自国船の利用を拒否しました。あてが外れた政府は、出兵は計画したものの、軍事行動に不可欠の輸送のための船がないという状態になり、急いで自前の輸送船団をつくらざるをえなくなったのです。

明治維新政府は、当然のことですが、政府の肝いりでつくった帝国郵便蒸汽船会社に話を持ち込みます。ところが同社は、「今、政府の御用を引き受けて台湾向の船団を組むとその留守に三菱に沿岸航路を荒らされてしまう。もし引き受けなければ、この役目は三菱に行くから、三菱は台湾に向けて船を回すだろう。その間に荷主と話し合って失地を挽回する」と考えたようです（岩崎家伝記刊行会編、前掲書、一〇三頁）。そして、政府の要請を断りました。そこで、三菱がこれを引き受けることになりました。

帝国郵便蒸汽船会社の失地挽回の思惑ははずれて、結果的には立場が逆転してしまいます。なぜかというと、三菱の保有船数では政府が考えている海運力が調達できないことがはっきりしていたため、政府は、英国から一〇隻の大型船を購入して、三菱に下げ渡したからです。その結果、すでに紹介したように、三菱の海運力が大幅に上昇しました。こうして三菱は、政府が購入した大型船を運航して手厚い保護を受けるチャンスをつかみました。岩崎弥太郎は、政府から選ばれて政商になったのです。他方で、帝国郵便蒸汽船会社の方は、その特権的地位を生かすことができず、解散に追い込まれました。三菱を選んだ理由は、三菱保護でも海運保護でもなく、軍事上のさしせまった要求を満たすためでした。

しかし、この経験は、政府に抜本的な海運助成策の必要性を痛感させたようです。一八七五年五月、大久保利通は海運三策を建議しています。その内容は、①民営自由、②民営育成、③官営の三つの案を対比して、①では金はかからないが、外国との競争に負けて日本の海運業は潰れてしまう危険がある、②では助成金が三五万円ぐらいかかる、③では年間少なくとも五〇万円以上の赤字が見込まれるとして、この三つの選択肢のなかでは、②の民営育成を選ぶ以外にないと提案していました。

結果的には大久保の提案通りに決まり、育成の対象として三菱会社が選ばれることになります。この決定には、岩崎の画策という疑いがありますが、前島密によると、「当時大隈氏はよく岩崎を知り居りしも、大久保利通氏はただ岩崎氏の名前を聞く程度であった」といわれています（岩崎家伝記刊行会編、前掲書、一三一頁）。両者はそれほど昵懇の間柄ではなかったらしい。だから、そういう疑いはないというわけです。

この保護の方針が具体的に示されたのは、一八七六年九月一五日の第一命令書です。これによって、年間二五万円という定額の航路助成金が下付されることになります。期間は一五年間、それとのちに問題になりますが、他業の兼営禁止や、商船学校を開設し海員を養成することなどの義務が定められます。また、政府は、七五年六月に解散していた帝国郵便蒸汽船会社に所属させていた汽船一八隻を九月に三菱に無償交付します。三菱が同社を事実上吸収合併したといってよいでしょう。他方で、助成を受けることになった三菱は会社規則など、種々の制度・組織を改革し、経営体制の近代化を図ることになります。

このころの岩崎弥太郎の経営目標は、外国汽船との競争に勝つことでした。少なくとも日本海沿岸航路からパシフィック・メイル汽船会社を叩き出すことが目標になります。弥太郎は、「外国汽船会社の跳梁を排し、我国海運の自主自立をはかるためには、社員各自が国家的使命感に徹して奮励し、国民の期待に応える覚悟がなければならない」と述べています。さらに、「我国の貿易を発達させるためには、外国汽船を沿岸航路より駆逐するのみでは為し得ない。進んで上海より香港に航路を拡張し、さらに太平洋を横断してサンフランシスコに進出し、ついには『地球を横絶して』世界の全港湾に我が国の汽船を通じなければ、その目的を達しえない」、つまり世界中の航路に三菱の旗を立てよう、という夢を見始めています（岩崎家伝記刊行会編、前掲書、一七一～一七五頁）。

しかし、これは、そう簡単ではありませんでした。岩崎が受け継いだ帝国郵便蒸汽船会社の船はほとんどが老朽船で、船の数は増えたけれど、能率は上がらなかったのです。しかも、岩崎がやろうとしていた西欧式の近代的な海運業は、それまでの日本の海運業者の商慣習とは異なるものだったので、仕事のやり方に抵抗が強く、弥太郎は、「二百有余年の慣習を改めて、商業界の悪弊を一掃するのは実に至難である」と嘆いているほどでした。

そういうなかで、まず米国のパシフィック・メイル汽船会社との競争が始まりました。三菱にとって幸いだったのは、パシフィック・メイル汽船会社も経営難に陥っていたことです。この会社は、当時米国で、かなり多額の政治献金というか、裏金を使ったことが問題になったため、米国政府は、やむをえず助成金の削減方針を出します。その結果、多額の助成金を前提に運営していた太平洋航路について、同社は上海航路に使っていた船や神戸・長崎・横浜の支店の建物や倉庫を、総額七八万ドルで三菱に売却し、以後三〇年間は日清間の航路と日本沿岸航路には進出しないという協定を結んで撤退しました。こうして三菱は沿岸航路だけではなく、上海航路も確保しました。

ところが、一息ついたのもつかの間、一八七六年二月に日本・上海間航路に、英国のP&O汽船会社(Peninsular and Oriental Steam Navigation Company)が航路を開き競争を仕掛けてきて、大騒ぎになります。岩崎弥太郎の『伝記』では、この会社が阪神・東京間の航路も開いた機会に、「大手の荷主がP&O汽船会社に独占された」と書かれています(岩崎家伝記刊行会編、前掲書、二二〇頁)。三菱の仕事の仕方に潜在的に不満があったことを示すエピソードです。

ただし、このP&O汽船会社との競争については、小風秀雅さんは、日本航路進出を「P&Oにとってはさほど重大事ではなかった」と指摘しています(小風、前掲書、一三六頁)。この案件は、P&O経営会議では議論されていないというのです。相手方がそうだとしても、三菱の方は危機的な状況と感じていましたから、岩崎は非常事態を宣言して、社長以下の給与を減額するなどして経費を節減して対抗しようとしました。当時、経営幹部の一人であった川村久直は、「P&O汽船会社と競争するのは無理だから協調の道を探れ」と岩崎に進言します。しかし、岩崎は拒否したので、「これでもう三菱は潰れる」と言って退社したという話が残っているほどですから、相当に危機感が募っていたはずです(岩崎家伝記刊行会編、前掲書、二二一頁)。

この危機も、荷為替金融のサービスを始めたり政府資金の貸付などを受けたりして何とか乗り切り、七ヵ月ほどでP&O汽船会社は日本沿岸から撤退していきました。こうして岩崎弥太郎は企業間競争に勝ち抜いていきます。勝ち抜いただけでなく、荷為替金融を始めることで荷主の心をつかみ、それが金融業へ進出するきっかけにもなります。そして、さらに付帯業務となる海上保険とか、倉庫業など、のちの三菱財閥の主力事業の芽を育てていきました。結果的には一八七七年ころの三菱は、日本の沿岸航路の貨物輸送の七割以上を独占するようになります。

この間、一八七七年七月に三菱は、西南戦争で全社船をあげて軍事輸送に協力しましたが、所有船舶では不足するとの判断から、新規に七隻を購入することになり、そのため、同年六月に政府から八〇万ドル（円）の資金の融資を受けました。この年の三菱の船舶運行収入は、合計で約四四〇万円でしたが、そのうち西南戦争に関係して政府から支払われた海上運賃は約三〇〇万円で、全体の三分の二を占めています。こうして三菱は日本の海運業界に揺るぎない地位を確立させました。八一年の調査では、三菱は日本国内の船舶のうち、大型船舶はほとんどすべてを所有していたのです。この時期の利益七〇万円は、比較は難しいのですが、全国の銀行の平均払込資本金が国立銀行で三〇万円弱、私立銀行では一〇万円強の時代でした。しかし、順風満帆で、この他を圧倒する三菱の海運事業の拡大も長くは続かなかったのです。

3　政変による経営環境の変化と三菱批判

一大海運王国を作り出した岩崎弥太郎の事業は、明治一四年政変を契機にして、一挙に足元を揺さぶられることになります。要するに、巨大企業三菱に対して、その独占的地位を批判する意見が出はじめたのです。

三菱批判の最初は、一八七八年に出た「三菱会社岩崎兄弟の経営法に関する非難」というもので、その内容は、「政府の補助金を有効に使わず、新船購入といいながら老朽船を買い入れ、汽船の修理をわざわざ英国で行うなどの不合理を極めている」というものでした（岩崎家伝記刊行会編、前掲書、四五三頁）。要するに、独占企業の弊害が出ているという趣旨のものです。

三菱にとって不幸だったのは、そういう事業経営のあり方そのものに対する批判が、政治抗争と結びついてしまったことでした。そのため、岩崎は政権争いの片棒を担いでいるというイメージが広がり、三菱は徹底的に集中攻撃を受けることになりました。明治一四年政変に結びつく政府内部での対立に絡んで、政府や自由党による悪意の宣伝が行われ、三菱攻撃が政争の道具となったのです。

対立は、大久保の後継者だった大隈重信と、伊藤博文などの薩長派との間で、将来の政治体制をめぐって生じていました。そこに北海道開拓使官有物払い下げ事件が重なって、大隈は辞任に追い込まれます。詳しいことは、『日本経済の事件簿』（新版、日本経済評論社、二〇〇九年）の第3章にまとめてありますから、そちらを参照していただきたいのですが、大隈は、一貫して三菱の海運業を保護する立場に立って政策を推進してきたと考えられていました。だから大隈と三菱は一蓮托生だとみられていたのです。

この捉え方は、大隈と岩崎の関係についてどこまで正しい

大隈重信

国立国会図書館ウェブサイト

ものかは、よくわかりません。ただ、政変後に、岩崎は社内に対し諭告を出し、「三菱の従業員は一切政治に関与しないよう要望」しています。無視できないほど、反三菱キャンペーンにより社内に動揺が広がっていたようです。

ところで、政権を握った薩長派は、在野の人間となった大隈重信の影響力を封じ込めるには、その資金源の岩崎をつぶさなければいけないと考えるようになります。そこで政府は、三菱に対する保護政策を見直し、競争相手として共同運輸会社を設立して独占的地位を脅かそうとしたのです。

この見直しの根拠となった三菱批判の内容は、田口卯吉が『東京経済雑誌』で農商務省費四五万八〇〇〇円中の二六万九〇〇〇円が三菱への補助金であると指摘したような、政府保護の独占だけでなく、①倉庫業・為替業・海上保険業などの関連業務で何重にも利益を得、海上運送に伴う利益を独占している、②運賃率を恣意的に左右し、高率の運賃を設定して商業の発達を阻害している、③船質を改善せず、海上輸送需要の増加に伴う輸送力強化を怠っている、④船客・荷主に対する待遇が劣悪であるなど、独占の弊害として一括できるものでした（小風、前掲書、一七七〜一七八頁）。三菱が伝統的な商習慣を改革しようと努力していた面も、批判が高まる理由となっていました。

そのため、政府は、一八八二年二月に新しい命令書を交付して三菱に改善を求めることになりました。このときの命令書の要点は、商品売買の兼営禁止が明記されたことでした。第一命令書でも他業の兼営は禁止されていたのですが、改めてこの規定を全面に押し出したものとなりました。付帯業務への批判に対応してのことでした。このほか、運賃規則や罰則が明確化され、使用船舶の性能についても具体的な指示が出されるなど経営監督の強化策もとられました。この政府の命令は、「いまだ必ずしも峻厳に過ぎるものではない」と岩崎の『伝記』が書いたほどのもので、厳しすぎると評価されるようなものではありません。激しい政争にさらされながらも、日本の海運を担う三菱の事業能力を評価する現実的な判断が、政府の側にもあったとみてよいと思います。つまり、政府は、三菱をつぶしにかかったというわけではないのです。その証拠に政府は三菱にそれまでと同じだけの航路助成金を支給していますから、一連の動きは「三菱打倒を目的とする組織的な策謀とみられるものであって、政府の使嗾、自由党の策略、反三菱派財界の策動がその背景にある」（岩崎家伝記刊行会編、前掲書、四九一頁）とはいえ、それほど極端な反三菱政策をとったわけでないことも事実でした。

4　共同運輸との競争と日本郵船の設立

しかし、政府の政策転換は、監督強化だけにとどまりませんでした。翌一八八二年七月に政府は共同運輸を設立し、三菱に対抗させようとしたからです。設立に中心的な役割を果たしたのは品川弥二郎で、東京風帆船・北海道運輸・越中風帆船を合併して資本金三〇〇万円で設立された共同運輸は、政府から出資一三〇万円をうけ、政府直属の海軍の補助船団という目的も併せてもっていました。品川は、「国家的事業を個人に任せておくから悪い。海上権を三菱から奪わねばならぬ」と、井上馨らを動かして共同運輸設立にこぎ着けたといわれていますから、品川の反三菱という姿勢はかなり明瞭でした。品川の働きかけに呼応して、設立発起人は、小室信夫、益田孝、雨宮敬次郎、馬越恭平、大倉喜八郎、川崎正蔵などの有力者が名を連ね、渋沢栄一もこの設立には関与しています。その意味では、政府が三菱に対抗するために有

「幕内の相撲」(『団団珍聞』234号，1881年10月22日)
東京大学大学院法学政治学研究科附属近代日本法政史料センター
明治新聞雑誌文庫　所蔵

力企業家の出資・協力を糾合したという様相を呈していたのです。

三菱と共同運輸は、激しい競争を展開したといわれています。三菱に不満をもっていた荷主は共同運輸に期待し、両者の激しい競争は果てしない運賃引き下げ競争となっていきました。表２－１でわかるように、一八八二年に始まるデフレ政策の影響で減少しはじめていた運賃収入は、八三年には前年の四分の三近くに急減し、三菱は赤字経営に転落していきます。経費の節減などの自助努力では対抗できないほど経営状況が悪化したのです。その原因は、両社が運賃を引き下げて荷主を奪い合ったからですが、たとえば、東京・長崎間の運賃は、八三年には、下等乗客が一二円から一〇円となり、米百石が一一〇円から六五円に低下しました。また、両者の競争が始まる前に米百石二七円であった四日市・東京間の運賃は、八六年には一〇円に下がったと記録されています。

そのため、一八八三年には八万円弱の利益を計上できた共同運輸も赤字が増大し、三菱同様に経営状態は極端

表 2-1　郵便汽船三菱会社の経営状態

（単位：トン，千円，人）

		1878 年	1879 年	1880 年	1881 年	1882 年	1883 年	1884 年
輸送量	総トン数			442,267	639,135	601,144	555,207	551,670
	乗客数	169,206	211,758	244,789	310,247	253,514	195,267	157,498
収　入	荷物運賃	1,922.5	2,131.1	2,887.2	3,561.2	3,074.5	2,276.7	1,758.3
	船客運賃	620.5	683.1	803.2	1,027.9	907.3	818.0	644.2
	収入合計	2,872.9	3,140.2	4,000.0	4,908.5	4,566.7	3,533.3	2,840.8
支出合計		3,325.0	2,571.0	3,137.8	4,193.2	4,053.6	3,636.6	3,176.7
収　支		△ 452.1	569.2	862.2	715.4	513.1	△ 103.3	△ 336.0

（注）収入合計には助成金などの収入を含む。収支は助成金収入を含むもの。
（出所）関口かをり・武田晴人「郵便汽船三菱会社と共同運輸の『競争』実態について」『三菱史料館論集』11 号，2010 年，33 頁。

に悪化しました。輸送量では、二社合計の乗客数が八三年に二〇万九六四四人、うち三菱乗客一九万五二六七人（九三％）から、翌八四年には二二万四九九七人、うち三菱乗客一五万七四九八人（七〇％）に、貨物輸送量が八三年の五九万トン、うち三菱扱い高五五万五二〇七トン（九四％）から、八四年に八三万八〇〇〇トン、うち三菱扱い高五五万一六七〇トン（六六％）へと、三菱のシェア低下が顕著でした。従って三菱の海運独占を脅かすほど急激な変化が市場シェアでは生じていたのですが、そのために共同運輸が払わねばならなかった犠牲も大きかったのです。

こうした競争状態のなかで、一八八六年には両社が破産寸前と危惧されるほどになり、そのため、この死闘は両社を合併して新たに日本郵船会社を設立することで、幕が引かれることになりました。八六年九月末、日本郵船会社の設立が認可され、一〇月から営業を開始することによって、三菱は、これまで培ってきた海運業での営業資産、総額六五二万円をすべて新会社に譲り渡しました。この競争のさなかに、その結末をみることなく、岩崎弥太郎は胃がんで亡くなっています。

こうしてみると、日本郵船の設立は、共同運輸の設立を契機とする両者の激しい競争の結果ということになります。これがこれまでの定説です。ただし、二〇〇〇年代に入って、三菱の創業期からの史料を収集保管している三菱史料館で新しい研究が発表されて、少し様子が違うことがわかってきています。関口かをりさんの研究によると、一八八一年をピークに三菱の海運収入は減少していますが、これは、共同運輸の設立に先行して発生しています。しかも、設立直後の共同運輸が八三年までに開設できた定期航路はわずか二つで、それも北海道でした。汽船の数も十分には整っていなかったので、この年まで、共同運輸からの競争が三菱の経営に深刻な影響を与えるほどの力をもってはいなかったのではないかというのが、関口さんの指摘です（武田晴人・関口かをり『三菱財閥形成史』東京大学出版会、二〇二〇年、第3章）。

三菱の航路別の運賃収入の動向でみても、共同運輸との競争のない上海航路や香港航路などでも収入が激減しています。収入減少は共同運輸との競争だけでは説明できないのです。実際には、政変後に大蔵卿となった松方正義が展開した紙幣整理でデフレーションが進行し、不況下で荷動きが少なくなり、しかも、運賃もデフレの影響で低下したので、収入が激減したということになります。つまり、これまで語り継がれてきた、政変や共同運輸との競争の影響は、経営不振の原因の一つでしたが、その最初の要因ではなく、デフレ下の経営不振に拍車をかけた追加的要因だったのです。どうやらこの説明の方が当時の記録などと引き合わせてみると、真相に近いと思います。

こうしてみると、政変によって三菱つぶしにかかったという政府の意図も、助成金を払い続けていたという事実からみて怪しそうですし、共同運輸との死活の競争戦に疲弊して日本郵船が誕生したという「講談調」の話も一面的なようです。

もちろん、それでも、当時の三菱会社の有力な資産は海運業でしたから、この日本郵船会社の設立は、三菱創業の事業である海運業を完全に三菱が失って、同社の単なる株主になってしまうという状態をつくり出す、三菱・岩崎家にとっても一大事ということになるかもしれません。しかし、この点でも、すこし真相は違うようです。一八八六年三月に三菱は新しい事業、つまり造船業や鉱山業などの経営に乗り出すために、新しく三菱社を設立し経営の多角化に乗り出していくのですが、このときには、三菱は相当の資産を海運業で蓄積して保有していたことがわかっています。詳しい説明をする余裕はありませんが、先ほど紹介した関口さんがこの時期の三菱・岩崎家の台所事情を明らかにしています（武田・関口、前掲書、第1章、第2章）。これは、これまでまったくブラックボックスだった明治前半期の三菱・岩崎家の資産状態と経営組織を明らかにした画期的な研究ですが、それによると、岩崎家は郵船事業とは別に「奥帳場」と呼ばれていた勘定口があって、そこにかなり多額の株や公債を保有するとともに、鉱山などの事業を展開しており、それだけでも有力な政商たちを凌ぐほどの資産となっていました。海運事業もそこから出資している事業の一つになっていますが、計算上は八四年末でも九〇万円ほどで、奥帳場の資産総額六〇〇万円の一五％にすぎません。そして、日本郵船の設立によって、岩崎家は、この九〇万円となっている海運事業が五〇〇万円分の日本郵船株に換わったわけですから、日本郵船設立の損得勘定は、岩崎にとって不利ということではないようです。これが日本郵船の設立を岩崎の側からみたものです。

新しい三菱社の中心になったのが弥太郎の弟の弥之助です。その事業内容は、すでに弥太郎の時代に着手されていた多角化の芽を育てることでした。しかし、そのほとんどは主業の海運に比べれば実績もなく収益性も不明確なものです。日本郵船の設立によってその主業を失った三菱は、そうした弥太郎が蒔いた種を手がかりに、のちの三菱財閥の骨格を形づくることになりますが、その資金的な基盤は確固たるものがありました。

おわりに

共同運輸との競争が政争がらみであっただけに、日本郵船設立に至る数年間の動向は同時代的にも世間の耳目を集め、また、政商・財閥の歴史を語るとき、しばしば登場するエピソードとなっています。ただ、この物語を歴史的に位置づけることはなかなか難しいところがあります。

競争に至る過程について、政治的な要素をとりあえず除いてみても、三菱の独占状態に対する批判からこれに対抗する会社を政府の肝いりで作り、しかも、その両社は競争で疲弊して、再びトラスト的な大企業である日本郵船に帰結したことになります。これでは、再び独占が出現したかのようにもみえます。この経過はどのように解釈すべきでしょうか。競争が海運のサービスを改善したということは多少とも競争の効用があったことを証明するかもしれません。しかし、運賃の低下は、デフレの影響による側面もあり、また、過度な引き下げによって赤字路線化したというのでは、競争の効果も行きすぎと評価すべきかもしれません。そのようなことは長続きしませんから、下がりすぎた運賃は元に戻っていくことでしょう。

もっとも、この競争の圏外にありながら、冒頭でも書きましたように瀬戸内航路の激しい競争を背景に、関西では大阪商船の創立が実現しましたから、日本郵船は三菱ほどの独占体制を築くことはなかったということはできます。しかし、それは競争の効果ではありません。競争によって運賃の低下が激しい時に参入するのは、ずいぶんと無謀な話だからです。

第1章の小野組破綻事件の政府の対応と比べると、小野組の破綻は特権の剝奪がポイントになっています。これに対して、日本郵船設立に至る過程では、政府は三菱への保護、つまり特権を奪うことはせず、ただ、競争相手になる企業を設立するという方策をとっています。反大隈、反三菱という政治的な意図が仮にあったとしても、それを露わに出して介入することはすでにできなくなっていました。海運の大切さと、それに求められている事業能力を評価していたのだと思いますが、政府の態度は変わりつつあったことが示されています。その意味では、政府と企業との関係は近代的なものへと一歩前進していました。しかし、それは同時に政商の時代の終わりを意味しています。政府は三菱が保護政策を独り占めすることを認めなくなっていました。そして『東京経済雑誌』などの在野のジャーナリズムも特権的な保護に対する批判の論陣を張っていたからです。

三菱に即してみると、もともと海運保護育成政策の展開のなかで、政府の意図、政策の目的は、三菱を保護することではありませんでした。ねらいは、自前の海運を育てることであり、それによって貿易を振興し外貨を節約すると同時に、有事の輸送に支障が生じないようにすることでした。ですから、当初は三井や小野などの特権商人たちの協力を得て御用会社を作ったのですが、それが失敗して三菱が選ばれたのです。岩崎にしてみれば好んで政商になったわけではなく、好んで独占したわけではないという反論が聞こえそうです。いずれにしても、三菱は政府が次善の策として選択した保護の対象でした。三菱の成長の画期が台湾出兵であり、西南戦争であったことが、政府の意図を雄弁に物語っています。西欧列強の外圧のもとで一歩まちがえば植民地化の危機にあった明治維新政府は、軍事的な自立を最優先とする「強兵」

政策を推進しました。そのためには、輸送船団の確保は重要な意味をもちましたし、それを実現するために、三菱への保護助成が有力な手段として採用されたのです。

もちろん、その特権的な地位は、事業機会の平等という点からみれば批判されるべきことですし、実際に、そうした政治の密着があるがゆえに、岩崎弥太郎の晩年の数年間は激しい政争と競争に巻き込まれて苦労することになります。独占の弊害が問題になったこと自体が、当時の岩崎の事業の影響力の大きさを明らかにしているといってもよいと思いますが、そうした批判が正当性をもつ時代が訪れつつあったことに注目しておくことが大切だと思います。

参考文献

岩崎家伝記刊行会編『岩崎弥太郎伝』東京大学出版会、一九七九年
小風秀雅『帝国主義下の日本海運　国際競争と対外自立』山川出版社、一九九五年
武田晴人『日本経済の事件簿　開国からバブル崩壊まで』新版、日本経済評論社、二〇〇九年
武田晴人『岩崎弥太郎　商会之実ハ一家之事業ナリ』ミネルヴァ書房、二〇一一年
武田晴人・関口かをり『三菱財閥形成史』東京大学出版会、二〇二〇年
旗手勲『日本の財閥と三菱　財閥企業の日本的風土』楽游書房、一九七八年
三菱経済研究所編『東山先生伝記稿本』三菱経済研究所、二〇〇四年

第3章 足尾鉱毒事件の裏側

企業と地域社会

はじめに

産業化が進むなかで、官営事業における技術移転もあって開発が進んだ金属鉱山は、その華々しい発展とは裏腹に鉱害問題を引き起こすことになります。足尾銅山（栃木県）、別子銅山（愛媛県）、日立銅山（茨城県）、小坂銅山（秋田県）という四大銅山での大規模な鉱毒事件だけでなく、各地の鉱山で鉱毒事件が頻発し、公害の発生しない鉱山はないといってもよいほどになりました。その多くは製錬所から排出される亜硫酸ガスを原因とする山林や農作物への被害でした。たとえば、別子銅山では、四国山中の製錬所を新居浜に移設すると同時に近隣で農作物被害が発生しました。そのため、伊庭貞剛が瀬戸内海中の四阪島を買収して製錬所を再度移転しますが、結果的には偏西風に乗った亜硫酸ガスが広範囲に拡散して被害地域は拡大しました。そこで住友では、一方で金銭賠償によって農民たちの被害に対応しながら、他方で硫酸脱硫の開発を行って根本的な対処をするために長い年月をかけることになりました。

この顛末は、木本正次さんの『四阪島』（講談社、一九七二年）にわかりやすくまとめられています。日立銅山の公害事件についても、新田次郎さんの『ある町の高い煙突』（文藝春秋社、一九六九年）があり、この章のお話の舞台になる足尾鉱毒事件についても城山三郎さんの『辛酸』（中央公論社、一九七〇年）などがあります。ちょうど公害問題が国会などでも問題になっていた時期ですが、学者だけでなく、著名な作家たちまでが明治の公害に関心をもって作品を公表していますし、これらの作品は文庫本になったりして今でも読むことができます。

本題に戻ると、こうして製錬所の鉱毒がしばしば問題になることがわかってくると、鉱山が新たに開発される計画が持ちあがっても、とくに製錬所の建設には激しい反対運動が展開するようになります。この結果、製錬所の集中と採掘に特化した鉱山業者を生み出すことになりました。それは金属鉱山の生産の集中をもたらすことになります。

足尾鉱毒事件については、『日本経済の事件簿』（新版、日本経済評論社、二〇〇九年）という書物でも取り上げたことがありますし、事件当時に書かれた荒畑寒村さんの『谷中村滅亡史』（岩波文庫、一九九九年）をはじめとしてさまざまな著作が書かれています。しかし、これからお話しするのは、これまで知られていたこととは少し違う、十数年前に若い人たちとまとめた『地域の社会経済史』（有斐閣、二〇〇三年）に書いた論文をベースにしたもので、鉱毒事件の正史とは別角度の裏面史ともいうべきものです。話は、開発が本格化する前の足尾に戻るところからはじまります。

1　急激な発展と技術選択

足尾は、古河市兵衛が買収して開発する前にはわずか一二〇戸余り、六〇〇〇人に満たない山間の寒村でした。古河市兵衛は、もともと小野組の番頭で、生糸の取引や東北の鉱山の開発を担当していましたが、第1章でお話しした小野組の破産に際して、それまで蓄えた私財も小野組の債務返済に提供して無一物になっていました。その彼が経験を生かして鉱山開発で再出発を図ろうと、新潟県の草倉鉱山を買収したのが一八七五（明治八）年、足尾への進出が七七年のことです。

もともと、足尾銅山は、一六一〇年の発見といわれ、江戸時代にはかなりの産出量を記録していましたが、幕末期には著しく衰微していました。このために、足尾はさびれた寒村となり、鉱山町の面影を残しているとはいっても、耕地に乏しく養蚕などの限られた農業生産のみが可能とはいえ農業だけでは生計が成り立たない、しかし緑豊かな土地でした。

ところが、この寒村が一挙にゴールドラッシュ状態に見舞われることになります。一八八一年に有力な鉱脈（鷹の巣直利）がみつかり、さらに八四年にはそれを上まわる大鉱脈（横間歩直利）の発見が続き、産銅量が増加することになります。この開発のために、「機械嫌い」といわれたこともある古河市兵衛は、近代的な鉱山技術を次々と導入していきます。製錬所を新設してベッセマ煉銅法を導入し、水力発電所を建設して電気巻揚機や電気揚水機、坑外運搬用の電車を導入しています。

古河市兵衛

国立国会図書館ウェブサイト

しかし、こうした新技術の導入だけでは、発見された新鉱

足尾銅山全景

毎日新聞社　提供

間藤水力発電所

（日本最古の発電所。当時は原動所と呼ばれていた。）

古河機械金属株式会社　提供

脈の開発には十分ではありませんでした。何よりも採掘は機械化ができませんでしたから、大量の人員投入が必要でした。また、製錬には多量の燃料が必要でしたが、山間部で交通が不便な足尾では、近隣の山林を薪炭用に伐採し、また坑木などにも大量に利用することになります。この山林の伐採が、足尾の周辺をはげ山にし、大雨になると鉱山の廃棄物などを一挙に下流に押し流す洪水の一因となりました。鉱毒は、鉱山が排出する廃棄物によるだけでなく、乱開発ともいうべき増産第一主義の結果だったということができます。

技術者たちは問題の所在にまったく無関心であったわけではありません。しかし、企業の論理は余計なコストを支払うことを拒否します。自然を有効に利用する技術合理的な選択と利益を大きくしたいという経営合理的な選択は一致しないことが多いのです。その結果として、被害の除去のためにあとから多額の経費を必要とすることになりますが、この費用はしばしば経営の費用とみなされず、税金の投入が求められたりします。経営のなかでの試行錯誤が続く場合にも、いったん選択された経営合理的な技術を改良していこうとしても、その導入された技術自体には除害対策を想定していませんから、いろいろな制約もあり、出てくるアイディアが簡単に成功するとは限らないのです。そのよい例が、日立や別子の煙害対策として、当時の有識者を集めた鉱毒調査会が勧告して建設された「阿呆煙突」とよばれるものです。名前から想像されるようにまったく実効性のないものでした。はじめから排出ガス対策が想定され、そもそも排出量を抑えることが想定された製錬法を考案していたら別の解決策があったかもしれませんが、そうではなかったから、余計に難しいということができます。

こうしたなかで、増産第一主義の技術選択が進み、結果的には排水の管理などの鉱毒に対する対策は等閑に付されていくことになります。しかも、足尾の場合には、被害と加害の関係がとてもみえにくい関係になっています。足尾の製錬所の煙害が周辺の山林をはげ山にしていったことは鉱山でもみえていたでしょうが、数十キロメートルも離れている渡良瀬川の下流域で起こった鉱毒水の被害は、なかなか実感されにくいのです。技術的に問題があったというのは簡単にはいえません。当時の足尾が採用していた技術は、自家用発電技術にしても、製錬の技術にしてもこの業界の最先端を行くものだったからです。そうした最先端の技術が被害の拡大に貢献してしまうというのが、近代的な企業活動がもつ環境破壊の現実の姿なのです。

2　人口増加と地域

鉱毒の原因はすでに語り尽くされていますが、こうして荒廃が進む自然環境とは反対に、足尾は繁栄を謳歌することになります。銅の生産量は、一八八一年の一七二トンから、八四年には二二八六トン、八五年には四〇九〇トン、一九〇〇年には約六〇〇〇トンと増加していきます。

この急速な発展に必要な関連施設の整備が遅れ、そのために足尾銅山・古河は多くの手間をかけなければなりませんでした。製品の搬出、石炭や木材などの入用品の搬入などの輸送ルートの確保など鉱山開発に必要な付帯事業が未整備だったからです。それだけでなく、何よりも急増する人口に対応する生活空間が作り出されなければなりませんでした。大量の人員投入は、大量の鉱夫が住む町が忽然と寒村の中に姿を現すことになったからです。

表３－１で足尾地域の人口の増加の様子を確認しましょう。前節に書いたように、古河による再開発が始まる前、足尾にはわずか六〇〇人ほどの人口しか住んでいませんでした。表とは別の統計なので掲出していませんが、一八八七年には戸数一〇〇〇戸、人口九〇〇〇人になり（武田編、前掲書、二四二頁）、その後九五年には一万三〇〇〇人弱、一九〇〇年ころには、戸数五〇〇〇戸、人口二万人余と増加しています。

表3-1　足尾町の戸数と人口

年次	本籍戸数	現住戸数	本籍人口	現住人口	農家戸数	うち兼業	うち小作
1895	492	3,359	2,321	12,897	327	131	70
1898	?	3,738	2,577	19,058	353	163	85
1901	526	5,054	2,754	22,708	178	70	70

（注）兼業・小作ともに農家戸数の内数。
（出所）栃木県史編さん委員会編『栃木県史　史料編近現代9』1980年，付表より。

二〇年ほどで足尾に住む人の数が三〇倍以上に増加しているのです。農家戸数が変わっていないことから、この人口増加が足尾の労働者の増加を主としていたことは想像できます。もちろん、増加したのは鉱山の労働者だけではありません。足尾の発展に誘われて各地から食料品や日用品、そして飲み屋など各種のサービスを提供する営業者が鉱山の周辺に集まってきます。

鉱山の発展は、その基盤となる地域のあり方だけでなく、その地域と他の地域との関係にも大きな影響を及ぼします。足尾の産銅は街道を通して横浜に運ばれ、入用品はその逆のルートを通じて足尾に運び込まれました。石炭は九州から、機械設備は東京周辺の工場やあるいは横浜港から、南京米などの外米を別にすれば、米・味噌・醤油・酒・荒物などは宇都宮や栃木、大間々から、野菜は古河（こが）や館林からというように、足尾は巨大な生産地であると同時に巨大な消費市場を作り出していましたから、そこに物資を輸送し、販売に至る諸段階でさまざまな事業機会を提供し、地域間の市場的な関係を深めることになったのです。

こうして人口の社会的増加が進んで、ゴールドラッシュの町のような様子になったのです。そこは、きわめて流動性の高い社会となり、地域との関係は希薄となっていきます。鉱夫にしても、商人にしても期待通りではないと、さっさと足尾から立ち去っていきますから、その出入りはすさまじいものがありました。

鉱夫を例にとると、この当時、鉱山技術関係の『日本鉱業会誌』という雑誌の誌上で、当時を代表する技術者たちが足尾の鉱夫募集のやり方に苦言を呈し、これに対する古河の技術者の反論が掲載されたりしています（武田編、前掲書、二五〇〜二五一頁）。実際、佐渡や生野などの全国の有数の鉱山にまで人を派遣して鉱夫を引き抜いていたようですが、それくらいしないと必要な人員が集まらなかったのです。短期間に一万人に近い鉱山従業員が集められたのですから、当然だったかもしれませんが、それだけではありません。そうした人たちの定着率がきわめて低かったのです。少し後になりますが、一九〇一年の統計によると、この年の鉱夫の移動率（［採用＋解雇］／年末在籍人員）は、採掘坑夫で二〇〇％、製錬鉱夫でも一〇〇％となっています。採掘坑夫の二〇〇％という数字は、採用数がほぼ年末の在籍数と同じくらいということになりますから、一年間に全員が入れ替わってしまうほどの移動率だったことになります。定着率が低いために足尾では毎年のように数千人の規模で新しい人員を募集し続けなければならなかったのです。こうしてきわめて流動的な社会になります。こんな状態ですから、安定的な人間関係なども築かれていませんでした。

表3－2は、人口の社会移動を示す「寄留統計」によって、足尾にどんな地域から人びとが流入してきたかを示しています。栃木県が多いのはもちろんですが、新潟や富山など北陸の諸県からたくさんの人が集まってきています。これには、足尾の飯場頭、つまり鉱夫たちの日常的な生活の管理、作業の監督などを担う親方たちで、鉱夫の募集も仕事だった人たちが、北陸に地縁的な関係が深かったためだともいわれ

表3-2　足尾町寄留統計（1896-1905年累計）

（単位：人）

東　北	361
栃　木	830
群　馬	293
茨　城	278
東　京	242
南関東	187
新　潟	587
富　山	1,064
石　川	260
福　井	392
その他	694
合　計	5,188

（注）単独の府県名で示したものは，200人を超えるものである。

（出所）前掲『栃木県史　史料編近現代9』309-310頁。

ています。こういう特徴がありますが、関東地域だけでなく、東北にも、あるいはそれ以外の地域にも足尾にやってきた人たちの出身地は広がっていたのです。全国各地から、人びとが働き口、稼ぎ口を期待して集まってきた、あるいは勧誘に乗って集められてきたのです。

こうした流動的な社会状態に加えて、もう一つ重要な特徴がありました。急激な拡大を示した一八八〇年代後半からの足尾は、しばらくの間、単身の男性ばかりが目立つ特異な集落を形成していたのです。地域社会そのものが、その基礎的な単位となるべき家族を欠いたまま、足尾は人口の集積地化していたというわけです。

表3－3は、一八九六年ですから日清戦争後のことで、すでに再開発開始から二〇年近くがたった時期ですが、足尾銅山の従業員について、職種別に家族数などを示しているものです。さすがに役員などの管理的な職に就いている人は家族持ちが多かったようですが、それ以外の職種になると家族の数はかなり減っていきます。平均家族数が二人を切るということは未婚の単身者が半数以上を占めていることを意味していますが、雑役夫、土方などを典型として家族のいない人がきわめて多い職種もあります。全体を通してみると、そうしたことの結果、家族を加えた従業員社会では、女性比率が全体の三割強にしかなりません。自然に成長した社会であれば、この比率は五割のはずですから、極端に女性が少なく、そのために、単身の若い鉱夫たちにとっては結婚できる相手がそもそもいなかったのです。それから一〇年後の一九〇七年には女性の比率は四割前後となったこともわかっていますから、状況は徐々に改善されていくことになりますが、逆にみれば、表3－3の一八九六年より一〇年前は、さらに男性ばかりが目立つ異様な社会だったということができるでしょう。

表3-3　1896年の従業員と家族

（単位：人，%）

	人　員	家　族	計	うち女性	女性比率	平均家族数
役　員	257	434	691	322	46.6	2.7
医員・教員	19	29	48	20	41.7	2.5
工　手	37	94	131	62	47.3	3.5
坑夫頭	66	185	251	126	50.2	3.8
坑　夫	2,854	2,370	5,224	1,728	33.1	1.8
支柱夫	287	198	485	146	30.1	1.7
掘　子	1,478	393	1,871	276	14.8	1.3
坑内雑役夫	583	125	708	96	13.6	1.2
選鉱夫	588	335	923	235	25.5	1.6
製錬夫	715	501	1,216	380	31.3	1.7
機械・電気夫	266	243	509	177	34.8	1.9
鍛冶・工作・大工	165	92	257	66	25.7	1.6
土　方	539	172	711	114	16.0	1.3
薪炭夫	470	229	699	167	23.9	1.5
炭焼夫	354	578	932	416	44.6	2.6
山林雑役夫	788	365	1,153	290	25.2	1.5
運搬諸夫	475	344	819	240	29.3	1.7
その他	984	417	1,401	744	53.1	1.4
合　計	10,925	7,104	18,029	5,605	31.1	1.7

（注）原史料は高岩安太郎『足尾銅山景況一班』大成社，1897年。平均家族数は計／人員より算出。

（出所）栃木県史編さん委員会編『栃木県史　通史編近現代3』1984年，480頁。

実は、こうした偏った構成をもった町場になってきた足尾は、その高い流動性のために人口がいくらあるかもはっきりしない、そのために町の役場では、必要な公共施設の整備も十分にはできない状況になっていきます。足尾の人口統計が不備なために当時の栃木県の統計では、足尾のある上都賀郡の欄だけが空欄という状態が続いたりします。

前の二つの章でお話しした政商の時代には、政府の活動があって、それを助けるように政商たちがビジネスチャンスをつかんでいったという政府と事業活動の関係が見出されています。そこに特権と癒着という問題が発生していたのですが、足尾では地方の政府ですが、それがまったく頼りにならないのです。そのため、小学校や病院などの施設を古河が資金を出して建設することになります。また、鉱夫の生活用品が交通不便などの事情で割高になっていることから販売所を設けて米などを市価よりも廉価で販売するなどの事業も開始します。こうして、頼りにならない地方自治体の代わりを鉱業所が果たすことになります。企業城下町という言葉がありますが、足尾は鉱山開発が町を作ったという意味では、企業が作った町でしたし、その小さな空間のなかでの人びとの流動的な状況も、社会の基盤になる家族形成が不十分という特徴も、企業活動の急成長によって作られたものでした。地方の町村では、小学校などが、伝統的な社会構造のなかで「名望家」と呼ばれた人たちの寄付で作られたりしています。足尾では、名望家もいないために古河という事業体がその役割を代わりに務めたのです。

このような企業と地域との関係は、足尾という小さい空間にとどまりませんでした。商売上の取引関係ではもちろん地域を越えていますが、それだけではないのです。たとえば、すでにふれたように足尾との交通路の確保は古河にとっても死活の問題でしたが、それは交通路となる街道筋の人びとにとっても重要な問題でした。道路の整備はそうした人びとの利害が絡んだ政治的な争点でもあったからです。そのため、たとえば、再開発が本格化していく時期にあたる一八八八年には、栃木県会の代表者などが足尾にやってきて、道路整備に資金を提供するよう要請しています。足尾から東南に粕尾峠を越える道路建設計画に二万円ほどの資金を提供できないかという働きかけでした。この計画は実現しませんが、似たような話が相次いでいます。

このように、隣接する地域にとって足尾銅山は、道路の建設などの財源を期待することのできる事業主でした。もちろん、古河の側からみれば、そうした社会資本の整備を本来担うべき行政や沿線住民からそ

表3-4　古河の貸金調

（単位：円）

姓　名	役職等	金　額	貸付日（年月日）	返済期日（年月日）	事　由
A		1,000	1895.4.3	1895.10.20	足尾納付の白米代金担保／保証人檜山六三郎
B	群馬県会議長	13,104.3	1900.3.6	な　し	無担保，財産競売の上円回収の残
C		200	1895.1.25	1895.3.30	無担保
D		3,290	1898.12.22 ほか3件	な　し	1560円回収の残
D		546.74	1902.7.31		唐戸屋鉱山買収の時期まで円／年返済の契約
E	仲裁会委員，栃木県会議長	1,000	1894.7.15	1894.12.30	担保なし
F	仲裁会委員	100	1893.3.1	1895.12.20	無担保／保証人檜山六三郎，中山丹治郎
F，G	Gは栃木県会副議長	500	1892.6.8	1895.12.-	無担保／保証人檜山六三郎
G，H，I，J	仲裁会委員	2,000	1893.8.17	1894.12.20	無担保
K	新田郡長・待矢場水利組合長	1,500	1892.3.28	1897.3.30	無担保，利子8歩
L		500	1892.10.9	1895.3.30	1000円のうち円返済の残，利子1割2歩
M	仲裁会委員	1,200	1891.12.30	1892.12.30	宇都宮旭香社印刷機担保，相当利子
N	待矢場水利組合鉱毒調査委員	2,500	1897.1.23	1897.5.30	無担保
O	梁田郡選出県議	200	1897.10.28		返済期日，証書なし
J	仲裁会委員	260	1903.1.9 ほか4口		元金円のうち返済残

（出所）　武田晴人「非鉄金属鉱業の発展と地域社会」武田晴人編『地域の社会経済史』有斐閣，2003年，263頁より作成。

の負担を求められるという関係のもとにありました。それはちょうど足尾町の初等教育を鉱山の私立学校が担う関係と類似していました。足尾に公的な役割の肩替わりを求めていたのです。

こんなことが重なってくることによって、古河と地元との関係が人的にも密接なものとなったように思われます。そして、その両者の関係は、一八九〇年末ころから顕在化した鉱毒問題によって、いっそう広域の複雑な関係に展開することになりますが、そのことに立ち入る前に一つの史料をみておいていただくことにしましょう。

一九〇五（明治三八）年に古河家の組織変更に関わって会計状態を整理するために残された史料ですが、そのなかに、多額の貸金が不良貸しとして回収を断念することになったものが記録されています。それから作ったのが表3－4です。ここには相当数の地元関係者への貸金があります。そのような貸金が積み上がった理由を次節で考えていきます。

3　鉱毒事件と地域社会

残された記録によると、鉱毒事件について古河市兵衛は、足尾で交渉することを禁じ、東京で応対する方針を再三にわたり足尾に指示しています。それは、足尾という地域社会の関係から鉱毒問題を切り離し、鉱毒問題によって現場の事業が妨げられるのを防ごうという意図からだったのではないかと思います。

もっとも、この方針の背後には、鉱毒問題について市兵衛が当初は「立ち消え」になるだろうと楽観していたことが関係するかもしれません。ただし、鉱山の操業が無関係だと考えていたのではないようです。

一八九〇年一二月に足尾に送った手紙で、「悪水は山元にて銅を取」る沈殿銅採取を実施すれば除害効果は上がるだろうと市兵衛は書いています。鉱山でも対策をしていることを示すことで説得できるという判断もあったでしょうが、鉱山と関係なく被害の原因は別だと主張するつもりはなかったようです。問題が起こると原因は、責任は自分たちの事業ではないと主張する現代企業のあり方とは少し違う印象です。

しかし、こうした判断は表に出さず、被害の訴えにはまともに取り合おうとしていなかったことも事実でした。東京の古河本店で応対するという方針に対応して、以後問題が拡大するにつれて、東京の本店に陳情に来訪する農民の代表者たちが増えてきますし、それだけでなく、被害民との仲裁を申し出る地域の有力者たちが引きも切らない状態となりました。

こうした人たちに対し、市兵衛は、「気の毒とは思うが」一時的なことだとの判断を示しています。とくに古河が警戒していたのは仲介を申し出る「仲人」の活動でした。市兵衛の認識は、「村々にも煽動者の為めの入費は出し損」というものです。多少の示談金で農民たちの不満を解消できるはずだとの助言に、金を出す気はないと返事しています。市兵衛の言葉の端々には、知事や議員たちの仲介の申し出をありがた迷惑な話と受け止めていたことがうかがわれます。道路の整備が遅れていて困っているから改修費を出してくれといってくる有力者と、農作物の被害を訴えてやってくる有力者に差はなく、どちらにしても票を集めるためとか、金がほしいとかの下心があるものという認識ではなかったかと想像されます。

しかし、こうしたかたちで、それまでにも足尾と関わりをもっていた人たちとの人的な関係が地方政界を中心に動き出しはじめることになりました。

「悪名高い」示談交渉がこうした動きのなかで開始されることになります。市兵衛の手紙を読んでいくと、一八九一年九月の手紙では、新井章吾と「田中庄蔵」という人物が仲裁者となって示談が進むのではないかとの見通しが書かれています。この「田中庄蔵」は田中正造のことだと思います。この手紙の少し前に、示談に関して自由党と改進党が組み合っていると書いていますし、同姓同音名の有力者はみつからないからです。

こうしてまとまるかにみえた示談交渉ですが、実際には市兵衛の期待とは異なって運動費の支出という妥協案による交渉は不調に終わっています。この直後に田中正造は政府に対する帝国議会での追及に転じていますから、示談をまとめようという方針に関して意見の相違があったのかもしれません。

そこで、金銭による賠償で解決するという方針は、有力者の仲介から公式のルートに乗ることになります。一八九二年に設置された栃木県仲裁会がそれです。この調査会では、古河などとの裏取引を疑われないため、決着がつくまでの費用は「自弁」、「公然の席」でなければ古河とは面会しないと申し合わせています。それまでも何かというと、足尾銅山を視察すると称して訪れ、道路の建設などの寄付を持ちかけるなどしていた人たちですから、それぞれ警戒し相互に自粛を申し合わせたということでしょう。

しかし、こうした申し合わせにもかかわらず、仲裁会委員に対して仲裁期間中にかなりの金額の「貸金」が古河から渡されていたことが、すでに示した表3－4からわかります。もっとも早い一八九一年末のMに対する一二〇〇円の貸金に

田中正造
朝日新聞社　提供

ついては、お金が貸された直後の手紙で「下流一件について安生氏種々心配も致す義は坂口氏より御聞取下されていると思いますが、安生とM両氏千弐百円拝借の義願出がありますが、一旦事情を以て断りましたが、無據実情も聞申しましたゆえ貸与すること、極々内々のことですので御含まで」と市兵衛が足尾に伝えています。つまり、Mに対しては担保を取るなど他と比べれば通常の貸付の形式をとっていましたが、示談交渉の仲介者となった事情を考慮したものでした。

すべてのケースについて詳しい事情がわかるわけではありませんし、それぞれの個人の行動を告発するつもりもありません。ただ、栃木県仲裁会の委員数は設立時には一九人でしたが、このうち七人が古河からの借入金の記録がある人物だったのです。さらに、この仲裁会とは別ですが、群馬県議で県会議長を務めたBは、示談推進のために「間に入って骨を折ったといわれ」ていましたが、この人物も多額の借入がありました。中央政界でも有力者だったHの足尾視察計画に際しても県会議員が代理として資金をえています。これは現代流にいえば政治資金かもしれません。事実上の寄付かもしれませんが、古河の方は、貸した金としてしっかりと記録していたのです。

疑惑といえば、群馬県側の待矢場水利組合長への貸金では、この水利組合と古河の示談交渉が一八九二年三月二一日にまとまり、契約調印が四月一日でしたから、貸金がこの間の三月二八日という日付であったことを考えると、関連がないという方が難しそうです。もちろん、推測できるのはそこまでで、この金が組合長から組合員に分配されたものなのか、組合長が仲介料として受け取ったものなのか、あるいはたまたま時期が重なっているが、返すつもりの事業資金の借金が返せなくなったのかはわかりません。とはいえ、実質的には地元に対する示談交渉の運動費として支出された疑いが濃厚だということになります。

それは、鉱毒事件だけでなく、道路建設などをめぐってあるいは鉄道敷設許可などをめぐって古河が地元の有力者や地方政府との関係を深めていったことを象徴的に示すものだったようにみえます。

おわりに

ここまでお話ししてきたように、急激な鉱山開発によって足尾地域に生じた変化は、産業化が地域や社会に与える影響の一面を、すこし極端なかたちで表しているようにみえます。ビジネス・チャンスが広がり、それに対応して生業を離れて店を構え、営業に従事するものも出たり、あるいは、それまでのよく見知った住民だけの空間に見知らぬ顔が圧倒的に多くなっていくと、人びとの生活のあり方も変わっていきます。それはゆっくりであれば、日本のどこでも近代化の途中で程度の差はあれ、起こったことでしょう。そこで働く新しい行動原理は、それまでの村々の伝統的な慣習とは異なり、慣習を変容させていったと思います。

足尾の場合には、伝統的な村落がほとんどない状態のなかで、急速な人口の社会的な移動によって、栃木県下では宇都宮に次ぐという人口の集積地が山間の僻地に出現しますから、新しい原理を生のかたちで表しているように見えます。そこでは人びとは、働き口があり金がもらえそうだ、儲かりそうだと思えば各地からやってきます。金の沙汰に敏感な社会ですが、他方で地域のなかでの人びとのつながりなどは顧みられることはほとんどありません。しかも、そうした企業活動の展開に必要なインフラはまったく整っていませんでした。地方の行財政の秩序も未熟だったからです。そのために、道路の建設にしても小学校や病院にしても公的なサービスの低い水準を肩替わりし、それを補ったのはほかならぬ鉱業所そのものでした。鉱山が公的機関の役割を肩替わりして提供する施設やサービスに依存することになりましたが、それは事業活動が地域社会という基盤なしには成立しえないことを示しています。

企業を中核とした空間が成立してくると、そこには、政治と企業活動との関係では、それまでとはまったく別の「利権」の構図が生まれます。両者の接点に「利権」が生まれるので似たような構図にみえますが、政商のケースとは基本的な枠組みが逆転しています。ここでは地方政府が弱体なために、政治の世界が企業からの金に期待し、それにぶら下がるような構図です。企業の原理からみれば、利益の追求にプラスとならない費用は負担できないことは、技術の改善に関わる考え方に典型的に現れています。そして、もし、そうした企業活動のなかで、政府への資金が意味のある支出だと考えられていたとすれば、それには相応の見返りが期待できたということではないかと思います。そこには、近代的な企業活動が発展する際に政府が果たす役割、あるいは、企業と地域社会の関係がそれまでとは異なっていることが示されています。

これとは対照的に、「公益に有害であれば鉱業停止」という鉱業条例の条文に被害民たちが拠り所を求めたのは、企業の自由を制限しうるような政府の役割が、産業化が随伴する弊害の除去には不可欠であることを示していたのです。企業と社会との関係を考えるうえで重要な側面が浮き彫りになっていると思います。

参考文献

荒畑寒村『谷中村滅亡史』岩波文庫、一九九九年

木本正次『四阪島　公害とその克服の人間記録』講談社、一九七二年
城山三郎『辛酸　田中正造と足尾鉱毒事件』中央公論社、一九七六年
武田晴人編『地域の社会経済史　産業化と地域社会のダイナミズム』有斐閣、二〇〇三年
武田晴人『日本経済の事件簿』新版、日本経済評論社、二〇〇九年
新田次郎『ある町の高い煙突』文藝春秋社、一九六九年

第4章　株主の異議申し立て

物言う株主

はじめに

企業活動のなかで株主が果たす役割について、最近の経済学ではコーポレートガバナンス（企業統治）という視点から強調するようになっています。それは、日本的経営として称賛された企業の特徴のなかでも、株主の発言権が弱いことに企業の業績不振や不祥事の多発という現代的な問題の根源があるという見方につながり、こうした弱い株主という特徴に対する批判的な意見として表明されています。

戦後の日本的経営では、「物言わぬ株主」とか、株式持ち合いによる発言権の制限が経営者に対して自由度を高めていることが強調されてきましたし、さらに第二次世界大戦前の財閥では、同族は「君臨すれども統治せず」といってもよいような専門経営者への委任が一般的でした。いずれも、日本では株式会社制度が発展してくるなかでは、経営について、専門家に委任することが望ましい選択肢という考え方が主流だったことを歴史的な経験は示しています。それは、企業の永続性を重視するという日本の事業観によって支えられてきました。こうした見方については、『日本人の経済観念』（武田晴人、岩波現代文庫、二〇〇八年）で詳しく説明しています。

もちろん、原理的にいえば、株式会社組織は別の考え方に立つもので、株式会社制度が誕生する時代のヨーロッパでは株式会社の設立には免許を受けることが必要でした。儲け話を持ちかけて人から金を集める方法として、株式組織は簡便な仕組みだったからですが、そのことがかえってリスクを大きくしていました。そのため、特別の許可がないと株式会社の設立は認められなかったのです。

日本で株式会社制度が導入されたときにも会社の設立にはかなり綿密な発起人の財産調査などが行われて、会社の計画がいい加減なものでないことを確かめてから認められています（北浦貴士「日本における株式会社の成立と会社規制」『経営史学』四四巻一号、二〇〇九年）。それは、会社の計画のなかには、「泡沫会社」といわれるような怪しげなものが横行していたからです。

それほど株式会社はリスクが大きいものと考えられていました。それが近代になってビジネスの発展に有用な方法となったのは、リスクの大きい事業活動に資金を集める最適なものだったからです。リスクが高いので出資者の責任を限定する有限責任制度が一般的に承認されるようになりますが、それだけでなく、株式の形式をとることによって持分の処分の自由を与える一方で、経営のあり方に対する発言権も認めることになります。発言権を認めているのは、出資者が経営に関与することを前提としていますから、それは一時的な関係を前提としているわけでは必ずしもありません。つまり、処分の自由があるとはいっても、近代社会に誕生する株式会社の本来の仕組みは、株主が一定の期間関与し続けることを前提に、リスクを引き受ける主体として、その見返りに発言権を認めてきたのです。ただし、処分の自由によって株式の売買市場が発達してくると、株式は独立の金融資産として、実際の企業活動とは別世界で取引されるようになります。その価格が実際の会社の業績に基づく将来の株価の上昇や配当への期待によって決まっているようにみえることから、株価は会社の業績の評価を表していると考えられてきました。

少し脱線しますが、「一定期間の関与」と書いたのには理由があります。株式会社には免許制だけでなく、初期には存続期間を定めているものが多かったのです。たとえば法律に基づいて設立された日本銀行は、日本銀行条例第三条で三〇年、横浜正金銀行や台湾銀行は二〇年などと存続期間が定められていました（高山藤次郎『会社定款論』厳松堂書店、一九二八年、一五八頁）。これに対して一般の株式会社は定款によって「当社の存立時期は設立の日より満三〇年とす」というような規定で存続期間が定められることが通例で、一定期間を経過すると解散することを想定する制度として法的な枠組みが作られていました。この枠組みに沿って解散時に会社を清算するために、借入金などの債務を弁済して残った資産をどのように処分するかも法的に定めがありました。この残った資産が「残余財産」と名付けられており、それは出資持ち分に比例して出資者が配分を受ける権利があるという規定でした。これが現代では「会社は株主のもの」と主張される残余財産権の起源ですが、法制定の意図からいうと、解散・清算するときのことを定めたものでした。ですから、戦前の日本で株式会社論では第一人者であった増地庸治郎さんの『株式会社』（厳松堂書店、一九三七年）では、優先株の残余財産権に関連して「残余財産の分配」について、「実際上は余り重要ではない」と書いています（増地、前掲書、五四四頁）。このころには存続期間の規定を定める企業はほとんどなくなっていました。ですから、実際には会社の解散・清算が起こるのは事業成績不振となった場合なので、分配すべき資産が残っていないからでした。つまり、増地さんの理解によれば、残余財産が問題になるのは解散・清算時のことであり、事業活動を継続中の企業の純資産に対する権利は意味していなかったのです。しかし、それを株主に都合よく拡張解釈しているのが、現代の理論です。法の制定の趣旨から大きく外れた制度の理解ということになります。

そのことはともかく、日本では明治に導入された株式会社制度は、多くは共同出資のための方便であり、株主は配当を期待しても、経営には関与せず、役員になっても社外取締役であり、支配人等に経営を委ねていました。しかし、そうした一般的な傾向に対して、例外もあったのです。この章で取り上げるのは、その意味ではこの例外的なケースになります。

1　小野田セメントの株主行動

山口県の代表的な企業であった小野田セメントは、士族授産事業によって誕生した企業です。浅野セメントと業界を二分する企業に育っていきますが、必ずしも平坦な道ではありませんでした。事件は一九〇三（明治三六）年の秋に起きています。これについては、『小野田セメント百年史』（日本経営史研究所編、小野田セメント、一九八一年）に詳しく書かれていますから、それに拠りながら経過を追いかけることにします。

一九〇三年一一月五日に小野田市で小野田セメントの臨時株主総会が開かれました。この日、重役会が提案した経営改善策に対して、この総会では株主から異議が申し立てられました。重役会の提案は、減資による不良資産の整理と、借入金や社債の償還＝低利借替のための新社債発行を中心とする再建方針でした。このような再建方針が出されたことは、同社が経営不振に陥っていたことを示しています。日清戦争後の不況下において販売不振に見舞われて経営が傾き、一九〇一年からは無配を続けていました。工場の火災が続いたという不運もありましたが、さらに大阪の主要取引先だった宗像商会がこの年五月に突然休業し、当主が失踪するという事件にも見舞われました。その損害額は、一六万円ほどでしたが、資本金が一〇〇万円になったばかりの小野田にとっては大きな痛手でした。

そのため、社長の笠井順八は私財も提供して負債の整理を行い、三井物産への販売委託などの方策を講じ、一九〇一年一一月には経営責任を取って辞任しました。そして、翌一二月の株主総会の決議に従って、同社は社債を発行して毛利家などから資金援助を受け、同家の監督を受け入れてさらなる再建策を模索していたのです。

こうした状況のもとで開かれた臨時の株主総会でした。減資を含む厳しい経営再建策について、総会では株主の要求により五名からなる調査委員会を設けて提案の細部まで検討し、その調査報告を聞いたうえで、再建案の可否を審議することを決定しています。

調査委員会は、翌六日に引き続き開かれた株主総会で前日提案の各項目について「調査委員等当局者の立会及会社帳簿取調の結果適当なるものに付、当総会に於て可決すべきものと認定す」と報告しています。

小野田セメント本社工場

太平洋セメント株式会社　提供

総会はこれに基づいて原案を可決しました。ただし、社債発行条件については「金利年八朱以内」を「年七朱五厘、別に手数料として毎年利子金額に対する千分の弐拾五」と訂正しています。つまり、金利条件について、将来の負担を小さくするように求めたのです。

それでも、一部株主には反対意見が強かったようです。減資は、①会社の信用を失う、②減資＝株券の改造に費用がかかる、③減資によっても新社債五〇万円発行が必要だとすれば将来にわたり株主として配当に十分な期待がもてないなどの理由でした。そこで、この一一月六日の総会では、減資提案を含む原案を可決したうえで、調査委員会が提案した「調査会ヲ設クルノ建議」という付帯決議を承認します。それは、「これまで通りの遣方（やりかた）であれば此案を可決しても将来に於て果して利益を得るやは覚束がない。会社の営業整理の目的を以て調査委員五名を設け、次の定時総会（即ち三十七年一月第三十七回定時総会）迄に調査事項を実行し、また実行すべき案件の報告を作制し之が実行の事を其総会に報告させる」というものでした。

つまり、当面は重役会の提案を承認したのですが、さらに将来の方針について根本的な対策を樹立するため、次の定時総会までに調査委員五人を選んで検討し、新しい経営改善提案を求めることになったのです。

こうして、約三ヵ月の審議を経て一九〇四年一月三〇日の定時総会には次のような調査委員報告が提出されています。報告の要点は、①三井物産への販売の委託、②標準予算の作成に基づく経費の節減、③定額償却の実施、④機械技師の招聘、⑤不要資産の処分、などです。このうち、中心は①と②で、他項目では、たとえば⑤については〇四年一月から二月にかけて和船八隻一五〇〇円、汽船長豊丸二五〇〇円が売

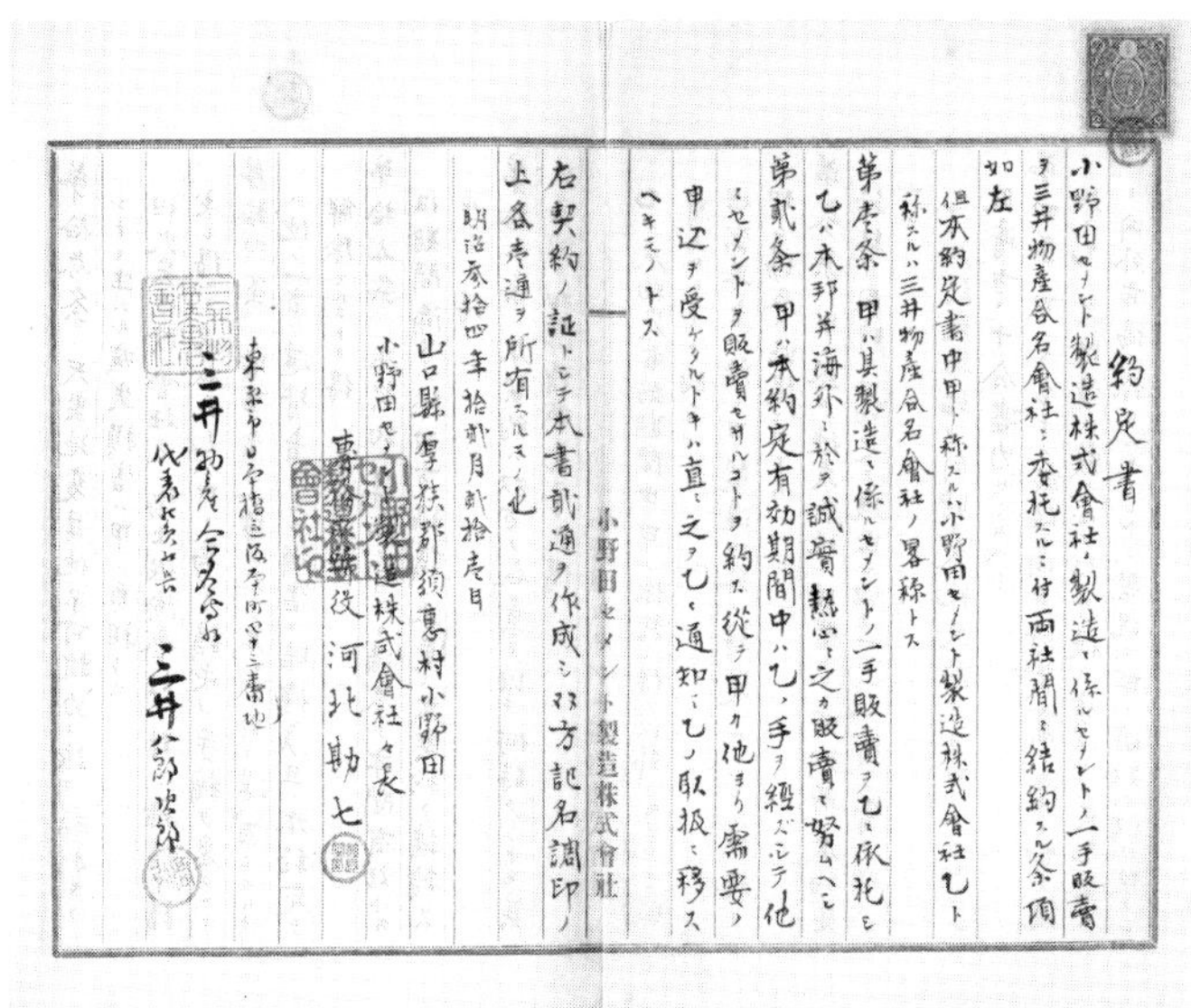
約定書

小野田セメント製造株式會社ハ製造ニ係ルセメントノ一手販賣ヲ三井物産合名會社ニ委托スルニ付両社間ニ結約スル条項如左

但本約定書中甲ト称スルハ小野田セメント製造株式會社乙ト称スルハ三井物産合名會社ノ略称トス

第壹条　甲ハ其製造ニ係ルセメントノ一手販賣ヲ乙ニ依托シ乙ハ本邦并海外ニ於テ誠實熱心ニ之カ販賣ニ努ムヘシ

第貳条　甲ハ本約定有効期間中ハ乙ノ手ヲ經スシテ他ニセメントヲ販賣セサルコトヲ約ス従テ甲カ他ヨリ需要ノ申込ヲ受ケタルトキハ直ニ之ヲ乙ニ通知シ乙ノ取扱ニ移スヘキモノトス

小野田セメント製造株式會社

右契約ノ証トシテ本書貳通ヲ作成シ双方記名調印ノ上各壹通ヲ所有スルモノ也

明治参拾四年拾貳月貳拾壹日

山口縣厚狭郡須恵村小野田
小野田セメント製造株式會社々長
専務取締役　河北勘七

東京市日本橋區駿河町[illegible]番地
三井物産合名會社
代表社員　三井八郎次郎

小野田セメント・三井物産販売契約
（明治34年12月21日）
公益財団法人三井文庫　所蔵

却決定されたほか、職工貸下げ住居の払い下げ、翌〇五年二月に小野田銀行株一〇〇株売却などが実施されました。また、「標準予算」は、「重役ノ手許へ」置いて、その注意を促し、冗費を節して経営を健全化させるために作成されたもので、各費目につき詳細な説明を付しています。この予算は〇三年上期実績に比して、製造高を変えずに八万円、約二四%の経費節約を実現させようという、かなりドラスティックな改善案を示していました。

　こうした改善提案が順次実行に移されていくことによって、小野田セメントの業績は着実に改善されていきます。財務的な問題を抱えていただけに拡張投資に慎重になったため、業界首位の座を浅野に奪われ、マーケットシェアの差はだいぶ開くことになりますが、堅実な経営方針で発展を続け、大連、平壌など海外工場の建設も実行し、第一次世界大戦後には業界の主導権を浅野セメントと争うまでの地位に立つことになりました。株主の執拗な「発言」が経営の再建に重要な役割を果したのです。しかも、この株主たちは、いわゆる大株主ではありませんでした。士族授産事業として創設されて以来、この会社に関わり続けた小株主たちこそ、その原動力だったのです。

2　名古屋電灯の株主行動

同じ士族授産事業という創立期の特徴をもっているのですが、中部地方としては最初に設立された電灯会社である名古屋電灯でも、一般株主の経営への積極的な関与という事例がみられます。この話は、名古屋電灯の社史や中部電力がまとめた『中部地方電気事業史』（一九九五年）という書物に詳しく書かれています。

名古屋電灯の場合には、発電設備への投資の増加にともなって、必要な資金を借入金に依存したことから、業績が圧迫されていたことが背景でした。具体的には、同社は、一九〇八（明治四一）年七月の臨時株主総会で決議された方針に従って、工場抵当法に基づく財団抵当を設定して、明治生命から三〇万円、東京海上から二〇万円の合計五〇万円を借り入れています。この資金は、地方銀行からの小口の借り入れ一二万円余の返済、〇八年上期の配当金一三万五〇〇〇円の支払い資金に充当する一方で、残り二五万円を計画中の長良川発電所の工事費用とするものでした。

しかし、一年後に改めて、明治生命、東京海上に新たに明治火災を加えた三社から合計一五〇万円を借り入れて一九〇八年七月の借入分五〇万円が返済されることになります。しかし、増大する資金需要のために、借入金の返済はまったく進まなかっただけではなく、一一年には支払手形が急増し、ますます借入金依存度が高まります。こうして利子負担は増大の一途をたどったのです。

しかも、名古屋電灯では、純益金のほとんどを配当に回すことを余儀なくされたために、借入金の返済の原資に余裕がなかっただけでなく、一九一一年からは、あとでお話しするように、株主の要求により配当補充金を取り崩して配当率の維持に努めるなどの状態に陥り、内部留保の充実などとうてい及ばないきびしい財務状態に陥ってしまったのです。

検査役選任

この間、電源の拡充にともなう資金負担が増加するなかで、株式配当率は、一九〇六年上期の一四%から、〇八年上期には一二%へと低下し、また、日露戦後の〇七年一月に二八〇円を上回っていた株価（五〇円払込株）は、恐慌の影響もあって七〇円台から六〇円台へと下落してしまいます。そのため、株主のなかに名古屋電灯重役陣の経営責任を追及する者が現れることになったのです。彼らは革新会と称して株主総会などを通じて重役陣追及の動きをみせ、これに対抗するように重役陣を支持する株主が同盟会を組織し、二派に分かれた主導権争いとなりました。

そうした動きを反映して、一九〇八年八月に名古屋電灯の元職員平井直矩が、これより前の七月九日に開かれた臨時株主総会が借入金五〇万円を承認したことについて、その決議の無効を求める訴訟を提起しました。この訴訟は、一審と二審とも原告の主張を認めたものの、〇九年一〇月には大審院で名古屋電灯側の勝訴、つまり原告の敗訴となりました。この訴訟が係争中の〇八年一〇月初めには、別の株主八六人が、〇三年七月から〇八年六月末までの業務の状況などを調査する検査役選任の件を名古屋地方裁判所に申請しています。検査を求められたのは、すでにお話したように長良川発電所工事に関する仮払金の増加など一三項目でした。名古屋電灯は、これに対して具体的な説明を付して、検査役の選任は必要がないと主張したのですが、名古屋地裁も名古屋控訴院もこれを受け入れず、〇八年一二月二五日から三井銀行名古屋支店長矢田績、弁護士大喜多寅之助、弁護士山田豊の三人が検査役に選ばれ、名古屋電灯の帳簿などを精査することになりました。つまり、株主は、経営の実態を知るために、法的な手段に訴え、実情を調査しようと試みたのです。

三ヵ月にわたる検査役による検査の結果は、次のようなものでした。すなわち「報告書は会社の財産状況に毫(わずか)も紊乱の跡無く、又重役其他によりて不正行為の営まれし形跡を認むる能はず、商人と結託して会社に損害を蒙らしめたる等の事実は全く発見し難く、要するに、会社の経営に法律上及び徳義上の欠陥ありといふを得ざるも、重役は単に株主の利益を侵害せざるに止まり、誠意を以って株主の利益を増進する為め、最善の努力を払へる証左歴然たりといふ能はざるを遺憾とす」と記載していました。株主の疑念を一応払拭することになる報告だったといってよいでしょう。

福沢桃介の経営参加　そうした状況だっただけに、株主のなかには株を手放そうとするものも出てきていたようです。そして、それを促すように、社外では名古屋電灯株式の大規模な買収が進んでいました。一九〇八年上期末までに五三九〇株を取得し、一〇年上期末には一万二二〇株

矢田　績
公益財団法人三井文庫　所蔵

を所有する最大株主になった福沢桃介による買収でした。福沢は啓蒙思想家として著名な福沢諭吉の婿養子で、後に「電力王」と称されるようになる人物です。

大株主となった福沢桃介に対して、名古屋電灯は、一九〇九年七月末に先ほど検査役で登場した三井銀行矢田の勧めもあって顧問に推薦し、さらに臨時株主総会において定款を変更して相談役の職を設けて、これへの就任を求めました（同年一〇月就任）。その後、翌一〇年一月の定時株主総会で福沢は取締役となり、五月には常務取締役に就任し、買収に乗り出してから一年ほどで、福沢は名古屋電灯の経営を左右しうる地位に就いたのです。

しかし、福沢桃介が登場し経営権を掌握しても、革新会株主と同盟会株主の対立は解消しませんでした。福沢が常務に就任してから三ヵ月後の八月二六日の臨時株主総会ではこの対立が一挙に噴出してしまいます。名古屋電力の合併問題にからんだ諸問題が討議されたこの総会は、午後一時すぎから一一時間に及ぶものとなりました。

対立の焦点の一つは、取締役の増員問題でしたが、対立する両陣営とも本部を設けたうえに、市内各所に事務所を置いて多数派工作を展開したと伝えられています。ですから、両派の対立は総会開催のしばらく前から表面化して、総会一週間前になると、両派幹部は寝る間も惜しんで奔走し、株主のなかには両派へ委任状を預けるものが出るなどの混迷状態となっていたのです。

福沢桃介

国立国会図書館ウェブサイト

こうした事態を憂慮した加藤重三郎名古屋市長、上遠野富之助名古屋商業会議所副会頭、矢田三井銀行支店長が、総会前日から両派が妥協する途を探るために斡旋に乗り出しています。株主総会の当日も午前六時から銀行集会所で協議を続けたのですが、結局決裂してしまい、さらに総会で再度市長らが斡旋に乗り出したにもかかわらず不調に終わります。こうして議案の採決のための投票に入ることになりましたが、委任状に重複があることがわかって、開票を立会人の調査に委ねることになり、当日は、取締役の選任に関する総会決議が結論を出せないまま、午後一一時五〇分に閉会しました。

総会の翌日に投票調査会が開かれましたが、その結論は、原案賛成と修正案賛成がまったく同数であるというものでした。できすぎた話ですが、その詮索はともかく、これを受けて、定款の定めによって決定は総会議長の福沢常務に委ねられました。しかし、福沢常務はその権限を行使することを回避し、両案とも採択にはいたらなかったのです。この紛糾は、結局、総会から三ヵ月近くたった一一月一八日の臨時株主総会で、両派主張の折衷案が成立し、さらに二五日に福沢は常務を辞任し、名古屋電灯の経営から一時退くことになりました。混乱の責任をとったかたちになります。

なぜ、このように取締役の選任問題がこじれたかというと、そのきっかけとなった名古屋電力の合併によって、名古屋電力から役員を迎い入れる必要が生じたからです。この当時、名古屋電力は、後発ながら名古屋財界の有力者を株主・役員に並べて、木曽川水力開発を企図するなどの大事業計画を展開していましたから、先発の名古屋電灯としても脅威となっていたのです。そして、この豪華な陣容の名古屋電力という強力なライバルを合併すると、こうした人びとのなかから役員を迎えることになります。それでは、合併するとはいっても、逆に乗っ取られるという危機意識が名古屋電灯創立以来の株主に強かったのです。

このように合併問題に絡んだ取締役の選任方法に、名古屋電灯の創業期からの株主たちは疑念を抱き、合併推進派が福沢と組んで経営改革を進めることに不信を募らせていました。これが、問題の解決までの道のりを長引かせ、こじらせた原因でした。そして、株主による訴訟や検査役の選任など合法的な手段の限りを尽くして抵抗し、その主張を一部とはいえ実現したのです。なお、背景の一つとなっている名古屋財界の状況については、一九一〇年設立の福寿火災保険のケースで紹介したことがあります（武田晴人「企業設立と発起人」大東英祐ほか『ビジネス・システムの進化』有斐閣、二〇〇七年）。

おわりに

本章で取り上げた二社の株主の行動は、いずれも、株主は経営の中長期的な経営改善計画を樹立することを求めたという意味で、短期的な高配当や株価の上昇による譲渡利得をえようとするという株主の行動とは異なっています。その要求の実現のために、株主たちはきわめて少数の株式しかもっていなかったにもかかわらず、司法的な手段も用いて総会の決議などの無効を申し立てるなど、最大限の抵抗を示し、結果的には、そうした発言の機会を通して、「物言う株主」として経営方針に影響を与え、企業の存続に深く関与したのです。

外見的には、二つのことがまずは注目すべき事柄です。一つは、小野田セメントも名古屋電灯も士族授産事業から生まれたという共通性です。株主たちはもと士族身分の人たちですが、このような身分的な問題がどのように関与するかは明確に論断することはできません。鉄道会社の株主たちも同じように華族身分の旧領主層で金禄公債が元手だったといっても、彼らは出資した会社にそれほどの愛着をもってはいません。殿様と家来の違いがあるのでしょうか。その意味では、家来の方が「虎の子」としての意味が大きかったということの方が重要でしょう。彼らは、秩禄処分によってそれまでの秩禄に変わって支給された金禄公債を出資して、事業を共同で興していますから、少なくともその「虎の子」の資産に強い関心を抱いていたのは間違いありません。

それに比べると同時代に鉄道会社と並んで代表的な株式会社であった紡績会社の株主は、その資産の一部を共同出資した商人でした。しかし、それだけで、この二つの会社の株主の執着心のある行動を説明できるでしょうか。とくに、名古屋電灯の場合には、福沢が企業買収を試みていましたから、株主は株式を売却して他に資産を運用することもできたかもしれません。「退出」が不可能だったわけではないのです。

もう一つの注目点は、株主の介入の内容です。それは、単に高配当を求めるというものではありませんでした。彼らは少なくとも中期的な観点に立って経営改善策を求めていたことに特徴があります。株主の利益という点では、目前の配当も将来の配当も同じように大切なことでしょうが、企業を育てるという視点からみれば、この二つの株主の行動が正当なものだったことは、これらの企業のその後の発展が示しています。少なくとも、創生期の日本の株式会社のなかには、株式会社制度が導入されてから、その制度に則って株主が経営に発言権を行使することが、当然のことのように行われていたのです。しかも、それは単純な短期的視点での配当要求ではなく、企業活動の永続的な発展を求める企業観と相容れないものでもなかったのです。

このような関係は、A・O・ハーシュマンという経済学者が示した説明のモデルを使うとかなり上手く説明できるものかもしれません（ハーシュマン『離脱・発言・忠誠』ミネルヴァ書房、二〇〇五年）。「離脱」「発言」「忠誠」と最近の翻訳書では訳されていますが、ある企業が経営的な困難に直面しているとき、いち早く逃げ出すこともできるし、何か働きかけることで困難を克服するきっかけを作り出すこともできます。その対応の違いは、それぞれの人がその企業にどの程度「忠誠」心を抱いているかによるというものです。「忠誠」という訳語が適切かどうかに私は疑問がありますが、原語の loyalty は通常はそう訳されているのですから仕方ないでしょう。企業などの集団への帰属意識の高さというくらいの意味です。これに沿って言い換えると、通常考えられるような短期的な視野の「株主行動」ではなく、この二つの会社では、「発言」によって企業を立ち直らせるような計画を求める行動が帰属意識の高い「物言う株主」たちによって実現されていたということになります。

もっとも、このような株主と企業との関係は、次章で紹介する日糖事件のように、ほぼ同じ時期であるにもかかわらずまったく異なる関係を露わにする事件もあり、さらに、のちに高橋亀吉が『株式会社亡国論』（一九三〇年）を書くような時代が訪れることになります。高橋の議論については、第８章で改めて紹介していくことにしましょう。

参考文献

北浦貴士「日本における株式会社の成立と会社規制　旧商法施行前における地方官庁の果たした役割」『経営史学』四四巻一号、二〇〇九年
高山藤次郎『会社定款論』巌松堂書店、一九二八年
武田晴人『日本人の経済観念　歴史に見る異端と普遍』岩波現代文庫、二〇〇八年
武田晴人「企業設立と発起人　明治末日本の損害保険のケース」大東英祐ほか『ビジネス・システムの進化　創

造・発展・企業者活動』有斐閣、二〇〇七年
中部電力電気事業史編纂委員会編『中部地方電気事業史』中部電力、一九九五年
日本経営史研究所編『小野田セメント百年史』小野田セメント、一九八一年
ハーシュマン、A・O『離脱・発言・忠誠　企業・組織・国家における衰退への反応』(矢野修一訳)、ミネルヴァ書房、二〇〇五年
増地庸治郎『株式会社』巌松堂書店、一九三七年

第5章 日糖事件

暗躍する「悪徳重役」

はじめに

会社の経営内容に関心をもって、それを改善するために知恵を出す株主がいたことを第4章では紹介しました。しかし、そんな株主だけではもちろんありませんでした。いままでは株主が経営内容に対して発言することは例外的かもしれません。これに対して、投資に対するリターンに強い関心をもつことは明治の終わりのころの日本でも多数派だったといってもよいでしょう。尾崎紅葉の『金色夜叉』が大評判をえた時代だったのですから、カネの問題に無関心ではいられなかったという側面もありますが、それ以上に問題なのは会社を「カネのなる木」としかみない株主の登場でした。

一般的には経営者と株主を分け、経営者は株主の代理人と考えるのが現代の経済学における企業の捉え方です。少なくとも経営者と株主は別の行動をとらないものと考えています。しかし、会社の発生期にはこの区別は必ずしも適切ではありません。もともと事業の創業者が経営を担うケースも多いのですが、そうした場合には経営者と出資者の区別は曖昧です。他方で日本を例にすると、鉄道や紡績の株式会社のような経営者と出資者が別の主体というケースもあります。
別の主体といっても、経営者には専門性があり、出資者はリターンにしか関心がないという単純化も理論的な検討には必要な操作ですが、歴史的な研究では分析視角を狭めてしまいます。現実はもっと複雑なのです。

そうした関心から本章では、一八九五年一二月に日本精製糖株式会社として発足し、代表的な製糖企業の一つとなる大日本製糖を舞台として発生した日糖事件を取り上げます。大株主の経営への関与が引き起こした企業スキャンダルだからです。これについては、経営史家・久保文克さんの「大日本製糖の破綻と再生」（宇田川勝・佐々木聡・四宮正親編『失敗と再生の経営史』有斐閣、二〇〇五年）という研究があります。本章ではこの久保論文も参照しながら進めたいと思います。

この事件には、二つの側面があります。その一つは企業の関係者たちが自らの経営に好都合の政策的な枠組みを政府に実現させるために政治工作を行ったこと、それも残念なことに贈収賄という汚職の構図のもとでのことです。もう一つは、経営的な動揺をきっかけにして、大株主たちが経営に積極的に関与しようとして争ったということです。

前者に関連しては、次のようなことが指摘されています。この事件が起きた同じ年に、当時の新聞に夏目漱石の小説『それから』が連載されていました。この『それから』には、日糖事件の第一報が載った新聞記事を主人公・長井代助が読む場面があります。しかも、その後、何回か『それから』の中で日糖事件に言及されており、政治学者の三谷太一郎さんは、日糖事件が「私は『それから』という小説の全体の重要な背景を成しているというふうに考えている」と書いています。この三谷さんの発言は、司法制度改革審議会の二〇〇一年一月の議事録（二〇〇一年一月九日）に載っているものですが、なぜ司法制度改革審議会なのかという種明かしは後回しにして、漱石が時代を描くための素材、背景と考えるほどの事件だったということを心にとめておいてください。

1　大日本製糖株式会社の設立

製糖業は当時有望な産業の一つと考えられていました。その有望さに着目した相場師鈴木久五郎をはじめとする日本精製糖の一部の重役・大株主は、積極的な経営拡張を主張して創業社長鈴木藤三郎を辞任に追い込み、一九〇六年には社名を大日本製糖株式会社（以下、日糖）と変え、当時農商務省農務局長だった酒匂常明（さこうつねあきら）を社長に招聘して経営体制を整えていきます（事件の経過は主として糖業協会編『近代日本糖業史』上巻、一九六二年、勁草書房による）。酒匂は、稲作技術の改良に貢献し、北海道米作の普及などの実績を残した農学者であり、農政家でした。

日糖は、一九〇六年一一月に西日本の有力同業者日本製糖を合併して資本金を一二〇〇万円に増額しています。当時の三菱合資の資本金が五〇〇〇万円であったことと対比すると相当の大会社になったのです。この拡張路線を推進した中心人物が鈴木久五郎です。日糖はさらに大里製糖所を買収して吸収合併する一方、台湾に分蜜粗糖工場を設立します。大里精糖所は神戸の貿易商鈴木商店が建設した製糖工場でしたが、鈴木商店はこの売却によって得た資金で製粉業への進出や神戸製鋼所の買収などに向かったようです。それはともかく、この積極策と高配当により、同社株は一躍花形株となり、まさに日の出の勢いであったといわれています。

ところが、一九〇七年一月半ばを頂点に株価は下落しはじめ、経営が急激に悪化し、破綻に瀕することになります。日露戦後の不況に巻き込まれたからです。

しかし、そうした景況の変化以上に問題であったのは、不正な政界工作が明るみにでたことでした。事件の背景には、日本の製糖業が台湾からの原料糖の輸入による精製糖の製造業という性格を帯びるようになっていくなかで、国内製糖業者に対して輸入原料糖戻税法による保護が行われていたことがあります。この保護措置が一九〇七年三月までの時限立法だったことから、この優遇措置を延長するために、大日本製糖の重役会は、政界工作を盛んに行いました。優遇措置の延長については、台湾糖業界が反対したことから、妥協的な延長案が認められ、まず二年、そしてさらに二年の延長が実現しました。一回目の延長のために日糖の重役たちが衆議院議員に渡した金額は、事件の第一審判決によると一一万七五〇〇円と事実認定されています。

こうして問題が「解決」された直後、一九〇七年一一月に政府は一般会計の財源不足を補うために砂糖消費税の増

大日本精糖大阪工場

(『大阪府写真帖』1914年)
国立国会図書館デジタルコレクション

税を計画することになり、これにどのように対応するかが、日糖の重役会で問題になります。このときの重役会は、一方では増税を見込んで原料糖の見越し輸入を行い、フル操業で製造に努め製品の在庫を積み増していました。

他方で、製糖事業を「官営」にするという方向で政府に陳情することにしました。このころ、葉煙草専売から煙草専売へと政府は収益が見込まれる事業の官営に積極的でした。これより先に幹線鉄道の国有化も進められています。当時は、「官営事業は非効率で、民営化が効率的」とは考えられていませんでした。そのうえに砂糖は、重要な消費税課税品目でしたから、財源確保策に政府が関心をもつと考えていたのでしょう。自社事業を政府に買い上げてもらうという陳情は、言い換えれば、今が売りどきという金銭勘定に基づいたものです。そこには自社製品の消費者や自社の従業員などのステークホルダーへの配慮はありません。

官営実現の工作には少なくとも四万円の現金がバラまかれたといわれています。また、重役たちは、自らが選挙に出馬し、あるいは関係者を候補として擁立して議会に影響力を強めようとしました。しかし、最終的にはこちらは失敗に終わります。日糖の賄賂工作を察知した松田正久蔵相、原敬内相によって「砂糖官営論は闇から闇へと葬られることとなった」といわれています（久保、前掲論文、二〇頁）。そして一連の政界工作のための資金について、会社のカネが不正に使われたのではないかという疑いから刑事事件として追及されることになりました。

2　経営の破綻

政界工作が問題視される一方で、大日本製糖の経営的な行き詰まりが表面化し、重役陣の内紛と不正経理による株価操作が明るみにでるなど、経営問題としてもスキャンダルとなっていきます。すでにふれたように、日本経済は日露戦後のブームが去って一九〇七年春から深刻な景気後退に見舞われます。この年は世界的にも厳しい恐慌が襲った年でした。そうした事情もあって日糖の株価も株式市場の暴落のなかで下げ圧力が強まっていました。

重役会が株価維持のために不正な経理操作を行っていたことは、のちの捜査で明らかにされています。それは次のようなものでした。増税が問題となっていた砂糖消費税について政府は、その納税の担保として、納税者が自社株を提供することを認めていました。そこで重役たちは、自社株を市場から安価なうちに購入して、政府に担保として提供する一方で、高配当を行って株価をつり上げ、高株価の時期に担保の株式を引き出して売却し、譲渡利益をえていました。その現金の一部は納税資金となりますが、株価をつり上げたことで発生した差額を取得していたのです。

このやり方は株価が好調であればともかく、逆になれば市場で自社株式を購入した資金の返済に困ることになります。しかも担保価値は小さくなりますから、追加すべき納税資金の手当ても必要になったことでしょう。いずれにしても、重役たちは、製糖業という日糖の本業でいかに効率を向上させて利益を生むかを考えるよりは、日糖の株式市場での評価を高めることで株式の取引によって生まれる金融的な利益をえることに熱心だったのです。

本業をおろそかにしている間に、台湾糖の移入の増加によって国内砂糖相場がくずれて収支を圧迫するようになり、合併による強引な拡張戦略によって大きくなった製造設備能力が十分に活かされず、償却の負担が重くなるなどのために、経営成績は芳しくありませんでした。消費税の増額を前にした原料の見越し輸入という投機的な行動も失敗でした。この状態であれば、どんなに高配当で取り繕って株価をつり上げようとしても、いずれは破綻します。こうして乱脈を極めた重役会の経営責任が問われることになりました。

重役会メンバーのなかで不正経理に批判的だった馬越恭平の意見が株主にも知られるようになって、一九〇八年一一月の定時株主総会では多数の株主から、営業状態について疑義が出されるようになりました。第4章で見た小野田セメントや名古屋電灯のように、調査委員会などを設置して経営状態を調べるべきだという意見も出されたようです。

この紛糾に際して、日糖の相談役だった渋沢栄一が斡旋に乗り出し、重役会の提出した決算案を承認する一方、渋沢の推薦で瓜生震を監査役に迎え、日糖の経営実態を精査することになります。精査されれば乱脈経営が明るみに出て株価が下がると見越した重役会のメンバーたちは、総会後の一二月になると手持株を盛んに売却して株価を一端引き下げ、そのあと買い戻すことで損失の穴埋めを試みました。しかし、このような重役たちの行動についてのうわさが広がるとともに、日糖株は暴落しました。一二月中旬七六円であった株価は二四日五八円、翌年一月四日には五〇円台を切る、額面割れになります。

株価暴落のなかで、経営に批判的であった馬越恭平が取締役を年末には辞任し、年が明けて〇八年一月には酒匂社長が辞任し、酒匂を推薦した相談役の渋沢も辞任します。これと同時に、取締役として重役会の主導権を握っていた磯村音介と秋山一裕も辞任を求められました。

一九〇九年一月下旬になって、監査役瓜生らは大株主会を招集して、経営の実情を説明し、前期末の財務報告に虚偽の計算があり、高配当を行うための意図的な経理操作が行われていたことを明らかにしました。状況説明を受けた大株主会は、瓜生以下の監査役に会社整理案の立案を委ねました。そこで瓜生は、第一、三井、三菱の三銀行に協力を求め、債務整理案を作成し債権者・大株主の了解をえましたが、この合意には日糖の台湾工場を融資の担保とすることが前提になっていました。ところがこの抵当権設定に政府が反対し、せっかくの整理案はご破算となりました。嫌気がさしたのか、この結果を見届けて瓜生は健康上の理由を申し立てて監査役を辞任し、後任を探すことになりました。後任の選任のために三月二五日を期して総会を開催することを予定して役員の選考に着手しましたが、これも難航し、総会は四月二七日まで開催を延期される迷走状態になります。

こうして整理案の立案が暗礁に乗り上げているさなかに、四月初め検察当局が政治工作に絡む増収賄と会社不正経理の容疑で関係者を一斉に検挙します。酒匂元社長以下八人の重役陣と、二四人の代議士が検挙されました。政治的な関係が疑われるスキャンダルが摘発されたきっかけは、イギリス大使マクドナルドからの批判的な手紙が桂首相に届けられたことだったともいわれています。国内ではなく海外からの情報、批判が契機となるのは、同じ時期のシーメンス事件や戦後のロッキード事件と共通する特徴のようです。それは国内の自浄能力の欠如を露呈させる、日本の寂しい現実です。

この検挙後の四月末に、日糖では、再建を担う重役陣に藤山雷太らが渋沢栄一の指名によって就任します。状況が状況であっただけに人選は難航し、五〇日に及んでおり、この間、台湾の製糖業に関わりが深いこともあって白羽の矢が立った鈴木商店の金子直吉は拒絶したといわれています。他方で、七月には代議士の収賄に対して重禁固三～一〇ヵ月の判決が下り、その反面で会社重役陣は微罪に止まりました（『東京経済雑誌』一九〇九年七月、一四九八号、『渋沢栄一伝記資料』一一巻、一九五六年、三二八頁）。前社長の酒匂常明は判決を待たずに拳銃自殺しましたが、その遺書には、「事業の窮状と資本家の迷惑を暴露せる醜状」に対し全責任を負って「処決」するとの言葉があったと伝えられています（糖業協会編『近代日本糖業史』上、三五四頁）。

一方、会社の再建は、渋沢栄一の推薦によって就任した藤山雷太以下の新役員によって債権者側との債権整理に関する契約が一〇月下旬に調印されて進むことになりました。滞納していた税金の処理がすんだのはさらに遅れ一九一一年一月のことでした。

3　日糖事件の教訓

一九〇九年一月の『東京経済雑誌』（第一四七三号、一九〇九年一月一六日）の記事「日糖破綻の原因如何」は、この事件のことを次のように報じています。

「近時新聞紙は筆を揃えて重役諸氏の行動を非難攻撃し細大の事実は悉く世に暴露せられたり、余輩は彼等の非違を非難攻撃せんよりは寧ろ彼等の境遇を憐まざるべからざるなり、夫れ方今諸会社に於て重役として尊崇せらるる輩の如き、多くは株式市場に出入して、投機相場に成功せるものなり、故に彼等は一攫千金の機会さへあれば、其の身の重役として他人の財産を保管し、重大の責任を有することの如きは之を忘却して突進するは制すべからざる所にして其の行為固より非難攻撃せざるべからずと雖、彼等が身を立てたる経歴に顧みる時は決して無理ならざることにして、寧ろ過失は斯の如き輩を重役に選挙したる多数株主にありと謂はざるべからざることなり……。」

『東京経済雑誌』は田口卯吉という自由主義経済論者が編集している雑誌でした。明治一〇年代に三菱の独占を批判したのも田口です。その田口が会社の「重役」と自称する人物について、もともと株式市場で一攫千金をねらって成功した程度のものなので、他人の財産を預かって責任を負っていることをすっかり忘れて猛進するのは無理もないことなので、そんな重役を選んだ一般株主にこそ責任があると指摘しています。

返す刀で田口は自由主義者らしく、政府の過剰な介入による政策の失敗を指摘します。すなわち、「相場に手を出し易き重役等をして、相場を試みざるを得ざる場合に立たしめた」のは、政府が「彼等の相場に関係することを挑発したる」結果だというのです。どういうことかというと、「砂糖消費税の担保として国庫へ預入るる有価証券の撰択に関し、政府は大日本製糖株式会社に其の社の株券を以てすることを認可し、其株券の金額は百数十万円に達したり、是れ即ち日糖の重役等をして相場を試みざるを得ざる境遇に立たしめるものならずや」というのです。納税の担保として

田口卯吉

国立国会図書館ウェブサイト

自社株が認められたことによって、日糖の重役は株価の操作に乗り出し、「其の相場下落すれば之を買入れて消費税の担保として国庫に供托し、其相場騰貴すれば、現金を納めて株券を引出し、之を市場に売却」する操作によって利益をえようとしました。市場で注目されていた日糖の相場は、そうした重役たちの意のままに騰貴し、思惑通りの利益をもたらしていました。政府に担保として株式を提供したことによって市場で取引できる株数が減りますから、それだけ株価操作が容易になったのではないかと思います。この行為を田口は、「私利を謀る為には道徳を顧みず、友人を売り、自己の重役たる会社までも犠牲に供することを憚らざるは、我が邦多数実業家の常習」と糾弾しています。

渋沢栄一
国立国会図書館ウェブサイト

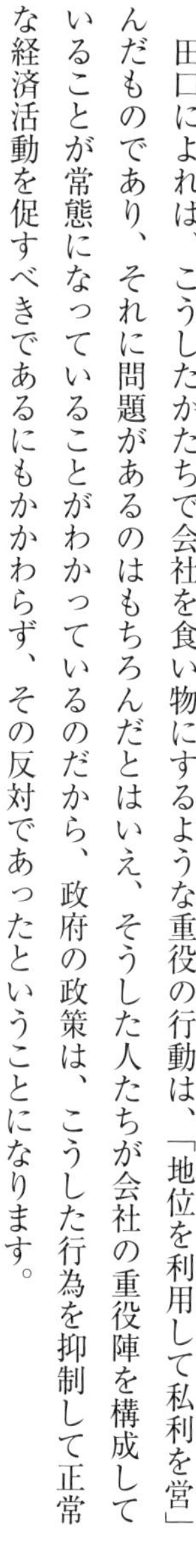

田口によれば、こうしたかたちで会社を食い物にするような重役の行動は、「地位を利用して私利を営んだものであり、それに問題があるのはもちろんだとはいえ、そうした人たちが会社の重役陣を構成していることが常態になっていることがわかっているのだから、政府の政策は、こうした行為を抑制して正常な経済活動を促すべきであるにもかかわらず、その反対であったということになります。

田口と同様の批判は、渋沢栄一も残しています。『実業之日本』の談話記事（六巻五号、渋沢青淵記念財団竜門社編『渋沢栄一伝記資料』一一巻、三三四頁）で、渋沢は会社の重役について、暇つぶしと虚名（肩書き）のために就任している「殿様重役」と、「さほど悪心もないけれども」無能のために会社を窮地に陥れる

「デモ重役」と、会社を「私利私欲を計る機関にしよう」という「悪徳重役」とがあるといっています。渋沢にすれば、さしずめ日糖の重役陣は「悪徳重役」であったに違いありません。

日糖の社長となった酒匂は渋沢の推薦で選ばれた経営者でしたが、経営者としての経験はなく、その経営能力は未知数でした。結局、私利の追求以外に考えていない大株主・重役には、操縦しやすい社長だったかもしれません。のちに渋沢は日糖事件後の『時事新報』の取材に、「人物の鑑識を誤った」と反省の弁を述べています（『時事新報』一九〇九年一月一五日、渋沢青淵記念財団竜門社編、前掲書、一一巻、三〇八頁）。渋沢は、この事件の責任をマスコミなどに追及されて「相談役くらいのものに、どんな些細な点まで分かると思うのが、箆棒（べらぼう）だ。それを自分の都合の好い時ばかり、引っ張り出して置いて、間違が起ると、渋沢それ見ろという詰責する。大きなお世話だ、馬鹿をいうなと言いたくなる」と反論していますが、この事件の構図は、渋沢が提唱した「合本主義」と異なることは明白でした。渋沢は、これより一〇年ほど前の竜門社における「株式会社の将来」という講演で、経営者に対しては、遵法精神に則った行動を求める一方で、出資者である株主には、情実や一時的な事情に惑わされず、長期的な企業の成功を念頭におくこと、党派的な行動によって会社経営の公平さを損なわないことなど、強く自制を求めていました。この理念からみれば、日糖の重役陣の逸脱は目を覆うばかりでした。

今日でこそ、社外取締役が注目されているとはいえ、日本の会社では一般には従業員出身者から取締役が選任されていることに馴れている私たちにとって、この「重役」と称する人たちの存在はわかりにくいかもしれません。しかし、明治日本の株式会社では、取締役は株主のなかから、したがって会社の設立の発起人や有力株主のなかから選ばれていました。産業革命の主役になった綿糸紡績の有力株主は、大阪を中心とした綿糸布商などで、彼らが取締役に就任しています。大阪紡績では実際の経営は、イギリスで機械工学などを学んで帰国した山辺丈夫が支配人としてあたっています。株主である綿糸布商は本業がありますから、経営に関与することは少なかったようです。これが明治の株式会社でした。つまり、重役のほとんどが社外取締役だったのです。大株主としては事業内容には立ち入らないために株価にしか関心がなくなった社外取締役が問題を起こしていたのです。もちろん、それが今日の制度の批判になるわけではありませんが、会社の事業内容に関心をもつことが経営の首脳部としては必要な要件であることは間違いないでしょう。

おわりに

さて、冒頭で紹介した三谷太一郎さんの指摘に戻りましょう。三谷さんは、日糖事件の捜査について、「それまで例のなかった検察主導で行われた。その取調べの対象となった諸政党、特に衆議院第一党の政友会の各議員に言わせますと、この捜査は実に過酷・峻烈を極めたと言われているわけであります」と説明し、この取調について各議員から報告を受けた政友会リーダーの原敬は憤激し、「国家人民のために他日を待って、十分にその不都合を天下に告白すべし」と日記に書き残しているそうです。さらに、「この日糖事件の捜査の総指揮をとったのが、後の首相平沼騏一郎、当時東京控訴院検事長代理で司法省の民刑局長でした。この平沼の下で、当時の東京地方裁判所検事局がすべての活動を取り仕切ること」になり、翌年にはこの検察のチームは「大逆事件」の摘発にもあたったようです。夏目漱石は、日糖事件に注目して小説の背景とすることによって、そこに道義の崩壊、「二十世紀の堕落」というかたちで時代の変化を敏感に感じとっていたといわれます。三谷さんは「司法部、特に検事局によって主導される司法部というものを軍部に準ずる政治的脅威」とみなした原敬の政治感覚と共通するものがあるというわけです。

こうして日本の行く末に関わる政治的構造の変化とともに、この事件は繰り返しになりますが、企業経営が株主の恣意的な行動によって本来の社会的な役割を果たせなくなっていく状況が生まれていたことも示しています。そして、そのような状況は容易に改善されなかったようです。

もっともそれから一〇〇年後、平成から令和にかけての日本では司法が自立性を失い、政治家がらみの疑惑への追及に及び腰になって政治不信が募っています。日糖事件の司法がいずれかといえば政治家に厳しく、実業家に甘かったことは大いに問題がありますが、二一世紀の日本も「堕落」していることを思わずにはいられません。

企業の腐敗事件は、株主、経営者、そしてこれに絡む政治家たちなどの多様な利害関係者によって引き起こされます。それゆえに、その責任は当事者が負うべきものです。しかし、当事者たちは腐敗に関わる事実を認めることは少なく、そのために責任を明確化して問題を解決するためには、それぞれが遵守すべき法令等に即して行為の違法性を判断し、必要な場合は処罰することにもなります。その意味では、司法は、市場経済が円滑に働くための最後の砦になるものです。市場のルールは、自生的な側面をもっていますが、それだけでは処理できないことも多いからです。言い換えると、司法的な判断にも支えられて、経済社会の基本的な原理になることを見逃すことはできません。

参考文献

久保文克「大日本製糖の破綻と再生」宇田川勝・佐々木聡・四宮正親編『失敗と再生の経営史』有斐閣、二〇〇五年

渋沢青淵記念財団竜門社編『渋沢栄一伝記資料』一九五五～七一年

糖業協会編『近代日本糖業史』上巻、勁草書房、一九六二年

第6章　綿業総解合（そうとけあい）

市場の暴走

はじめに

日糖事件は会社を食い物にする重役陣の暴走であると同時に、田口卯吉が指摘したような「政府の失敗」という側面がありました。しかし、それでは通常の企業行動が市場経済メカニズムのもとで行われれば問題がなく経済発展を進める力になったのかというと、そうともいいきれません。市場も失敗するからです。もちろん、これからお話しするように自動的な調整メカニズムを内包していると理論的に想定される市場が、意図をもって失敗するというわけではありません。市場の調整メカニズムは、期待されているほどには自動的に問題を解決するわけではなく、むしろ歯止めのない暴走を生むこともあることが、問題なのです。

舞台は第一次世界大戦期の戦時ブームから戦後ブームを経た日本経済を襲った一九二〇年恐慌の時期に、産業発展の牽引力の一つとなっていた綿工業です。第一次世界大戦期に日本は、欧州の戦場から遠いこともあってもっぱら連合国の兵站基地となり、輸出主導のブームを経験しました。軍需が中心でしたから、弱体であった重工業企業が急成長し、川崎造船所、三菱造船などの企業が経営基盤を固めていったといわれています。しかし、ブームはそうした実質的な経済発展をもたらす側面だけでなく、国際的な物価上昇が日本でも激しい物価騰貴を呼び起こし、これに誘われて投機的な取引も活発化しました。それは「空景気」と当時はよばれていましたが、現代流にいえば、「バブル」という側面をもっていたのです。貿易商として急成長し、その投機的な拡大のつけを払って金融恐慌期に破綻する鈴木商店の躍進もこの「大正バブル」に起きたことです。

第一次世界大戦が終わって短い「休戦反動」を経た後に一九一九年の夏ころからはとくに投機的な動きが活発になりました。休戦によって軍需が消滅する一方で、国内消費の水準が高かったこともあって、綿糸、生糸、米などの消費財に広く投機的な取引が蔓延し、急激な物価騰貴が起こったのです。綿糸を例にとると、二〇ヵ月先に及ぶほどの先物取引が横行し、綿糸の「実際生産量の数倍ないし何十倍の先物空取引量が投機的に成立した」と伝えられています（高橋亀吉『大正昭和財界変動史』上、東洋経済新報社、一九五四年、一七二頁）。この状況について、伊藤忠商事専務の伊藤竹之助は、「ともすれば総ての人と一所（一緒）に長襦袢一枚で踊り狂う仲間に引きずられて行く危険を敢て注意しなかったことは顧みて忸怩たるものがある」との証言を残しています（野尻孝編『大戦後ニ於ケル綿業界動揺ノ回顧』大阪綿糸商同盟会事務所、一九二一年、一九頁）。

一九二〇年三月にこの投機的取引が行き詰まり、株式市場の暴落をきっかけに日本経済は恐慌状態に陥ります。これが一九二〇年恐慌です。この恐慌は、世界的にはまだ景気後退に入っていない時期に日本で先行して発現したところに、恐慌の主因が国内の投機取引の破綻にあったことが示されていると私は考えています（武田晴人「恐慌」一九二〇年代史研究会編『一九二〇年代の日本資本主義』東京大学出版会、一九八三年）。綿工業の状況についての本章の記述は、武田晴人「一九二〇年恐慌と産業の組織化」（大河内暁男・武田晴人編『企業者活動と企業システム』東京大学出版会、一九九三年）を利用しています。

図 6-1　綿業市況の推移

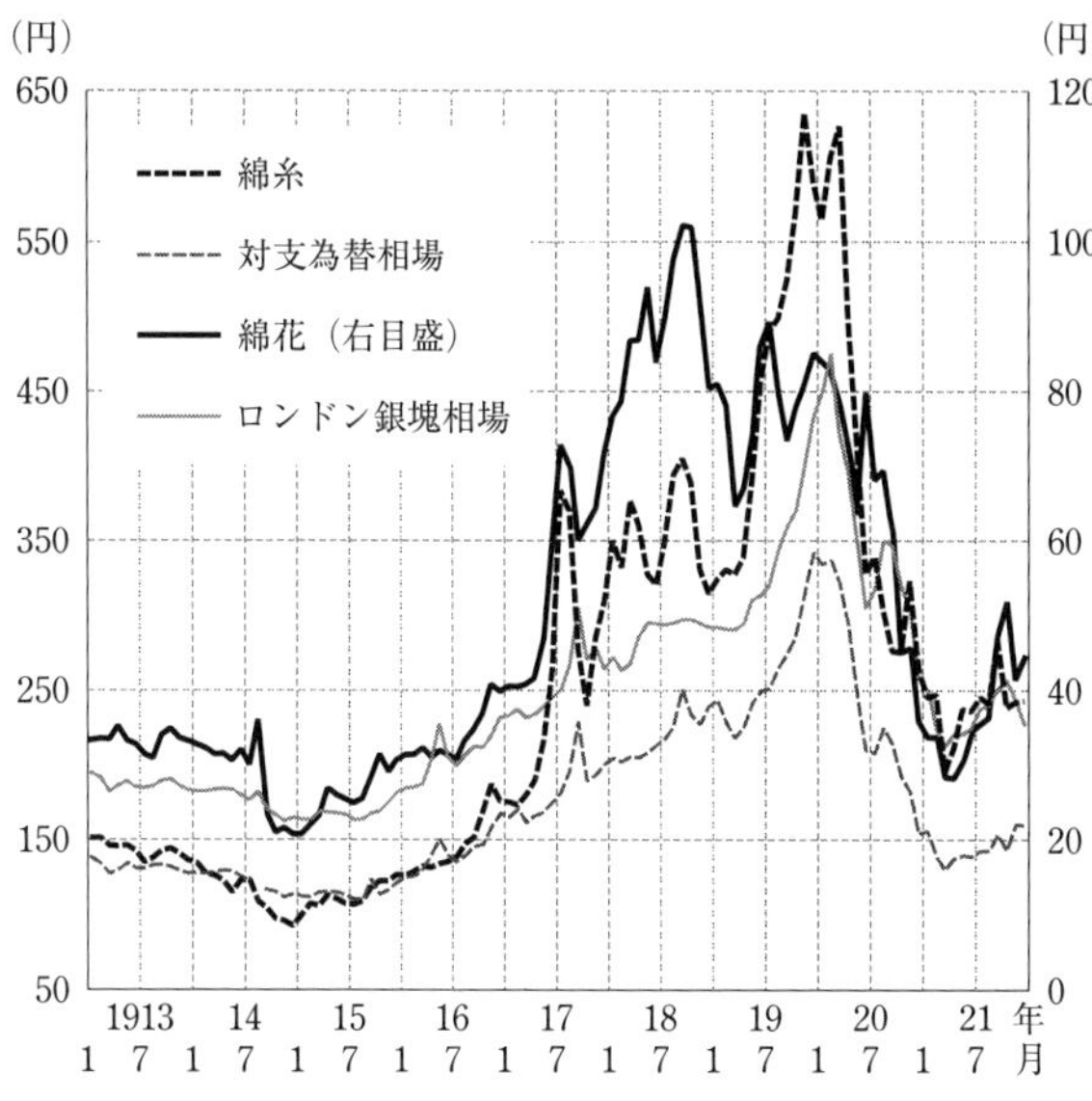

（出所）　朝日新聞社編『日本経済統計総観』1930 年，423-426，1175 頁。

1　恐慌への対処策

話を進める前に、綿製品関係の価格動向を示したグラフ（図 6 - 1）をみていただきたいと思います。一九一四年終わりころに底を打った綿糸・綿花の相場は一六年にかけて緩やかに上昇したあとに急騰に転じています。原料の綿花と製品の綿糸が連動して上がるのは正常な動きにみえますが、一九年から二〇年春にかけては綿花の価格が停滞状態に入っているにもかかわらず、綿糸価格は第一次世界大戦期をはるかに超えて六〇〇円の水準にまで高騰しました。これは綿糸および綿布の主要輸出先であるアジア市場で銀貨が暴騰し

表6-1　綿工業の動向

年	綿糸生産量（千梱）	原綿消費量（千俵）	紡績錘数（千本）	操業率（%）	労働生産性（梱／人）	大阪清算綿糸取引（千梱）
1912	1,352	1,446	2,176	91.2	13.6	595
1914	1,606	1,834	2,657	89.1	14.6	882
1916	1,925	2,092	2,875	95.9	15.9	1,995
1917	1,923	2,110	3,060	93.1	15.6	3,550
1918	1,803	1,923	3,227	91.0	14.8	5,240
1919	1,920	1,980	3,488	91.1	14.5	6,634
1920	1,816	1,955	3,813	83.7	12.6	6,891
1921	1,811	1,991	4,161	76.0	12.9	8,051
1922	2,228	2,363	4,517	87.8	12.8	5,718

（出所）　武田晴人「恐慌」1920年代史研究会編『1920年代の日本資本主義』東京大学出版会，1983年，335頁。

（グラフ中の対支為替）、これを好材料として投機が加速されたからと説明されています。

商品投機には供給側の要因もありました。表6－1のように製品価格の上昇が明確化していく第一次世界大戦期にも綿糸生産の基本設備である紡績機の増設は遅れていました（錘数の推移）。しかも、労働生産性も低下傾向を示していましたから、現有設備をフル操業しても価格上昇を抑えうるような供給増加は実現しなかったのです。基本的な要因は、紡績機械が国内では生産できず、イギリスからの輸入に頼っていたからです。戦争中にイギリスは機械の輸出余力がありませんでしたから、日本企業が設備を拡張しようにもままならなかったのです。こうして供給不足が深刻化し、そうした見込みは業界の関係者にも知られていましたから、需給関係の改善が進まないという前提で、強気の市場予測が支配的になり、価格上昇を見越した投機的な動きが強まったと考えられます。

こうした背景で綿糸相場は一九二〇年初頭に六〇〇円台を記録することになります。しかし、政府が物価上昇への懸念から投機を抑制するために金利を引き上げたことや、国際的な銀相場が下落基調に入ったことなどもあって強気相場を支えてきた材料がなくなったために、綿糸相場は二〇年夏までに二五〇円水準まで急落してしまいました。価格暴落が恐慌による綿工業への影響をよく示しています。

混乱が起きたのは、綿糸布市場だけではなく、三月半ばに最初に暴落を記録した株式市場に加えて、広い範囲の商品分野に及びました。生糸などの主要な輸出商品も米などの国内向けの商品でも価格は暴落しています。輸入肥料として注目を浴びて暴騰していた満州の大豆粕なども暴落しました。この大豆粕取引に大規模な投機を試みていた古河商事は経営破綻し、古河家の事業に大きな負担を残しました（武田晴人「古河商事と『大連事件』」『社会科学研究』三二巻二号、一九八〇年）。

もともと「バブル」のなかで、実需に基づかない「仮需」のような買い注文が先物市場に殺到して相場を押し上げていたのです。砂上の楼閣のような高値相場が崩れるのは当然であったかもしれませんが、そんな高値に至るまでの価格の暴騰を、市場のメカニズムはチェックする機能を発揮できませんでした。

混乱に対処するために、政府は大量発生した市場の在庫（滞貨）の処理を促す目的で日本銀行から在庫資金の融資を救済的な金融措置として実施しました。こうした措置を前提に株式市場や綿糸市場の先物取引の処理が行われることになり、綿工業以外の部門でも業種ごとに企業間の共同行為などによって危機を克服するための自主的な努力が企てられることになったのです。

あらかじめどのような対応がとられたのかの要点をまとめておくと次のようになります。第一は、すでに指摘したように政府および日銀の救済的金融措置、第二が救済融資を支柱とする株式、綿糸市場などの先物取引に対する総解合、第三が物資供給過剰緩和等の自衛措置として生産制限のほか、綿花・羊毛・砂糖では輸入契約品の海外市場への転売や輸入契約の取消し、第四が綿糸・生糸・銅などでシンジケート等の結成による滞貨の棚上げと輸出ダンピングです。

2　綿業「総解合」の経過

綿糸布相場の暴落は、長期の先物約定によって幾重にも絡みあっていた綿業関係者の取引の網を一挙に麻痺させることになりました。先物投機の破綻による滞貨の累積と輸出不振が加わって業者の資金繰りは極端に逼迫してしまいます。大阪綿糸商同盟会書記長野尻孝が「戦後に於ける恐慌時代の本舞台は正に綿業界に於いて遂に之が展開を見るに至り」（野尻編、前掲書、一五頁）と表現するほどの惨状を呈したのです。

しかし、その綿糸布関係の同業者の一人が「中心舞台と見做された綿業界が……横浜の混乱と趣を異にして、余儀ない犠牲者の少数を出した外、一般的には同業者間に於ける決済事務を無事結了し得たのは誠に驚異の事」（野尻編、前掲書、二〇頁）と認めているように、「反動の善後措置が、巧妙に比較的に円滑に進捗した」（高橋、前掲書、三二七頁）のも綿業界でした。

それでは、どのようにしてこのような「巧妙」で「円滑な」善後措置ができたのでしょうか。混乱のなかで綿糸紡績業者、綿糸布商、機業家、銀行などの関係する諸経済主体の利害は対立し、調整が難しかったことは容易に想像できます。それぞれの思惑は異なっており、簡単に解決の糸口をみつけることはできなかったからです。

ちょっと横道にそれますが、第一次世界大戦期にバブルに沸いたのは日本だけではありません。世界の綿製品工場であったイギリスでは、株価の上昇を背景に企業そのものの売買が活発に行われるようになり、結果的には高すぎた買収価格のために存続企業の財務状態が悪化して戦後にイギリス綿工業が国際競争力を失う原因になったといわれています。これについては、日高千景さんの『英国綿業衰退の構図』（東京大学出版会、一九九五年）という書物が詳しく分析していますから、機会があったら読んでください。それはともかく、バブルによる混乱に直面したのは日本だけではなかったのです。そして、結果からみると日本の方がはるかに巧妙にこの危機を乗り切ったのです。

この危機克服策のイニシアティブをとったのは、大手の紡績業者と綿関係の貿易商社でした。危機に瀕して最初に救済を求めて悲鳴をあげたのは、東京綿糸商組合で、紡績業者に対して約定品の引取延期と五月一日以降の五割操短（生産制限）の実行を要請することにしました。この提案に名古屋・京都の同業者が賛成しますが、大阪では操短比率を三割にするという修正意見が表明されました。そのため、全国綿糸商団は一致して、約定品の引取延期と三割操短を大日本紡績連合会に要望するとともに、この提案に国内の綿布商や輸出業者が賛同するように働きかけました。

これに対して、四月二八日に会合を開いた大日本紡績連合会は、綿糸商が求めていた引取延期は連合会が一般的に協定する事項ではないとの理由で、また操業短縮は「失業問題」がやかましくいわれている時期でもあり、時期尚早と判断して綿糸布商組合の要求をいずれも拒否しました。市場の混乱の原因のほとんどは、糸商同士の投機的な仲間取引の繰り返しによるものでしたから、紡績業者が市況の混乱の責任を分担することを拒絶したことは、むしろ当然であったということもできます。綿糸布商の自己責任だというあたりが紡績業者の本音だったのではないかと思います。投機的な価格上昇は、綿糸紡績業者が綿糸商に売り渡す卸売価格をはるかに超えた水準に達し、紡績業者からみれば、投機の高利益の蚊帳の外のような状態だったからでもありました。

しかし、「時機尚早」という判断は、引き続く市価の暴落と滞貨の累増の前に簡単に崩れてしまいます。綿糸商らは拒否回答に直面してかえって救済を求める運動を強めていくことになります。そして、拒否回答からわずか一〇日後の五月六〜七日に委員会を開いた紡績連合会は、実質二割の操短を決定し、一〇日から実施することになりました。

しかし、綿糸布商が期待をかけた操業短縮という生産調整（供給抑制）は、価格の下落を止めることはできず、在庫は累増するなど市況の悪化が進み、市況回復には効果がありませんでした。

このような状況のもとで危機打開策となったのが、総解合、輸出シンジケート、日銀の特別融資の三つです。それらは「輸出シンジケートが結成されねば総解合の見込みが立たず、解合ができねば輸出シンジケートの結成は見込みなく、また、そのためには所要資金の供与が前提条件であった。とともに、特別融資にも前二者がその前提条件」であったと高橋亀吉が指摘したような関係にありました（高橋、前掲書、三三一頁）。

輸出シンジケートの結成は、綿糸商団の要請と前後して動き出しています。具体的には宮島清次郎日清紡績社長が立案した綿糸布シンジケート組織案について、東京綿糸商組合に検討を求めたことをきっかけに、同組合が各地の同業者を勧誘していました。ただし、操短の実現が優先課題ということもあって、宮島の言葉によれば「対応策に関して議論百出」して意見の一致をみず、「施策の時期を失った」と批判されています（野尻編、前掲書、一二頁）。こうしたことから一時棚上げとなったこの宮島案は、操短決定の後に、喜多又蔵日本綿花社長と児玉一造東洋棉花専務の斡旋によって五月一四日に大阪綿糸商同盟会、一五日に輸出綿糸同盟会がそれぞれ総会を開いて議論することになり、その結果、シンジケートを結成するという方針が決定されました。

この決定が実施されるうえで重要な問題となったのは、滞貨を引き取る際に要する資金の手当てです。銀行側は融資に「紡績会社が連帯責任」を負うことを要求していました。しかし、斡旋仲介役の児玉一造は、第一次世界大戦中に綿業者が「我利暴慢」を尽くしていたという世評から、綿業界が「一種の色眼鏡」でみられていたことが、問題解決の障害であったと回想しています（野尻編、前掲書、一六頁）。この点は、業界を取り巻く環境としては、同じように危機的な状況に追い込まれていた製糸業とは大きく異なっていました。そのため、児玉によると、シンジケート向け融資に銀行団が「商売利息」を要求しており、このような要求に対して業界内の意見をまとめるだけでなく、いろいろな方面の了解をえるのに苦労したようです。恐慌に瀕した綿業界に対しては、あとでふれるように日本銀行からの特別融資が行われることが明らかにされていましたから、銀行業界の要求は、綿業界と銀行との関係が必ずしも緊密なものではなかったことを示していました。そして、連帯保証の条件を受け入れるかどうかは、紡績業者の判断にかかっていたのです。

生産制限をすでに実施していた紡績業者は、この対応策でも手持ち在庫（製品の売残り）の累増のおそれがあったことから、五月二八日の紡績連合会委員会において、連帯保証に応じるとともに、輸出シンジケートには加盟しないものの、シンジケートによる滞貨処分によって生じる損失の半額を「輸出奨励の意味から」負担することを決定しました。この結果、銀行団から合計五七〇〇万円が、日本銀行特別融資を前提にシンジケートに供与されることになりました。この資金でシンジケートは、紡績会社計二九社から五〜六月限り引渡予定の九万梱余（総額三九七二万円）を引き受け、恐慌克服策の第一段階が達成されることになりました。

輸出シンジケート結成後の問題は、シンジケートが処分の対象としていない七月以降の約定品についての処理をどのようにするかでした。これについては、錯綜した取引の総てを解け合う（総解合）ことで解決することになりました。この総解合の焦点は、個々の取引の解消に際して必要となる解約値合金の決済です。先物取引によってAからBへ、そのBがCへと連鎖的に取引が予定されていました。取引業者たちは引き取った商品を実需に結びつけるつもりはなく、転売して価格差で利益をえることを期待して取引の約束をしていたのです。この約定を一つひとつ解け合うということは、取引予定価格を基準に双方が痛み分けするようなかたちで取引約定を解消するという手続きでした。誰もが少しでも損を少なくしたいと思っているときですから、資金繰りに難渋していた各商店の話をまとめるのは容易なことではありません。難航した協議の結果、ようやく輸出綿糸商同盟会、大阪綿糸商同盟会、大阪綿布商同盟会の三者による「三派協調」が最終的に成立し、その協定に基づいて集中清算方式を採用して値合金支払い問題が解決されることになったのです（野尻、前掲書、九三頁以下）。

表６－２は、総解合の実績について、先物取引に関わる綿糸布商の取引予定額（提供糸価）と損失の分担額、そしてその取引される予定製品の製造会社がどこであったのかを示しています。製造会社別では、有力紡績会社がこれに連鎖していたことが明確にわかります。それだけにできるだけ摩擦のない取引の解

表 6-2　綿業総解合引受実績

（単位：千円）

提供店	提供糸価	損失分担額	製造会社別	金　額	1920 年の生産順位
岩田商事	8,272	1,243	鐘　紡	5,771	③
伊藤忠	6,746	1,169	大日本紡	5,590	②
不破栄次郎	4,039	640	大阪合同紡	5,233	④
戸田栄商店	2,864	474	東洋紡	4,225	①
田村政次郎	2,372	404	倉　紡	3,859	⑥
前川商店	2,062	359	富士瓦斯紡	2,691	⑤
野村糸店	2,014	353	福島紡	2,187	⑦
竹中商店大阪支店	1,959	345	日　出	1,296	
日本綿花船場支店	1,781	319	岸和田	1,287	⑧
日本綿花本店	344	82	長　崎	1,238	
八木商店	1,009	210	相　模	848	
横浜生糸大阪支店	659	205	日清紡	619	⑩
浅野物産	711	156	明　治	618	
伊藤三綿	535	142	大　分	547	
東洋棉花	382	90	近江帆布	496	
豊島商店	838	185	和歌山	427	⑨
その他	2,837	1,124	その他	2,789	
合　計	39,424	7,500	合　計	39,721	

（出所）　武田晴人「恐慌」1920 年代史研究会編『1920 年代の日本資本主義』東京大学出版会，1983 年，343 頁。

消に関心があったと考えられます。これに対して綿糸商では、総額四〇〇〇万円近い先物取引が行われており、それぞれが取引の事情に応じて損失七五〇〇万円を分担したことがわかります。提供糸価と必ずしも比例していないのは、それぞれが関わっていた一つひとつの取引の事情によって値合金に違いがあったからだろうと思います。こうして綿糸商は四〇〇〇万円の取引で目論んだ先物で合計七五〇〇万円の損失を引き受けることになったのです。

3　総解合の特徴

以上述べてきた綿業界の恐慌対策の特徴は、次のように要約することができます。

第一は、対応策が大手の貿易商社や紡績会社のリーダーシップのもとで実現したことでした。そうしたまとめ役を業界内にえたことが比較的スムースな対応を可能にしたと考えることができます。そして、第二に、紡績業者が混乱の収拾にあたり、単に綿糸布商の組織化（シンジケートの結成、総解合）を促すだけでなく、予想された損失を積極的に負担したことです。

この二つの特徴はともに紡績業者の動きに関わっています。大紡績会社が主導して、綿工業界の救済策はまとまりました。どんぐりの背較べ的な状況にあったイギリスとは異なって、日本の紡績業は有力紡績会社への生産の集中が進んでおり、業界に対する大紡績会社の発言力はきわめて大きいものでした。この紡績業者に損失を分担することを同意させるために有力な綿花の輸入商なども説得役になったといわれています（野尻、前掲書、二五頁）。

もちろん、総解合まで含めて紡績業者の負担が一方的に大きかったというわけではありません。綿糸商田附商店の田附政次郎は、シンジケート組織は「窮余の一策」であり、結果については「当初の期待に反」するものが多かったと回想しています。彼によれば、解合についても問屋営業者の立場からみると、紡績業者と機業家との板挟みになって両者から譲歩を強いられ、「其間意外の損失を蒙ることとなり」というわけです（野尻編、前掲書、二二一～二二三頁）。誰がより多く損をしたのかを確かめる史料は残っていません。しかし、それまで国内市場で大きな力を発揮していた大阪の綿糸布商が、この恐慌をきっかけに次第にその影響力を落としたことは事実でした。

これに対して紡績業者は、輸出シンジケートの損失負担に耐えうるだけの蓄積を大戦中に成し遂げていました。戦時期の巨額の利潤が豊富な自己資金として留保され、自己金融化した大紡績会社の財務的な余裕がこのような対応を可能にしたと評価されています。ただし、輸出シンジケートに関しては、別の面があります。それは安値輸出で在庫を処分し、市場条件を改善しようとする試みについて、関係者間で景気の先行きに関する状況判断に開きがあり、そのために企図したように処分が進まなかったことが、田附のいう「期待に反」する結果を招いた可能性が高かったことです。

この当時日銀支店長であった結城豊太郎は、「輸出綿糸シンジケートが海外輸出を標榜して組織せられたるにも拘らず、たとえ当時四囲の事情容易に之を許さざりしにせよ、当業者が糸価の恢復を夢みて逡巡壱俵の海外輸出をも為さず」、そのため無用の長物とみるものが出たことを「遺憾」と回顧していることが、そのような状況を伝えています（野尻編、前掲書、六頁）。このようにシンジケートの成果については消極的なものが少なくありません。たとえば、岸和田紡績社長の寺田甚与茂は「何分不幸険悪時機に際会し不結果に終りたる事は甚だ遺憾」と述べ、倉敷紡績取締役河原賀市も「仕事それ自身は失敗或は不成績と思ひます」と率直に記しています（野尻編、前掲書、一三〜一四頁）。

このように全体としては、「巧妙」「円滑」と評価された恐慌対策のなかで、シンジケートの成果を関係者は予想外の不成績と指摘しています。その原因は、シンジケートへの期待が大きかったことにあるように思われます。つまり、損失の半額を負担することに同意し、銀行融資の連帯保証に応じた紡績業者にしても、シンジケートに参加した綿糸商にしても、滞貨処理が一定の利益を挙げることを期待していました。このような「甘い期待」が組織化を成功させたもう一つの要因と考えられています。そして、この期待とは裏腹に、輸出は予定通りには行われず、シンジケートの滞貨引受額三九七二万円に対して、その損失は一六八二万円という惨憺たる結果となりました（日本銀行調査局「世界戦争終了後ニ於ケル本邦財界動揺史」

『日本金融史資料』明治大正編、二二巻、一九五八年、五六六～五六七頁)。こうした「甘い期待」が生まれた背景には、一九二〇年恐慌が日本で先行し、シンジケートの組織化の時点では国内よりも海外市場が堅調であったことに基づいていました。その海外市場に滞貨を売り逃げるという可能性に賭けようとした人たちからみると、輸出の結果は期待に反していたのです。

4　帝国蚕糸による製糸業界の救済

この綿糸業界の混乱と対比すると、対米輸出の不振によって恐慌状態となった製糸業（生糸）の恐慌対策は、少し様子が異なっていました。一九二〇年一月に最高値を記録した生糸価格は、三月まで上昇基調をたどった綿糸とは異なって三月にかけて一六％、四月には前月比一八％、五、六月には同じく二四％ずつという暴落を記録しました。

高橋亀吉は、蚕糸業界の善後措置の特色を、第一に、その危機の発生も救済措置の実現も他産業に比べて遅れたこと、第二に、対策の根幹となる生産制限が、多数の群小製糸業者の存在のためにきわめて困難であったこと、第三に、全国無数の養蚕農家に対する配慮が問題解決を複雑にしたこと、第四に、そのために対応が著しく難航したことにあると述べています（高橋、前掲書、三四〇頁)。

まずは、業界の自主的な対策が模索されました。価格の暴落をうけて、五月初めに横浜蚕糸貿易商組合が最低価格を定め、それ以下では販売しないという「売止め」を決議しましたが、これは励行されず、失敗に終わりました（以下の経過は、日本銀行調査局、前掲書、五八〇～五八八、六三〇～六三九頁)。この挫折もあって八月まで横浜への入荷量の制限や、製糸業界に対する生産制限の勧告が横浜の輸出業者から送られるなどの動きがあったものの、明確な方針は定まりませんでした。

ようやく八月一〇日に開かれた全国蚕糸業者大会において、生産制限と横浜への出荷停止を内容とする決議が採択され、この決議に呼応して、蚕糸業同業組合中央会や全国製糸業者大会も減産を決議しました。横浜の輸出商は全面的な操業停止を求めていましたが、これは受け入れられず、しかも、この妥協の産物ともいうべき生産制限も徹底されなかったようです。

そこで九月一〇日に蚕糸業同業組合中央会は、資本金一〇〇〇万円のシンジケートの創立案をまとめ、糸価維持に要する資金を政府から低利で借り受けるという方針を決定しました。この案は六月初めには一度提起されていたものでしたが、棚上げ状態になっていたもので、これを改めて持ち出したことになります。

このシンジケート設立の必要条件は、政府からの低利資金の供給でした。業界の要請に対して、政府は閣議で日本興業銀行・日本勧業銀行を経由して預金部から五〇〇〇万円の低利資金を融資することを決定し、九月二五日に帝国蚕糸株式会社（第二次、資本金一六〇〇万円、半額払込み）が設立されました。同社は、一一月から市場在庫の買い上げを開始し、翌二一年二月には追加資金三〇〇〇万円を受けて事業を継続し、同年六月までに九万梱余り、六五〇〇万円の生糸を買い上げました。買い入れた製品の売却は、二一年一二月から翌二二年九月にかけて行われ、結局二年にわたる在庫の買い上げ・保管・売却処分の事業で同社は約八七二万円の純利益を計上しました。

政府の低利資金に支えられて買い上げられた市場在庫品が、市況回復を待って輸出処分されたことが、綿糸の輸出シンジケートとは対照的なこの好成績につながったと考えられています。しかし、その成立までの混乱、対応策成案の遅れは、蚕糸業が綿工業に比べて組織的な対応策をまとめる力量が弱体だったことを示していました。これを補ったのが、第一次世界大戦前の混乱期の経験と、救済への政府の積極的な関与でした。

第一次世界大戦が開戦した直後の混乱のなかで市価の低落に直面した大日本蚕糸会は、一九一四年一〇月に救済資金四〇〇〇万円の融資を政府に求めて買い上げ機関を設立していました。このとき、蚕糸会と日本銀行や有力民間銀行の間を斡旋したのは財界世話役の渋沢栄一でした。この渋沢の力もあって一五年五月に政府の助成金を受けた帝国蚕糸株式会社（第一次）が設立されました。重要輸出品であり養蚕業に従事する農家への社会政策的な配慮を要するという、この産業の特殊な事情が、政府の救済出動を正当化させる条件でした。この経験からみれば、一九二〇年恐慌の対策として買い上げ機関を設立することはなんら新しい工夫を必要としないもので、世評の逆風が吹いていた綿業界とは異なり、政府が救済出動しても受け入れられる十分な理由があったということもできるでしょう。

しかも、政府は、帝国蚕糸の滞貨処理を有効に行うために必要な生産制限についても、地方長官会議で農商務大臣が減産協定遵守に努めるよう要請し、制裁規定のない協定を結んでいる組合に対して制裁規定を設けるよう指導することを各地方政府に次官通牒で要求するなどの対処策を実施しました（高橋、前掲書、三四三〜三四六頁）。それだけでなく、政府は行政・警察機構の末端まで動員して、製糸家の減産協定遵守を監視しようとしました。また、横浜生糸検査所は、農商務大臣の命令を受けて、協定に違反した場合には、輸出に必要な検査所の品質証明を与えないことを明らかにしました。

政府の救済資金供給の実効を期するためとはいえ、製糸業に対する恐慌対策は、多数の企業によって不況期には「過当競争」に陥りやすく、組織的対応に欠ける傾向のあったこの産業の特質に対応し、徹底した政府の行政的な指導・監視によって実行されたものであったということができます。この点では、大紡績会社のリーダーシップのもとで「自治的」な対策が図られた綿業とは、対照的でした。

5　カルテルの時代の到来

一九二〇年恐慌によって混乱を極めた産業界に対して、業界団体や政府の行政的な介入と並んで恐慌対策の主役を演じ、上述の綿業や絹業の対策にも大きな影響を与えるなど、各業界の組織的対応を支えたのが、日本銀行でした。

この日本銀行の対応で注目すべき点は、一般的な金融緩和策だけでなく、綿糸の例にみられるように、特定産業に対する特別融資を実行したことでした。具体的には、商事会社（一〇九六万円）、株式市場・東京（四五〇〇万円）・大阪（一二〇〇万円）・名古屋（三〇〇万円）、砂糖滞貨資金（三二〇〇万円）、羊毛輸入資金（二七〇〇万円）、綿糸輸出シンジケート（四八〇〇万円）、帝国蚕糸（五〇〇〇万円）、日本産銅組合（六〇〇万円）、銑鉄同業会（金額不詳）などの特別融資が各事業分野で実行されました。

重要な点は、これらの産業に対する特別融資に際して、日本銀行は、「当業者をして生産制限の必要を自覚せしむると共に主として滞貨処分及び解合により市場整理に要する資金を其々其取引銀行より供給せしめ、取引銀行には之が為め必要とする資金を適宜本行より供給する」（日本銀行調査局、前掲書、五八三頁）という建前をとったことでした。業界が自ら生産制限を行いさらに滞貨処分の方法を講じるのであれば、必要資金は日本銀行が普通銀行を介して供給する点に特徴があったのです。このような前例のない対応には、一九二〇年四月三〇日に大阪商業会議所が行った「財界善後方法」に関する決議など、民間側からの要望に応えた側面がありました。しかし、それ以上に重要であったのは、当時の日本銀行総裁井上準之助の状況認識と判断であったように思います。

一九二〇年年頭の銀行集会所新年宴会で、井上は「日本の財界には遠からず反動が来ます」と発言していました。しかし、井上の警戒論も「財界投機の行き過ぎ」への批判を意図したもので、一般にも、また政府も恐慌の到来など予想だにしていませんでした。だから、恐慌が発生しても楽観論が支配的で、たとえば、株式市場崩壊後の四月一〇日に『東洋経済新報』はその社説で、「戦後の世界的物資の欠乏状態は未だ容易に回復せぬ。従って、世界の戦後景気はなお続く。そうである限り、たとえ金融が引き締ってもわが財界そのものに反動は起らぬ」と主張していました（高橋、前掲書、二四七〜二四九頁）。この認識のずれが、株式市場の崩壊に続いて起こる各商品市場の崩壊、在庫の累増に対する経済諸主体の行動を思惑含みのものにしたようです。

（井上準之助『戦後に於ける我国の経済及金融』岩波書店、一九二五年、六三頁）、投機思惑の抑制の必要を強調し

井上準之助
国立国会図書館ウェブサイト

楽観論を共有していた井上は、当時の状況を過剰な在庫の累積が問題であり、そのために生産制限と滞

貨処分、滞貨金融が必要と認識していました。井上は、一つの機械がそのどこかの部分に油が切れて止まってしまったらその切れた箇所を探してそこに油をさすのが本当で、故障箇所もわからずに全体に油をかけるような「一般金融の緩和」は必要がない、「悪い所が分ったならば、……従来使用し来った油差、即ち其組織に関係をして居る銀行を通じて資金を疎通するのが本当ではないか」（井上、前掲書、八〇頁）と説明しています。この井上の状況判断に基づいて、日本銀行は個々の産業に対して滞貨処理や生産制限を目的とした組織の結成を促しつつ特別融資を実行したのです。これが、この時期の救済措置に前例のない特色を付与することになりました。

もっとも、このような方針に対しても、「市中銀行は危険を惧れて、その融資に二の足を踏む傾向が少なくなかった」といわれています。銀行家たちは慎重でした。それは相当数の有力銀行が個々の関係企業への固定貸付に難渋していたためでもありました。台湾銀行と鈴木商店、安田銀行と浅野系企業など、その例をあげることは難しいことではありませんが、そうした事情もあって動きの鈍かった金融業界をパイプ役に押し出し、救済を実現したのは、日本銀行の積極的な姿勢だったのです。

このような対応については、日本銀行の内部でも批判がありました。「一応正当な融資と仮定したのであるが、実際においては、時の政権と結びついた政商の破綻救済的政略融資が少なくなかった」ことが、批判の第一でした。しかし、より根本的には、通貨の番人たる中央銀行の使命から逸脱して救済銀行化したことが問題視されました。その点は深井英五（当時、日本銀行理事）の井上批判にみることができます。深井は、当時を「一事件毎に歩を進めて益々深入りすること丶なった」と回想し、「特別の貸出とは、常規の範囲を超え、通貨の健全性を維持する見地から好ましからざるもので」あるにもかかわらず、「目前の事情に重きを置いて主張する人が」いたために、「一件毎に引摺られて行」った結果、「終には財界の救済を日本銀行の主たる仕事と看做すが如き感想を世間に生ぜしむるに至った」と書き残しています（深井英五『回顧七十年』岩波書店、一九四一年、一九七頁）。深井は苦々しい思いで井上が推進する救済策をみていたようです。

日本銀行の特別融通がオーバーキルを回避することに成功したのか、それともゾンビ企業を温存したのかについては、議論が分かれると思います。私は、その点の議論に深入りしても水掛け論に終わりそうな気がします。この問題と別に、この井上が予期してはいなかった結果に注目しておく必要があります。市場動揺・混乱を回避するために、救済融資を行うとともに、市場滞貨処理を進めるために産業ごとの組織化、自主的な共同行為を行うように促した結果、一九二〇年代以降に日本はカルテルの時代を迎えることになりました。さまざまな産業分野でカルテルが結成されるようになり、生産制限や価格協定が行われ、市場の暴走を企業の共同行為によって、つまり話し合いで決めた協定によって抑制し、市場の安定化を図ることが広く行われるようになったのです。

おわりに

第一次世界大戦期のバブルがはじけた一九二〇年恐慌の状況は、しばしば平成のバブル崩壊（一九九〇年代初頭）と対比されます。平成のバブルは、一九八〇年代後半の低金利政策と海外市場の好調などの条件のもとで発生した景気上昇の最終局面が株式、土地、ゴルフ会員権などの資産価格の暴騰に象徴されるバブルでした。ただし、この投機的な上昇局面は、資産価格の急騰の一方で、一九二〇年恐慌前のような消費財価格など一般物価の上昇をともなうことはありませんでした。金融政策は、物価の安定に関して卸売・小売物価の動向を注視し、資産市場の動向については放任したというのが、平成バブルの特徴の一つとなっています。

この違いは、物価の動向に対して政府・日本銀行などが注意深く監視し、市場の暴走のような投機的な価格変動を抑制するような政策的な介入を試みて、物価変動を抑制することによって経済主体が将来の見通しに誤った判断をしないように努めてきたことを示しています。それが資本主義経済制度の進歩を示しているのですが、それでも資産価格の暴騰に対する備えは七〇年後でも十分ではなかったということかもしれません。

こうした長期の歴史的な視点と同時に、一九二〇年恐慌によって市場の自律的な調整への期待が裏切られたことの意味を考えておく必要もあります。紡績業の救済でも日本銀行の救済融資が重要な役割を果たしましたが、日本銀行は業界の協調に基づいて滞貨の処分を実行するように求めました。恐慌の打撃が大きく破綻に瀕した企業は、さまざまな産業部門において日本銀行などの助言もあって産業の組織化、つまりカルテルなどの結成という市場経済メカニズムの部分的な制限に向かっていくことになりました。こうしたかたちで企業の行動のあり方が変質していったのです。

このことは、市場経済的な基盤のもとで行われる経済活動が、この時代には個別の企業からみると対処できないほどの経営的打撃を与えるまで暴走してしまったこと、その暴走を抑止するような仕掛けは、このときであれば日本銀行の金利引き上げなど消費者物価の上昇による国民の生活不安を懸念した政策的な介入に依拠せざるをえなかったことを示しています。市場経済の調整メカニズムに限界があると自覚するようになったとき、企業はそうした暴走をあらかじめ抑止できるような組織的な手段を模索することになります。それが共同行為（カルテル）に基づく価格の協定や生産制限などです。それらの手段は部分的にはそれまでも試みられてきましたが、この時期以降になると多くの産業分野で共通した特徴になっていきます。それが一九二〇年恐慌後において日本の企業のあり方を変化させていく一つの要素になります。

参考文献

井上準之助『戦後に於ける我国の経済及金融』岩波書店、一九二五年
高橋亀吉『大正昭和財界変動史』上、東洋経済新報社、一九五四年
武田晴人「古河商事と『大連事件』」『社会科学研究』三二巻二号、一九八〇年
武田晴人「恐慌」一九二〇年代史研究会編『一九二〇年代の日本資本主義』東京大学出版会、一九八三年
武田晴人「一九二〇年恐慌と産業の組織化」大河内暁男・武田晴人編『企業者活動と企業システム　大企業体制の日英比較史』東京大学出版会、一九九三年
日本銀行調査局「世界戦争終了後ニ於ケル本邦財界動揺史」『日本金融史資料』明治大正編、二二巻、一九五八年
野尻孝編『大戦後ニ於ケル綿業界動揺ノ回顧』大阪綿糸商同盟会事務所、一九二一年
日高千景『英国綿業衰退の構図』東京大学出版会、一九九五年
深井英五『回顧七十年』岩波書店、一九四一年

第7章　三菱・川崎争議

協調的労資関係の起源

はじめに

企業経営のあり方に影響を与える異議申し立ての主体として従業員、労働者が登場するのは、第一次世界大戦期からのことです。ただし、日本の労働運動の起源は、それより二〇年ほど前の日清戦争後にさかのぼることができます。大規模な争議・騒動も、日露戦争後には足尾銅山などの大鉱山や三菱長崎造船所などで発生しています。しかし、社会主義の影響力が増大することを警戒した政府の弾圧的な政策が、大逆事件などを口実に強化され、労働運動は「暗い冬の時代」を迎えました。

そのなかで、大正の初めに鈴木文治を中心に労働者の人格修養をスローガンとした友愛会が仲間を集めていきます。東京・本郷の教会を拠点とするこのささやかな動きが、第一次世界大戦期の物価高騰を背景とする労働者の不満の受け皿となって、短期間に労働者の組織化に成功し、労働争議が急増しました。企業側は高収益によって支払い能力に余裕があったこともあって、賃金の引き上げ要求をある程度受け入れ、労働者たちをつなぎ止めようとしました。賃金上昇という成果は、労働組合運動を勢いづけ、政府も非合法としていた労働組合を事実上認めざるをえなくなっていきました。

この動きに加えて、第一次世界大戦後の講和条約の一環として、国際労働機関（International Labour Organization, ILO）が設立されることになり、加盟各国は、労働者の権利を認め、これを保護する立法措置が求められました。

このような内外の情勢の変化のなかで、神戸にある川崎造船所と三菱造船神戸造船所において戦前の労働運動史のなかでは最大規模の労働争議が発生しました。この争議はその規模の大きさだけでなく、八時間労働制や団体交渉権などの新しい労資関係の枠組みをめぐって争われたという意味でも、画期的なものとなりました。本章では、この争議の経過、争点、その帰結などに関する資料（三菱造船・三菱内燃機・三菱電機『神戸三菱労働争議の経過』一九二一年、無絃琴生『三菱川崎』丸一書店、一九二一年）や研究業績（大前朔郎・池田信『日本労働運動史論』日本評論社、一九六六年）を利用しながら探っていきます。

そうしたアプローチによって第一次世界大戦期の労働運動の高揚を背景に生じた労使関係の変化が第二次世界大戦後の日本における協調的な労使関係の起源の一つとなっているという見方をあわせて考えていきたいと思います。なお、本書では、資本家と労働者というような階級対立を含む社会的な関係を表すときに「労資関係」を、企業内の経営と労働の関係を表すときには「労使関係」を用いることにしています。

1　八時間労働制の採用

争議の背景には、第一次世界大戦半ばからの労働運動の高揚があります。造船業は、大戦のブームに乗ってもっとも拡大した産業の一つでした。その代表的な企業が三菱造船と川崎造船所ですから、争議が起きた舞台は、戦争が終わるまでもっとも活況を呈していた職場でした。戦争が終わると、軍需関連の産業は、たとえば金属鉱業などは勢いを失っていきますが、造船業では海軍の八・八艦隊計画による発注への期待があって、労資ともに将来に対して強気を維持していたように思われます。ただ、労働力市場では休戦の影響もあって労働者への追い風は弱まっていました。

そんななかで、一九一九（大正八）年八月一五日、つまり休戦から九ヵ月あまり経ってからですが、川崎造船所本社工場の労働者代表が、大戦中に支給されていた割増給（歩増）を本給に組み入れるように要求します。これが前哨戦でした。この要求は、開戦前に比べれば物価が大きく高止まっていたことを考えれば、大戦中に勝ち取った割増給を加算して本給化することによって、賃金水準の実質的な悪化を予防しようとするものでした。

労働者代表の要求に対して、川崎造船所社長の松方幸次郎は、ＩＬＯが一九一九年の第一回総会で「一日八時間、週四八時間」を国際労働基準として議決したことによって日本の労働者にも関心が高まっていた八時間労働制について、一八日に労働者代表と会見し取調中とだけ回答しました。さらに二五日の第二回会見でも松方社長は「俺を信じろ」と一方的に通告し、労働者が要求した賃上げ案には回答しませんでした。そこで労働組合は投票によりスト決行を決定しました。これを受けて二七日の第三回会見で松方社長は、ストに不参加の葺合（ふきあい）と兵庫の二工場において八時間制実施を宣言しました。この宣言を受けて二九日は本社工場もストを解除して就業することになり、本社工場でも八時間制が採用されました。

この労働時間制の改正に関わる経営側の動きは川崎造船所だけの単独の動きではなく、隣接する三菱造船所では九時間労働制が採用されています（以下の記述は、大前・池田、前掲書、一二三～一二九頁）。歩増の本給化要求が労働時間短縮という回答となっていることに奇妙さを感じるかもしれませんが、それは次のような事情です。川崎造船所を例にとると、労働側の要求に対して「日給は定時八時間に対し従来の一〇時間と同額を支給すること、従来の戦時歩増七割を本給に組み入れること、低給者に対して特別増給すること」「残業歩増は、三時間までは定時労働と同一の率で支給され、三時間以上の場合にだけ累進率で支給されること」に改正されたのです。少しわかりにくいのですが、定時労働時間は一〇時間から八時間に短縮されましたから本給は時間あたり二五％引き上げられ、それに七割の戦時歩増が追加されましたから、本給はおおよそ二倍になりました。ただし、これにはすこしからくりがあって、川崎造船所では、定時八時間を超える残業時間のうち三時間は定時と同率の賃金額となっていました。一〇時間働いた場合には、賃金は、本給の二五％（二時間分）は増給されますが、残業割増分は支払われないので、賃金制度としては二時間を加えた一〇時間労働制と変わらないのです。

三菱の場合には、所定労働時間を九時間にして、残業手当は九時間超の時間に対して支払われる仕組みですから、これは九時間労働制というべきものでした。

松方幸次郎
国立国会図書館ウェブサイト

もちろん、所定労働時間の変化は、従業員の就業時間の短縮に結びついています。一九一九年と二〇年の平均労働時間は、川崎造船所本社工場では一〇～一五時間から九～一〇時間に、また三菱神戸造船所では一一時間半から一〇時間半に短縮されています。この時間短縮は労働者の時間当たり賃金上昇という利益になっただけではありません。川崎造船所の就業者出勤率は、八時間制採用直前の一九年九月の七三％が採用後の一〇月には八四％に上昇し、職工の在籍者数が減少したにもかかわらず、出勤者数はほとんど変わりませんでした。それだけでなく、時間当たりの作業能率も、川崎では造船の重要工程である鋲打ちの数は二倍以上になるなど、大きく向上しました。時間短縮は、休養時間を増やし体力の回復を容易にし、現場労働者の作業に対する集中力を高めたということでしょう。時間短縮のために「労働者は精勤を強いられた」「労働が強化された」という批判もありますが、制度的に労働者の団体交渉権を認めないなど労働者の権利の承認という面で問題が大きくとも、八時間労働制が労使双方にとって前進であったことは確かのように思います。

2　争議の本格化　一九二一年春

一九一九年の八時間制採用は、休戦反動後による不況に備える対策という側面をもっていました。そして、それがより広い意味で切実な問題となるのが一九二一年です。この年一月に川崎造船所は、八時間労働制を完全実施します。これによって労働時間短縮の要求は実現されることになりますが、海運市場の悪化によって船舶過剰が顕在化して、造船所の作業量が大きく減少していますから、労働時間短縮は経営側にとっても必要なことでした。残業する必要がなくなった分だけ労働者の実収入は少なくなり、退職者などの不補充や勤務態度に問題がある労働者の解雇などによって、人員整理が進められるなかで、労働力市場は労働側に不利になっています。そうしたことから労働者たちは不安を募らせていました。

三菱内燃機工場の紛争

そのため、一九二一年五月二四日に三菱内燃機神戸工場で労働者が嘆願書を提出することを決定します。この工場は三菱神戸造船所の一工場が一九年に独立（二〇年株式会社化）したもので、神戸造船所と一体のものです。労働者は作業の減少による収入減、解雇の不安から、経営側に対して、①横断的組合の存在を認めること、②団体交渉権を確認すること、③八時間制を実施すること、④日給を五〇銭増給すること、などを求めていました。

工場側は、翌二五日に嘆願書の受け取りを拒否します。①にある横断的組合であり、労働運動を指導していた友愛会が経営の外から労使関係に影響を与えることを懸念していたためです。これが拒否した理由と推察されています。

これに対して労働者は二六日に「神戸発動機工組合」の発会式を開き、席上で嘆願書の再提出を決定し、実行委員・交渉委員などを選び、争議行為の犠牲者に対して一〇〇円を給付すること、日本労働総同盟友愛会に参加することなども決議しました。参加した一般労働者数は二〇〇人ほどでした。

同じ日、三菱側の重役会は、労働者側の要求を一切拒絶すること、必要があれば休業措置をとることなどの対応方針を決定しました。全面的な対決になったのです。この態度は、三〇日に会社側が首謀者六人の解雇を決定し、翌日通告したことで明確となります。この強硬な態度に激高した労働者は怠業（ストライキ）決行の動きも見せましたが、結局、会社側の窓口となっていた工作課長に対して条件を提示して一時沈静化します。

川崎造船所の紛争

それから一ヵ月ほどあとの六月二七日に川崎造船所は、賞与と創業二五周年記念金を従業員に分配しましたが、その分配が不公平だと労働者側に不満が高まっていきます。これに加えて、二一日に起きていた電気工作部の職工の転落事件に対する会社の対応が冷淡であったことも労働者の憤激をかうことになり、二八日から電気工作部の各工場（職工数八八〇人）が事実上の怠業状態となりました。さらに工作部有志が電気工組合電正会を結成し、会社側に要求書を提出することとし、労働者は作業に戻ります。

ところが三〇日に会社側は、松方幸次郎社長が洋行中で不在であることを理由に回答を回避しました。団体交渉権の承認などの要求項目に応える権限がないということでした。この日の午後、湊川で電正会発会式と労働問題講演会が開かれ、川崎造船所本社工場から八〇〇人、兵庫工場から四〇〇人、三菱神戸からも五〇〇人が参加しました。この盛り上がりを受けて七月二日に労働側の要求書が川崎造船所重役に直接提出されることになり、労働者はデモ行進で気勢をあげています。要求の内容は、①工場委員制度の採用、②他の労働組合に加入する自由の承認、③解雇手当の支給、④日給の増額、などでした。しかし、会社は要求書を受け取りませんでした。労働者側が「工場委員会制の採用」を要求項目にあげたのは、労働組合の承認よりは経営側にとって受け入れやすいと判断されたからだと評価されています。しかし、会社側の態度は頑なでした。

神戸所在労働組合の連携

この間、社外では友愛会の神戸連合会が、労働者の動きを支援するために、友愛会傘下の労働組合に呼びかけて神戸労働組合連合団を結成することになります。参加したのは、神戸鉄工組合、東神鉄工組合、神戸鉄道工組合、神戸造船工組合、神戸印刷工組合などでし

三菱・川崎争議
朝日新聞社　提供

た。この連合団主催の大会が七月四日に開かれ、賀川豊彦など三人の交渉委員が選ばれ、五日に神戸製鋼所、川崎造船所、三菱神戸造船所を訪問して重役と会見し、①労働者が他の労働団体に加入する自由を認めること、②工場に現在ある労働団体を確認すること、を求めました。

しかし、三社とも労働者側の要求を拒絶しました。この会社側の態度をみて、それぞれの職場・工場では労働者が抗議行動を強めることになり、ストライキ状態が続くことになります。そして、八日になると個別的だった動きが争議団として一体となった運動となり、一〇日には参加者数三万人というデモ行進が神戸市内にあふれることになりました。その様子は、「労働軍の行進は整然たる秩序の下に一糸乱れず正々堂々と高らかなる労働歌と共に」進んだと報じられています。

これについて、「三万人におよぶ労働者が参加したこと、委員の統制下に秩序整然とした、しかも活気にあふれた示威運動であったこと、関西の各労働組合の応援を得たことなどの点で成功し、労働者たち、とくにその指導者たちは、今後の闘争における自信を強めた」と評価されています（大前・池田、前掲書、一九一頁）。

三年ほど前の一九一八年夏に神戸は、全国的に発生した米騒動のために大規模な騒乱に巻き込まれていました。米価の高騰のために生活に困窮した都市の貧困層や港湾の労働者なども巻き込んで暴動が発生し、神戸を代表する貿易商・鈴木商店などが焼き討ちにあうなどの事件となりました。無秩序な社会的不満の爆発でした。この暴動からさほど日も経っていないにもかかわらず、三菱・川崎の両工場の労働者たちが示した秩序だった行動は、労働運動に関わる人たちの成熟を示していました。

労働運動の高揚に対する経営側の対応は一貫して要求拒否でした。三菱神戸造船所では、電機や内燃機の工場なども含めて労働運動が拡大していくなかで、一一日には工場の閉鎖を決定します。翌日から閉鎖された工場を守るために三〇〇人の警官と一四〇人の憲兵が警備にあたりました。これに対して工場閉鎖に抗議して、連日のように労働者たちは集団で示威行動を行いました。

3　工場管理宣言と弾圧の強化

その点では、川崎造船所も同様でした。そして、川崎造船所の争議団は一二日夜の幹部会において工場管理を行うことを宣言します。その工場管理は賀川豊彦の考え方に沿うもので、労働者が過激な行為に走ることを予防するために、工場現場の作業を継続するものでした。争議団の最高幹部会が発表した「宣言」は、次のような文言で始まっています。

「川崎産業委員会は大正十年七月（日は不明―引用者）川崎造船所所属の各工場の作業を管理することに致します。

先に私たちは本分工場（本社および分工場の意）全員壱万七千余人を代表して、工場委員制外七ヶ条の要求を重役に提出しましたが、これに対し会社代表永留、山本両重役は社長不在を口実にして誠意ある回答をせずぐずぐず今日まで引き延ばしました。

元来私達の根本の動機には徒（いたず）らに日本の産業を顚覆させる様な気はありませぬ。私達の人格を認めてくれ、其日の暮しを少しでも楽にして貰ふのが目的です。

そこで会社が今迄のやうな横暴な態度に出て不誠実な態度を持続するに対し、私達が又それに対抗して罷業を継続しますと徒らに日本の産業を萎微させ社会不安を醸しますから、私達は要求の貫徹するまで各其部署につき工場の仕事をみんなで管理し工事を進める事に致します」（大前・池田、前掲書、一九九頁）。

このように、宣言された「工場管理」とは、経営権を侵し企業の財産を労働者のものにしようとしたわけではありませんでした。それゆえ、争議団は「管理方法」として従業員に対して従来通りの就業を求め、当面六時間の就業で八時間の能率を上げること、この間の賃金の支払いを会社に求めること、工場保安や能率を阻害するものは懲罰することなどを明示していました。それは、彼らの目的が、友愛会が推進してきた労働者の運動の理念としての「人格承認」であり、人並みの生活を求めていたことに基づいています。労働運動が高揚していたなかでも、労働者の多数が求めていたのは、人として認めてもらうことでした。社会主義の主張に基づいて体制を転換しようというような政治的な要求が出されていたわけではないのです。私的財産権を否定するようなものではありませんでした。その反面で、労働者たちは経営が関与しなくとも、造船所の作業を十分に遂行できると考えており、それだけ自らの技倆（ぎりょう）には誇りをもっていました。しかし、この宣言は、経営側や官憲には大きな衝撃を与えました。会社は宣言を受けて神戸市民に向けた声明として、「苟も我が国法の厳存する限り会社の承諾せざる委員の手に於て管理すること自体が到底実現を許されざるはもちろん敢て之を行ふ事が重大な犯罪たるは謂ふまでもなく」と、「工場管理」を会社の所有権や経営管理権に対する挑戦と受け止めました。そして、争議団との交渉を一四日に先延ばしして前日の一三日に対策を協議し、本社工場と兵庫工場を閉鎖する方針を固めました。また、それまで不干渉の態度をとっていた兵庫県知事も宣言の違法性を指摘し、労働者の動きを抑え込むために姫路駐屯の陸軍司令官に対して軍隊の派遣を要請し、一四日には完全武装した部隊で工場は守られることになりました。

争議団の行動

三菱では一二日から、川崎では一四日から工場が閉鎖されて閉め出され、「工場管理」の計画が実行できなくなった労働者たちは、市内でのデモ行進なども規制されるなかで、結束を図るために運動会や登山、行商隊を組織して活動を続けることになり、労資の対立は持久戦の様相を呈することになりました。

一五日には真野池でベースボール大会、大倉山などで相撲が行われ、脇浜海岸では海水浴とストライキ参加者は争議団の計画に沿って親睦を深めることに努めています。翌一六日には摩耶山と再度山の登山遠足会が開かれ、摩耶山に七〇〇〇人、再度山には三〇〇〇人の労働者が上ったと伝えられています。一七日には六〇〇〇人が参加した運動会が開かれ、翌日以降も運動会が続きましたが、労働者の疲労も重なり、警察による争議団に対する干渉も強まりました。そして、活動家を狙い撃ちするような検挙も行われ、加えて争議団委員の大量検挙や解雇があって、労働者の活動は次第に先細りとなりました。

三菱の争議団の代表は一六日に上京して東京で三菱造船会長の武田秀雄と会見して要求書を提出しましたが、武田会長は神戸造船所長から回答済みとして要求書の受理を拒みます。一八日の再度の会見でも打開の道は見出されず物別れとなり、上京交渉も成果をあげませんでした。

一九日は川崎造船所の賃金支給日でしたが、本社工場を例にとると争議が始まる前の八日までは全額、一〇～一三日は支給なし、一四日以降は半額が支払われることになりました。三菱でも二〇日に賃金が支払われましたが、いずれも通常の六～七割程度の金額となり、労働者の生活を圧迫することになったといわれています。

経営側の攻勢

こうしたなかで、経営側は争議団の切り崩し、工場操業を再開する方策を探りはじめ、争議団も工場管理方針を放棄して工場再開にはストライキで対抗する方針に転換します。しかし、争議団の動きを警戒した経営側は労働者を兵糧攻めにするかのように休業期間を延長しました。そのため、「三菱の労働者は二二日から、川崎の労働者は二四日から賃金収入は全くなくなった」（大前・池田、前掲書、二一八頁）と記録されています。

この状態を見透かすように川崎は二五日に本社工場などをいっせいに再開し、警察隊に守られて一部の労働者が出勤するようになり、同じ日に三菱でも工場の操業が再開されました。争議団は、工場に向かう労働者を牽制して出勤を阻止しようと試みますが、この動きは警官隊による取り締まりによって効果的ではありませんでした。

争議団は、賀川豊彦の考え方に従って平和的な手段で自らの要求を通そうと、禁止された示威行動に代えて神社参拝という名目で集合し、二八日には川崎争議団三〇〇〇人が長田神社に参拝後、市内を行進しています。このころになると争議団のなかには力づくの手段も必要との意見も出ていました。そうした背景もあって二九日に神社参拝団が川崎本社工場前で警官隊と衝突して大乱闘となり、抜剣して労働者の動きを抑えようとした警官隊によって一人の労働者が刺殺されます。そして、この事件を契機に争議団幹部一三〇人あまりが一斉検挙されました。

この争議団指導部の検挙に対処して体制を立て直すために、友愛会本部から鈴木文治らが来神し、東京・大阪の労働運動指導者を加えた新指導部が編成され、あらためて演説会の開催など穏健な方法で持久戦を続ける方針がまとめられます。八月一日から開始された第二次行動において、鈴木文治は争議団が要求している「工場委員会制度は工場における立憲政治である。日本は政治上は立憲政治を認めているのに産業上それを認めないのは甚だしい矛盾である。諸君はその点を考えて最後まで奮闘せよ」と訴えます(大前・池田、前掲書、二三一頁)。

他方で三菱三社(三菱造船、三菱電機、三菱内燃機)は「職工諸君に告ぐ」という文書を公表し、「工場委員会制度を近く実行するつもりであること、八時間制度には漸進的にちかづいてゆくこと、賃金については将来公正な支給をすること、解雇手当については、できるだけ解雇者を出さぬ方針であるが、事業の都合上やむをえず解雇するときは適当の手当を支給する考えであることをのべ、会社を信頼して仕事につくように」と訴えました。しかし、この呼びかけも、たび重ねられた交渉で争議団の要求書を相手にしなかったこともあって労使の信頼関係はまったく崩れていましたから、労働者には届かず、争議団は「切り崩しのための政策」とみて、効果はありませんでした。

賀川豊彦
鳴門市賀川豊彦記念館　提供

「惨敗宣言」

紛糾する事態のなかで神戸市長の斡旋も不調に終わったあと、八月八日に三菱・川崎争議団が九日から就業することを正式に決定し、長期にわたった大争議が終止符を打たれます。工場の操業は八月下旬には平常に戻ります。これより先、一二日に争議団は、次のような「惨敗宣言」を出して解散しました。争議の長期化を支える経済的基盤が労働組合運動に不十分で、生活苦に苛まれての惨敗宣言でした。

「我々は武運拙なく惨敗した。

四旬に亘る力戦奮闘に吾等の刀は折れ矢は竭（つ）きた。茲に怨を呑んで兵を斂（おさ）める。今吾等が胸に痛ましく烙印されたものは資本家の暴虐と官憲の圧制である。吾等の血脈に男子の熱血が漲（みなぎ）る以上何うして此の怨みが忘れられよう。吾等は益（ますます）社会改造の戦志を強めた。吾等は今後更に団結の偉力を養う必要を痛感す。真理は最後に於て必ず捷（か）つ。吾等は悲愴なる赤穂浪士の覚悟を以て他日の勝利を期待するのみである。天は昭々として誠を照らす。吾等何をか恐れ何をか憚らん（後略）」。

（大前・池田、前掲書、二三七～二三八頁）

4　三菱・川崎争議の評価

人格承認という基本的要求

労働側の敗北に終わったこの争議について、労働経済学者の二村一夫さんは、「神戸の三菱・川崎造船所争議……は、規模の点で戦前最大の争議であっただけでなく、その内容について、日本の労働運動が新たな段階に達したことを示す里程標ともいうべき争議であっ年)。その理由は、第一に、この争議が個別経営の枠を超えて、労資の階級対抗として意識的に闘われたこと、第二に、要求内容が賃金引き上げなどの経済的要求ではなく、団体交渉権という権利問題が中心に掲げられた点に新しさがあること、第三に、労働者による工場管理が企てられたこと、第四に、労働者側の敗北の結果、自主的な労働組合が企業内から追放され、代わって労資の意思疎通機関（工場委員会）が設けられたことにあると指摘しています。

このうち、第一の点については、神戸連合会や友愛会大阪連合会などによる支援活動があったことや、友愛会から鈴木文治や賀川豊彦などの幹部も応援に駆けつけたことに象徴的に示されています。このような広がりをもった理由が第二点である要求内容の新しさ、労働者の無権利状態を改善しようとする運動であったことによって、広い支持を獲得しうることになったと捉えられています。友愛会傘下の組合を中心に全国の労働組合から応援がかけつけただけでなく、一万円を越えるカンパも寄せられました。

それまで、労働者たちは労働条件の改善のために組合を結成することも認められず、それゆえに労働組合の連帯の力によって経営と交渉することはできませんでした。ストライキなどの争議行為を禁止する治安政策は、第一次世界大戦期に少し緩和されることになったとはいえ、労働者の権利が法的には認められず、社会の対等な構成員としての権利も認められるには至っていませんから、「大正デモクラシー」という政治的民主化が進展するなかで、労働者たちの「人格承認要求」は自然な要求の発露であったと考えられます。

これに対して経営側や政府は、労働者の権利を認めること、とりわけ外部の労働組合団体の影響力が経営内に及ぶことに警戒的であり、活動家を解雇するなどの対抗措置をとっただけでなく、川崎争議団の工場管理宣言に対しては強硬な措置をとるようになります。警察による市中デモ禁止などの介入に加えて、軍隊を動員した弾圧はエスカレートしていきました。労働側の要求を受け入れることを経営側は全面的に拒否しましたが、要求の基本となる人格承認要求は労使の対等性を求めるものであり、さらに団体交渉権などの要求は先進国並みの労使関係・法制度に近づこうという試みでした。

協調会の試み　経営者の側でも労働者の要求に理解を示す動きもありました。渋沢栄一は、「賃金を与えれば主人であり、之を受ければ家来であると云うような封建的の観念」を資本家がもっていることを批判し、労働組合運動（友愛会）が主張する人格承認要求に耳を傾けることを求めていました。他方で渋沢は、労働者に対しては、「事業あって、はじめて労働者がある」ことの自覚を促し、協調的な紛争解決を求めていました（渋沢青淵記念財団竜門社編『渋沢栄一伝記資料』三一巻、五一七〜五二〇頁、一九六〇年）。

渋沢は、過激な無政府主義や共産主義に対して「悪平等を推進する」と警戒しながらも、友愛会の鈴木文治とも親交を深めていました。そして、内務省の救済事業調査会が一九一八年一二月に「資本家と労働者の共同調和を図るために適切な民間の機関を設置する」ことを答申したのをうけて、政府の要請で徳川家達（いえたつ）、清浦奎吾（けいご）、大岡育造らとともに、渋沢は労使協調を図る組織として協調会の設立を進めました。「協調会綱領」では、その目的を「本会は、事業主と労務者との協調を図り、社会政策的施設の調査とその実行を促進するを以て目的とす」と定めています。

この動きに対して「渋沢は自分たち資本家の味方であるべきなのにけしからん」との批判が寄せられて

いますが、渋沢は労働問題の真の解決のためには「資本家としては、労働者の人格を認め」、「労働者を奴隷視する態度」を捨てる必要があり、「道理正しい態度を採る雅量があって然るべき」と反論していました。ただし、友愛会が協調会に参加しなかったこともあって、協調会による労使協調の成果は芳しいものではありませんでした。

しかし、三菱・川崎争議の衝撃と労資協調を求める動きは、現実の企業内労使関係を変えていく契機になったことも事実でした。『日本における労資関係の展開』（東京大学出版会、一九七一年）を書いた兵藤釗さんによると、労働者の要求した「団体交渉権の確認」にはそれぞれ差違がありましたが、いずれも労働条件の団体的規制に対する保障を要求していた点では違いがなく、それらの要求は大阪電灯をはじめ藤永田造船所、住友電線製造所、住友製鋼所、三菱内燃機などに共通していました。この要求に応えて設けられることになった各企業の「工場委員会」では、その交渉のテーブルにのせる事項は、賃金、労働時間、作業条件、組合員の解雇などに及んでいて、その要求が工場委員会の設置によって完全ではありませんが、実現していったのです。

団体交渉権要求の内容

それには、リーダーであった賀川豊彦の思想が反映していたといわれていますが、賀川は、「労働組合は、まず第一には、「自分と家内が食へるだけの生活費と、子供と自分が多少教育と享楽を受け得る保証」を獲得せねばならぬが、第二は、「工場のデモクラシイ」を実現し、「工場主が儲けさせて貰って居て威張ることと、組長伍長に愛が無いことと、下に立つものがデモクラシイを放逸と解して云ふことをきか無い様なことが無い様に互に相愛する」関係を創り出し、第三には、「工場の立憲化」によって「凡ての平職工に発言権を与へるのみならず、金儲けがあれば労働者にウンと分けてくれる」ようにし、さらに第四には、「……工場の経営はせめて職工の自治体である組合で管理したい」というものでした。

つまり、この要求は「人格の承認」「工場のデモクラシイ化」「工場の立憲化」がキーワードであり、「惨敗宣言」を出したのちにも、賀川は「三菱のやうな微温的な工場委員制度でも今迄の専制主義は行へなくなるのである」から「進歩の第一道程」であるとしたことは、明記されてよいと思います。

おわりに

労働者が求めていた「人格承認」という要求は、企業が労働者の代表の参加を認める工場委員会を設置し、それを労使が話し合う場として労働条件の改善策を協議することによって、完全ではなくとも受け入れられたのです。明治期には労働者は「牛馬の如く酷使される」との表現もみられていましたから、人格承認に関する労使の認識の変化は、それまでの「使い捨てのモノ」のように扱われていた労働者の社会的地位、企業内の地位の改善につながっていくことになります。

ロシア革命によって社会主義政権が成立したという時代背景も重要な意味をもっていました。労働運動の指導部には社会主義の理想・理念に共感し、目指すべき未来がそこにあると考える人たちもでていました。そうした指導者たちのもとで労働者の組織化が進んだのです。前章でみたように企業行動でもカルテルなどの組織化の動きが広がっていました。そして、この時代は企業もそのもとで働く人びともともに組織化が進展した時代だったのです。

しかし、一般の労働者たちが共通に求めていたのは「人格承認」にとどまっていたことも間違いありません。これに対して、政府や資本家（経営者）たちの方が社会主義の影響力が増大することに強い警戒感を抱いていたようです。それが治安維持法制定などの弾圧立法にもつながりますし、労働者の権利を認めることへの消極性、企業の外の労働組合運動の影響が企業内に浸透しないように排除する労務政策になったと考えられます。

日本の労働者が団結権、団体交渉権、争議権という労働者の基本的な権利を認められるようになるのは、第二次世界大戦後の戦後改革を待たなければなりませんが、三菱川崎争議は、そこに向けた確実な一歩を印す出来事でした。もちろん、その変化は連続的なものではありません。本書の第10、11章では戦後の労働運動・労使関係に焦点をあてた問題に言及していますから、本章の労使対立と共通する点、相違する点などを考えることが必要と思います。

参考文献

大前朔郎・池田信『日本労働運動史論　大正10年の川崎・三菱神戸造船所争議の研究』日本評論社、一九六六年
渋沢青淵記念財団竜門社編『渋沢栄一伝記資料』三一巻、一九六〇年
武田晴人『渋沢栄一　よく集め、よく施された』ミネルヴァ書房、二〇二一年
兵藤釗『日本における労資関係の展開』東京大学出版会、一九七一年
二村一夫「労働者階級の状態と労働運動」『岩波講座　日本歴史18』岩波書店、一九七五年
三菱造船編『神戸に於ける三菱労働紛議の経過』一九二一年
無絃琴生『三菱川崎　労働争議顛末』丸一書店、一九二一年

第8章 東京電灯の経営破綻

株式会社亡国論の背景

はじめに

第一次世界大戦を経て昭和の初めのころになると、企業間の力量の差が開き、大企業の存在感が高まっていきます。大企業体制という表現の仕方もありますし、独占体制という評価の仕方もあります。どのような表現を使うにしても、大企業の行動が経済社会に与える影響が大きい経済システムに変わりつつあったといってもよいでしょう。そうしたなかで経営状態が芳しくない企業が規模の小さいものを中心に増加し、そのためもあって大企業に対する批判的な意見も強まります。昭和恐慌期に「財閥批判」というかたちで噴出した経済・社会問題も、そうした側面を表しています。財閥批判については私の『財閥の時代』（新曜社、一九九五年、角川ソフィア文庫、二〇二〇年）第11章、12章を参照してください。また、大企業の発展については、「大企業の構造と財閥」（由井常彦・大東英祐編『日本経営史3』岩波書店、一九九五年）にその特徴を書いたこともあります。

そこで、ここでは、そうした論考とは重ならないように、昭和初期の大企業について、経営者のあり方や株主の関与の仕方、そして企業行動を監視する役割を期待される銀行などについて、東京電灯の経営問題をとりあげて考えていくことにしたいと思います。この問題は、当時からさまざま批判的な意見がありましたし、さらに電力業史などの観点からも議論されてきたものです。特別に新しい論点を示すことができる準備はありませんが、重要な問題が含まれていますので、先行研究に依拠しながら事件の経過をたどっていくことにしたいと思います。

1　高橋亀吉の『株式会社亡国論』

高橋亀吉は、大正・昭和の日本経済に関する幅広い著作を残していますが、そのなかで一九三〇年に『株式会社亡国論』（萬理閣書房）という書物を著しています。この本で高橋は、「日本経済今日の行詰は、それの根幹的経営主体たる株式会社制度の欠陥に基く所が鮮少でなく、それの改善は刻下の急務の一つである」と指摘しています。刊行された一九三〇年は海外では前年秋にニューヨーク株式市場の暴落があり、国内では民政党内閣の金解禁政策で不況感が強まっていた時期です。そもそも金解禁政策も、日本経済の長期的な停滞を打開するためには、財界整理が必要であるとの認識のもとに着手されたもので、「行き詰まり」はさまざまな側面で顕在化していました。

高橋は、その根本原因が日本企業の経営的な問題、とくに株式会社の経営のあり方にあると判断していました。高橋は、日本の会社企業は、明治維新直後に「大資本を要する世界資本主義経済に接触し、之に対応するため、速成的に人為的に粗製濫造せられたもの」であるために、「健全なる会社経営に必要な準備的経済条件の成熟して、その上に発達したものでは」なかったことから、「重役も株主も其他の社会も、会社の健全なる発達を確保するに必要な資格を具へることなくして、会社経営に従事して来た」。そのために「重役、及び株主の悪意並に無知に淵源する多くの腐敗堕落が、我が会社経営を蝕むに至り、延いて、産業の疾患となり衰弱となるに至った」と指摘しています（高橋、前掲書、三〜五頁）。そして、そうした欠陥のために事業経営が「その場主義的」で、「事業永遠の発達を図るために必要なる施設を怠り」、「それに充つべき大切な資本を株主への高配当に費消して」しまっていると批判していました。

高橋がもっとも問題視していたのは、株主の利益になるような高配当を優先して利益を無駄遣いしていることでした。そのために将来の発展に必要な内部留保も乏しいだけではなく、研究開発もおざなりで、旧式設備の更新もせずに荒廃に任せており、メインテナンスすらも手を抜いていると批判しています。繰り返しになりますが、その基本的な要因は、①大株主の「その場主義的我利」の横暴と、②重役の腐敗とにあり、高橋は「若し、厳格に我が各会社の決算報告書を吟味すれば、恐らく、その九割余まではかく財政的欠陥が隠された不正なものであると云っても大過ないであろう」と多数の企業の決算報告が粉飾されている疑いがあることを断定的に書いていました。

高橋は、その対策として資本主義経済制度の発展によって、①会社の経営を三井三菱等の大財閥の支配に移し、大財閥自体の優秀なる信用と管理経営の力に預けること、②金融業者の産業支配の確立によって優秀なる金融資本の信用とそのスタッフの管理経営に委ねること、他方で「社会的方法、即ち立法的取締」として、③決算報告、減価償却等に詳細なる規定を設け、社会的監視を十分にし、ごまかしを防ぐとともに、④重役を無限責任とし、背任行為に対して厳罰を科すること、を提案していました。

財閥の本社によるモニタリングが高く評価されている一方で、銀行などの監視も重視されています。前者については、本社を中心とする財閥の内部資本市場において事業計画の評価や資金の分配について経験豊かな専門経営者たちの合議で決定していたことが知られていますから、そうした仕組みに対する信頼があったということでしょう。

2　新田豊造『銀行を裁く』

他方で、もう一つの信頼すべき監視役とされた銀行については、少し注釈が必要です。『株式会社亡国論』と同じ一九三〇年に新田豊造が銀行経営に対する問題点を指摘する『銀行を裁く』（大同書院、一九三〇年）という書物を書いています。この著者のことはあまりよくわかっていないのですが、早稲田大学で金融などを中心に経済学を教えていた服部文四郎教授に学んだようで、服部教授がこの本に序文を寄せています。一九二四年に大学を卒業後に藤田合名（小坂鉱山の開発などで大をなした藤田伝三郎が興した事業の持株会社）・藤田鉱業を皮切りにいくつかの企業の経営に携わっています。学者ではなく、実業に携わるごくはじめのころに書かれた書物ということでしょうか（新田豊造『信念の経営』創元社、一九六四年、奥付の著者紹介による）、あるいは大学での卒業研究がもとかもしれません。

この著書によると、第一次世界大戦後の経済的混乱（一九二〇年恐慌）によって大きな経済的困難を抱え込んだ日本経済に追い打ちをかけるように関東大震災があり、不況が続くなかで高田商会や鈴木商店などの大企業の経営破綻が発生しているだけでなく、銀行経営にも大きな問題が抱え込まれていると指摘されています。銀行は「経済界の中枢」をなすものであるが、「銀行それ自身も自らの弥縫的経営」に陥っており、これに銀行制度のもつ欠陥が加わって「経済的国難」に立ち向かう力が余りに弱くなっている。そんな状態であるために一九二七年には金融恐慌が発生し、多くの銀行が大小問わず休業または閉鎖を余儀なくされたというわけです。

新田は、「銀行の休業とか閉鎖が行はれると重大なる社会問題」が必ず引き起こされることは新聞などの報道する悲惨な記事によって誰でもわかっているはずだといいます。日々の働きからすこしずつ蓄えてきた虎の子の預金が一気に消えてしまい、預金者はとても平静ではいられず、気が狂うほどの思いに追い詰められている。このような問題が将来再び起こることは避けなければならないことはいうまでもなく、ようやく一九二七年に銀行法が成立して預金者の保護策が講じられることになっていました。しかし、そんなことで安心できるものではないので、「預金者の銀行選択方法をもつと合理的にして内容の怪しい銀行には預金せぬ様にするに越した事は無い」というわけです。

ところが、預金者がどのような基準で銀行を選んでいるのかは曖昧で、建物の大小や近さなどの利便性などで選んだり、多少まともなのは資本の多寡をみている程度であろうというわけです。そして、「慾の深い預金者」は「元もなくする事を知らずに利子の高い銀行を探し廻」っている。「こんな不合理な選び方では所詮複雑な銀行の良否を見分ける事は不可能であるのみならず実に危険」と指摘しています（新田、前掲書、一～三頁）。

こうした危険を避けて適切に銀行を選ぶ方法を示すことがこの著書の目的のようです。そのために一一の国内銀行の決算諸表を用いて、金融恐慌で破綻した銀行とそうではなかった銀行とを比較して判断のよりどころになる計数などを明らかにしています。銀行名は仮名になっていますが、実際の銀行の計数を使っていますから、それなりに説得力があると序文を寄せた服部教授は書いています。比べられているのは預金と貸付金の比率や証券投資率、証券投資の内容などなどさまざまです。その当否を論ずるつもりはありませんが、このように銀行の選び方を指南する書物が出版されている状況にあったことは、銀行経営にも産業企業と同様に問題を抱えているものが多く、それゆえに高橋亀吉が期待した銀行による監視という仕組みも、その監視役の銀行の信頼性次第ということだったのです。こんな状態では、安心して産業企業のガバナンスを委ねられるのかどうかも怪しいものだったというべきかもしれません。

読者の皆さんは、中小の銀行などには問題を抱える銀行が多かったとはいえ、財閥系の大銀行は大丈夫だったのではないかと考えるかもしれません。たしかに戦前の日本の銀行は「機関銀行」と評されるような、富豪が銀行を設立して預金を集め、それらを自らが経営する事業に融資するというような、特定事業と銀行とが密接に結びついているものも少なくありませんでした。そうした銀行に問題があったことは事実ですが、金融恐慌では安田銀行や第一銀行などの有力銀行でも一時的とはいえ預金を大きく減らしていますから、安泰でもなく、盤石の信用があったわけでもありません。そして、あとで詳しく述べますが財閥銀行の代表格である三井銀行も重大な経営問題を抱えていたのです。余談ですが、この著者、新田豊造が勤めていた藤田合名の傘下には藤田銀行がありましたが、これも金融恐慌で破産し、救済のために受けた日本銀行からの借入を長期にわたり返済することになり、事業資産を食いつぶすことになります。これについては伊藤正直さんの「藤田銀行の破綻と整理」（石井寛治・杉山和雄編『金融危機と地方銀行』東京大学出版会、二〇〇一年）があります。

3　石山賢吉『現代重役論』

このように、昭和の初めころには株式会社経営にさまざまな問題が指摘されるようになり、その経営の健全化が課題であると多面的な角度から議論されていました。企業経営の不安定性を改善するためには、株主や取引銀行、そして経営者などのステークホルダーがそれぞれの役割を責任をもって実行することが求められていたのです。

問題は、株価の上昇と高配当とにのみ関心をもって企業をみているような株主だけではありません。経営者のなかにも問題行動を起こすものがあったことは、第5章でみた日糖事件でもすでに表面化していましたが、そのような状況は依然として改善をみていませんでした。この点では、石山賢吉というジャーナリストが書いた『現代重役論』（ダイヤモンド社、一九二六年）が示唆的です。

石山は、一九一三（大正二）五月に経済雑誌『ダイヤモンド』を創刊し、会社の財務状態の分析を通して投資家に有用な情報提供を続けていました（石山賢吉『私の雑誌経営』ダイヤモンド社、一九五三年、二九九頁）。今でも続く経済雑誌の一つです。初期の雑誌の発行部数は一〇〇〇部でしたが、株式情報などを掲載する雑誌が採算にのる程度には、株式投資に関心をもつ人たちがそれなりに育っていたのです。ちなみに、経済雑誌としては、田口卯吉の『東京経済雑誌』（一八七九年創刊）と町田忠治の『東洋経済新報』（一八九五年創刊）があり、前者は関東大震災を機に廃刊となっていますから、この時期には『ダイヤモンド』と『東洋経済新報』が二大経済雑誌でした。

石山は、それまで『三田商業界』とか『実業之世界』などの雑誌に関与し、『実業之世界』時代には、主筆兼社長であった野依秀一の指揮のもとに、雑誌記事を通して電灯料金が高すぎると「東京電灯」を攻撃していました。東京電灯は、十分な設備償却を行わないままに高配当を続けており、そうして膨れ上がっている不要資産の償却を進め、資本の効率を高めれば料金の引き下げはできると石山は主張していました。この批判のために東京電灯の株価が下落しましたが、これに関連して『実業之世界』の社主野依が「恐喝取材」の疑いで四人の記者とともに検挙されています。記録によれば東京電灯の幹部に出刃包丁をおくり、「電灯料金を下げる」ことを要求したからとされています。この事件で野依は懲役二年の実刑を受けていますが、これだけでなく、ほかにもあって『実業之世界』創刊以来一〇年半を獄中で過ごすことになったというのですから、かなり問題のある人物であったようです。

石山は恐喝事件には無関係だったようですが、その記者活動にもすこし強引なところがあったのではないかとの疑いは残ります。しかし、それを念頭に置きながら『現代重役論』を読んでみても、その批判の筆法は鋭く、急所を摑んでいるように思います。批判の要点は、重役の不当報酬と「横着」と表現されています。

まず、報酬額についてみると、大正末期の内閣総理大臣の年俸が一万二〇〇〇円であった当時、役員賞与を含めた大企業の重役の年俸は、日本郵船の社長が一六～一七万円、三井銀行のトップであった池田成彬が二四～二五万円、東京電灯社長神戸挙一が三〇万円、同副社長若尾璋八が二二～二三万円と報告されています。ちなみに井上信明が一九三三年にまとめた『従業員待遇比較統計』（経済時論社）によると、三井銀行で帝国大学や商科大学卒のサラリーマンの初任給は月給七五円、年額九〇〇円に期末賞与を加えて一〇〇〇円を超える程度、東京電灯では月給六五円年額七八〇円に期末賞与でしたから、社長の給与は大卒初任給の二〇〇倍から三〇〇倍くらいでした。この多額の報酬に見合う働きがあるのかが問われていました。

石山が批判の矛先を向けていた「重役の横着」というのは、怠けているというよりは、図々しくずる賢い行動を指しています。石山によると、東京電灯の経営を握っていた若尾璋八副社長は、一九一九年八月に「三ツ引商事株式会社」を設立しています。この会社は、雑誌『電気之友』に掲載されている企業広告によれば、営業科目として、①一般電気事業企画設計投資、②水力火力瓦斯発電工事全般、③鉄塔送電線路建設架線工事、④土木建築工事、⑤電灯電力取付工事、などを営んでいることを宣伝していました。要するに、「三ツ引商事会社は電灯電力及瓦斯会社に関係した」「工事の請負、物品の売込、保険のブローカーをする会社」（石山、前掲書、四一～四三頁）でした。そして、同社は若尾が重役として関与している東京電灯、信越電力、桂川電灯、甲府電力など一一社の請負工事を行っていました。これは電力会社の経営者にとってはなかなかうまみのあるやり方だったので、東京電灯の常務越山太刀三郎も辛西商工を設立していています。他社でも富士水電社長の白井新太郎は一九一八年一二月に東京電業を設立して富士水電の工事を請負っていました。うまみのあるやり方というのは、関連会社に工事を請け負わせることで工事費用を水増しし、それを自らの懐に収めていたと推測されていたからです。そのために、石山は、「今日富士水電と駿豆電鉄の二社が固定資産の過大に苦しんで居るのは、大部分東京電業会社の不当利得に原因している」（石山、前掲書、五一頁）と指摘しています。

4　東京電灯の経営難と東京電力の合併

石山が標的にしていた東京電灯は、現在の東京電力の前身となる企業です。首都を営業基盤として積極的な拡張政策をとっていた東京電灯は、若尾逸平によって一八九五年に買収されていました。甲州出身の若尾は根津嘉一郎や雨宮敬次郎らとの緩やかな連合のもとに甲州財閥と呼ばれるグループの一人になりますが、若いころから莫大な資金を株取引に投入して財をなしたといわれています。若尾は「株を買うなら『明かり』と『乗り物』である」という考えをもって東京電灯のほか、東京馬車鉄道なども買収して中央の経済界に進出し存在感を高めていました。

その東京電灯が第一次世界大戦後にそれまでの積極的な拡張政策に行き詰まりをみせることになりました。このころの東京電灯の経営状態については、梅本哲世さんの『戦前日本資本主義と電力』(八朔社、二〇〇〇年)が詳しいので、その研究によって東京電灯の直面した問題について紹介していきましょう。

このころの東京電灯の社長は、若尾逸平に引き立てられて東京馬車鉄道の支配人となり、一九一七年に若尾民造(逸平の養子)の死去にともない社長となった神戸挙一で、副社長は一九年から若尾璋八(民造の女婿)でしたから、若尾家の強い影響下にあると考えられていました。

この神戸・若尾体制の東京電灯は、関東大震災などの打撃もあって経営内容が悪化し、株価も下落する困難に直面します。神戸社長は、同郷の根津嘉一郎と相談して一九二六年九月東京電灯の経営改革に着手することになりますが、その直後の一一月には死去したために若尾璋八が社長となって後を託されました。

若尾は、社長就任前から東京電灯の経営改善のために三井、三菱、安田（「御三家」）に協力を求めていましたが、これを受けて一〇月には三井銀行の池田成彬が安田保善社の結城豊太郎を訪問して、結城に東電の重役就任を頼み込みます。三井銀行は東京電灯に多額の融資をしていましたから、その行く末に強い関心をもっていたのです。池田の依頼によって三井を代表して藤原銀次郎、安田を代表して長松篤棐（ながまつあつすけ）が取締役に就任することになりました。ところが翌二七年二月には常務取締役の選任問題で、根津と三井・三菱・安田の意見が対立し、せっかく招聘した「御三家」の重役がいっせいに退任し、根津も辞表を提出するという混迷状態になりました。

財閥の後ろ盾を失った東京電灯の対外的な信用は大きく損なわれます。それに加えて、一九二七年には東邦電力の子会社であった東京電力が東京に進出して東京電灯に競争を仕掛けてきます。社名が紛らわしいのですが、現在の東京電力の前身は東京電灯です。これに対してここで登場する東京電力は、一九二五年に山梨県での水力開発を目的に設立された早川電力株式会社と、群馬県での水力開発を目的に設立された群馬電力株式会社の二社が合併して設立された会社で、東京市場において東京電灯と激しい需要家争奪戦（「電力戦」）を展開することになりました。東邦電力を率いて電力業界の再編を進めていた松永安左エ門が東京進出を企てて送り込んだのが東京電力だったのです。戦後の九電力体制によって供給地域に対する排他的な独占（地域独占）を前提とする時代が長かったので、私たちには奇妙な感じがするかもしれま

池田成彬

国立国会図書館ウェブサイト

せんが、戦前には同一地域に複数の電力会社が電気を供給することは珍しくありませんでした。

電力戦を仕掛けられた東京電灯側では、四月に三井銀行の池田が安田の結城とともに若尾社長を訪ねて常務取締役問題を協議し、五月には東京財界の有力者の一人であった大橋新太郎に取締役就任を求めるとともに、さらに小林一三、郷誠之助を招いて経営に参画させ、経営改善に努めようとしました。その結果、六月末から七月初めにかけて郷と小林の東電入りが決まり、同月末には取締役に就任します。

これに対して、東京電力側では七月にはいって松永安左エ門が小林一三や名取和作を伴って三井銀行の池田を訪問し、東京電力と東京電灯の合併問題の協議に入ります。同月中に松永はもう一度池田を訪問して合併斡旋を依頼していますが、これを受けて池田が根回しのために若尾や郷を訪問しています。三井銀行としては、電力業界の発行した外債に関連してアメリカのモルガン商会が若尾璋八新社長の経営手腕に疑念をもっていたことに対処し、翌一九二八年八月に償還期限がくる米貨債の借換のためにも、東京電灯と東京電力との合併を打開策として推進しようとしていました。この点は、一〇月のモルガン商会ラモント来日を控えて三井銀行では、「英米銀行側は、東電に臨むに東力との合併若くは競争除去の協定成立せざれば、東電金融談に入る能はずとの態度」と観測していたことにあらわれています。

そのため池田は、結城や松永と九月二三日に会談して合併に向けた協議を行いましたが、「両社の合併に関する意見の懸隔頗る大なる」と判断して、松永に対して合併問題は当分保留すると通告せざるをえませんでした（梅本、前掲書、一九一頁）。合併比率に関する意見の相違が大きかったためと伝えられています。その後も池田は東京電灯の財務顧問であった森賢吾とともに第三者に仲裁を提案しましたが、これは松永が拒否します。その後一一月から一二月にかけて池田の斡旋で松永が若尾と会談して局面の打開を図り、一二月一三日には合併比率一〇対九、東京電灯に松永が入社するとの条件でようやく合意が成立しました。ただし、この合意後に東京電灯が松永傘下の名古屋地区で電力供給権の取得を申請したことが明らかになって一時紛糾しますが、最終的には両社が営業区域の相互不可侵を協定することで仮契約が実現しました。こうして東京電灯は東京電力を合併し「電力戦」を終息させて営業基盤を改善することができたと考えられていました。この経過を追った梅本哲世さんは、三井銀行の関与もさることながら、電力外債を引き受けていた英米の銀行団の意向が強く反映されていたと捉えています。

5　再燃した経営改革問題

しかし、再建の道を歩むと期待されていた東京電灯の業績は、期待したほどには好転しませんでした。一九二九年九月に日本電力が東京府の南葛飾、北豊島、南足立、横浜鶴見などの供給許可をえて東京市場に進出したことも経営の負担となっていました。そのため一九三〇年にはいると三井銀行の池田は東京電灯の経営問題に取り組むことになり、一月から二月にかけて東電の金融・改革問題について郷誠之助と協議しています。池田は「東京電灯会社は社長若尾璋八社務を紊乱し財政最も困難なり」と日記に書き残しています（梅本、前掲書、一九三頁）。

このときも英米銀行団から伝えられた経営問題への懸念が重要な意味をもちました。池田は三月末には郷と協議して東電整理案をまとめていましたが、この案について銀行団を代表して来日したギャランティ・トラストのバーネット・ウォーカーの同意をえることはできませんでした。そのためさらに協議を続けて、五月九日には配当を減らすことや財務の整理の徹底などを東京電灯に要求する覚え書きをまとめ、ようやくウォーカーの承認をえたと伝えられています。

しかし、この決着について、減配と株価下落に不満をもった東京電灯の大株主団が放漫な経営を行った東電重役陣の総辞職を要求して、紛糾することになりました。

この時期の東京電灯の大株主は、表8－1のように「甲州財閥」が一割程度を占め、そのうち二・五％が若尾一族で、これに東京電力の合併で株主となった東邦電力などが並んでいました。東京電灯は、当時から大株式会社で比較的株式所有が分散し、有力な財閥が名前を連ねていました。電力業は第一次世界大戦後には成長産業部門で、産業資金の借り手としては最大の部門でもあり、株式市場でも社債市場でも存在感を高めていたことが、この株主構成にも反映されています。それはともかく、減資と株価下落は株式投資に力を注いでいた若尾一族には不満の大きいものであったことは想像されますが、その若尾一族の「放漫な経営」がそれ以外の大株主から批判されていました。大株主の異議申し立てに対しては、根津嘉一郎が仲裁に乗り出し、五月末には郷誠之助も福沢桃介（東邦電力の大株主）も仲裁案を承諾して決着をみることになりました。その内容は、東電の重役は郷以外が全員辞任し、会

表8-1　東京電灯における株式資本の分布（1929年下期末）

	払込資本（千円）	株　数（株）	割　合（%）
甲　州	38,719	774,311	9.51
うち若尾	−10,341	−207,000	−2.54
東　邦	25,406	508,396	6.24
安　田	17,182	343,318	4.22
三　菱	6,474	129,430	1.59
川　崎	5,782	115,943	1.42
渋澤大川	1,831	36,499	0.45
片　倉	977	19,474	0.24
三　井	855	17,088	0.21
大　倉	204	4,072	0.05
合　計	97,430	1,948,531	23.93
東電総計	407,149	8,142,980	100

（注）　甲州系については，若尾が社長を務める東電証券の所有株も含む。

（出所）『東洋経済新報』1930年7月12日，29頁。

長制を廃止して郷が社長となること、常任監査役を置くこと、株主団は八分配当の要求を撤回し、会社提案の配当を五分とする案に同意すること、などでした。

こうして再度の改革によって東京電灯の経営から若尾一族は一掃され、英米金融団・財閥銀行・政府金融当局の支持をえた新経営陣が成立しました。経営改革に奔走した三井銀行の池田成彬は、のちに「神戸挙一が死んで若尾璋八君が社長になって問題を起こした」として、「銀行自身も会社の尻拭いの為貸出に深入りして、私は幾度も責任をとって辞めるだろうと言われたくらいです。ところが若尾という人は、経理という問題については殆ど無茶ですね。全くの公私混淆です。……若尾君が政友会で勢力を得て総務にまでなったのは、莫大な金を使った結果です……」（池田成彬『財界回顧』世界の日本社、一九四九年、二一九頁）と事情を回想しています。これが東京電灯の放漫経営の実態です。

三井銀行は東京電灯に巨額の貸出をしていました。「深入りした」というのは、東京電灯への貸出が、表８－２のように貸出総額の一割近くになっていたことに表れています。東電証券という東京電灯が設立した持株会社への貸出を加えると全体の貸出の一三％に達します。そのために東電への融資の回収が困難になるような経営破綻は絶対に避けなければなりません。それは三井銀行にとっても「致命的」なことになるからです。それだけでなく、東電への貸出態度については銀行内部でも批判があり、また「世間から非常にやかましく言われたし、大分私の立場が困難になって来た」と、池田は自らの立場を説明しています。ただし、「東京電灯の問題では、……会社は地震以後いけません。会社の内容がぐっと悪くなって来た。今から考えると何処の会社も地震以後会社を本当に整理して居なかったのですね。銀行業者にはそれが分からなかった。あとで調べると地震の損害は何処の会社もいい加減にしてあった。日本の産業からいうと

表 8-2　三井銀行の大口貸出先

（単位：千円）

	会社名	金　額		会社名	金　額
電気事業	東京電灯	40,153	製　造	芝浦製作所	4,672
	東電証券	15,000		電気化学工業	3,673
	昭和電力	7,700		王子製紙	13,361
	日本電力	7,069		塩水港製糖	8,347
	宇治川電気	5,500		台湾製糖	3,400
	東邦電力	5,400	鉱　業	日本石油	5,666
	山陽中央水電	3,000		釜石鉱山	4,890
ガ　ス	東邦瓦斯証券	8,739	その他	本小曽根合資	9,350
	東京瓦斯	5,480		野村合名	8,208
	浪速瓦斯	3,000		三井物産	7,780
運輸交通	京阪電気鉄道	23,060		東京市	5,281
	伊勢電気鉄道	6,500		根津合名	3,900
	富士身延鉄道	4,634		東神倉庫	3,756
	大阪鉄道	4,500		合　計	234,770
	九州電気軌道	3,500			
	奈良電気鉄道	3,250			
	東武鉄道	3,001		総　計	424,462
	京成電気軌道	3,000		（300 万円以下も含む）	

（注）貸出額 300 万円以上を掲出。
（出所）三井文庫編『三井事業史』（本篇第 3 巻中）1994 年，202 頁。梅本哲世『戦前日本資本主義と電力』八朔社，2000 年，177 頁。

あの時きちんと整理して置けばよかったものを、政府の政策が放漫で、日銀なども総裁の演説ではやかましく警戒するというけれど、事実貸出しは甘くしているから仕様がないのです」（池田、前掲書、二二一頁）。

こうしてみると、民間銀行の上位に君臨していた三井銀行でも、この東京電灯への融資では相当に危ない橋を渡っていたのではないかと思います。何よりも池田が、関東大震災後の財務状態が悪化していることについて「銀行業者にはそれが分からなかった」と率直に述懐していることには、少し驚きを覚えます。貸出総額の一割以上に達する融資先の現状に対する認識がこの程度であったということは、今では考えられないことです。三井銀行の『三井銀行八十年史』では、この問題について、貸付の不良債権化のおそれがあったことにはまったくふれず、池田が電力業に大口の融資を行い、その発展を助けたこと、さらに外債募集に協力したことが記述されているだけです。本来であれば、重要な教訓として語り継がれるべき問題であったと思いますが、功労者の池田成彬の名誉のためにふれていないということかもしれません。池田が政府の放漫財政や日銀の救済貸出の責任を指摘する一方で、貸し手としての金融機関の貸出態度に反省がないのも問題がありそうです。その詮索はともかく、冒頭で紹介した高橋亀吉の『株式会社亡国論』で提案されていた銀行による株式会社の監視、ガバナンスは、三井銀行にしてこの有様ですから、さほど期待はできず、まだまだ改善の余地があったというべきでしょう。

おわりに

本章で取り上げた東京電灯と三井銀行との関係は、三井財閥が電力業の経営に介入したことに注目して、財閥が電力業に対しても支配的な地位をえようとしたという評価をする経済史家・経営史家がいました。しかし、実際の経過を見る限り、三井銀行は、英米銀行団の圧力も利用しながら、債権回収のために、経営陣の交代も含めた経営改革を推進したということだろうと思います。つまり、電力業を財閥の支配する産業分野として取り込もうというほどの意図はなかったと思います。回収不能という尻に火のつきそうな状態に追い込まれての対応だったのでしょう。この問題についての評価は、電力業史研究の第一人者である橘川武郎さんが『日本電力業の発展と松永安左エ門』（名古屋大学出版会、一九九五年）で展開しているものが妥当な評価だと思います。

そうした学術研究に関連する論点はともかくとして、東京電灯の経営改革に関連して注目しておかなければならないのは、企業経営の健全化のために、ステークホルダーが何をできるのか、そのモニタリング能力を引き出すためにはどのような条件が必要なのかを考えることでしょう。

株式市場では、この当時は営業報告書などが開示されていました。ただし、第二次世界大戦後に上場企業が義務づけられた有価証券報告書のような詳細な内容が開示されていたわけではありません。投資家たちは、配当率や利益率などを指標に投資先を選択すること以外には材料はありませんでした。この状態は、経営の内と外では著しく情報が非対称であったことを意味します。この非対称性は銀行と企業との関係でも似たようなものであったことが東京電灯と三井銀行との関係でも垣間見えています。長期資金を提供する機関投資家と呼ばれる保険会社などでも、企業の財務状態を正確に判断する能力は十分ではなかったようです。そうであるがゆえに、専門経営者の能力と事業活動に対する誠実さが重要な要素になったことは間違いありません。そして、それでも情報の非対称性は、どのような制度的工夫を加えても払拭することはできない面が残るという限りは、経営者を単なる株主の代理人とするような企業モデルが現実を説明できる範囲も限られているということかもしれません。また、株式市場も、この情報の非対称性に制約されて、企業の価値を的確に評価する力を十分には発揮できなかったと思います。そういう限界、制約がある時代でした。

参考文献

池田成彬『財界回顧』世界の日本社、一九四九年
石山賢吉『現代重役論』ダイヤモンド社、一九二六年
石山賢吉『私の雑誌経営』ダイヤモンド社、一九五三年
伊藤正直「藤田銀行の破綻と整理」石井寛治・杉山和雄編『金融危機と地方銀行　戦間期の分析』東京大学出版会、二〇〇一年
梅本哲世『戦前日本資本主義と電力』八朔社、二〇〇〇年
橘川武郎『日本電力業の発展と松永安左エ門』名古屋大学出版会、一九九五年
高橋亀吉『株式会社亡国論』萬理閣書房、一九三〇年
武田晴人「大企業の構造と財閥」由井常彦・大東英祐編『日本経営史３』岩波書店、一九九五年
武田晴人『財閥の時代　日本型企業の源流をさぐる』新曜社、一九九五年、角川ソフィア文庫、二〇二〇年
新田豊造『銀行を裁く　銀行選択の合理化』大同書院、一九三〇年
新田豊造『信念の経営』創元社、一九六四年
森川英正『日本経営史』日本経済新聞社、一九八一年

第9章 経済統制と企業活動

「営利目的」は必要か

はじめに

経済活動の主体である企業の活動は、自由主義的な経済制度の枠組みに支えられてその創造性を発揮できると考えられています。そうした捉え方からすれば、戦時経済統制など、企業活動に対して強い統制的な制約がかかる時代は、異常な状態、例外的な時期となります。しかし、そうした状況のなかで、企業という組織のもつ一側面が浮き彫りになることもあります。戦争を遂行するという目的のためにあらゆる経済社会活動を総動員する戦時体制は、企業に対しても戦争に必要な資材の生産の最大化という目的を与え、それにそぐわない生産組織をもつ企業に対しては転業や廃業を求めていくという特徴をもっています。企業を生産組織としてみたとき、何が必要最低限の要件であるかは、このような徹底した目的合理性が支配する異常時にこそ表面化します。この章では、そんな観点で戦時体制期の企業をめぐる問題を考えてみたいと思います。

1　経済新体制論が提起したもの

　日中戦争が始まるころから、戦時体制を支える枠組みに関する議論では、それまでの資本主義経済制度を変革する必要性が強調されるようになりました。その代表的な著作の一つが笠信太郎の『日本経済の再編成』（中央公論社、一九三九年）でした。朝日新聞社論説委員として佐々弘雄や尾崎秀実らとともに近衛文麿のブレーン組織「昭和研究会」に参加した笠の議論は、国家総動員法の広汎な発動により日本経済を自由主義的市場経済から公益優先主義的計画経済に移行させる第二次近衛内閣の経済新体制の理論的支柱となったといわれています。

　笠の主張の要点は次のようなものでした。

　第一に、縮小再生産の危機にある日本経済の現状を打開するために利潤原理に基づく企業のあり方を根本的に変革し、生産力の発展を阻害するすべてのものを除去する。

　第二に、そのために経理を公開し、統制して一方で生産を上げていくことが企業の指導者の責任である。

　第三に、企業の経理を統制し利潤を統制することによって、資本主義の自由経済的側面を排除して、企業を利潤ではなく生産を目的とする組織につくりかえる。

　第四に、そのように改組された企業を単位としてカルテルを作り、そのカルテルが経済統制を担当していくことにすれば、カルテルもメンバーの企業の利益を考えなくてよいので純粋に統制の実を上げるだろう。

第五に、これまでの「外から上から」の統制を「内から下から」の統制に切り替えるべきである（笠、前掲書）。

ここでは、明確に、戦争遂行に必要な軍需生産を拡大するような「生産力の発展」を実現するためには、「利潤原理」に基づく企業のあり方を変える必要性が指摘されています。つまり、生産拡大には利潤追求という企業の行動原理は不要だというわけです。

別の角度から企業の改造を図る動きもありました。それは協調会時局対策委員会が一九三八年三月に発表した「労資関係調整方策」です。そこでは、「産業は、事業者従業員各自の職分によって結ばれた有機体的組織体である」と主張していました。企業活動の主体となる経営者と従業員が対等な立場で結合している組織として企業を捉えようというものです。この考え方は、従来の労使協調をさらに進めたものという側面があります。しかし、それ以上に重要なことは、これについての財界からの批判にあらわれています。つまり、財界は、この「方策」では「労働と事業者を挙げて資本を無視している」と批判したのです。資本家としては自らの存在意義が否定されたのと同じようなものですから、当然の反発でした。しかし、利潤原理を排除するという考え方と、資本を無視して経営者と従業員という二種のステークホルダーによって企業が構成されるとの見方には、共通するものがあることは容易にわかると思います。

笠信太郎
朝日新聞社　提供

こうした考え方が、日中戦争の行き詰まりを打開するために強力政権をつくろうとする新党運動を推進し、「高度国防国家の完成、外交の刷新、政治新体制の建設」をスローガンとする新体制運動の経済的な面での特徴になっていきます。その中心にいたのが近衛文麿です。彼は一九四〇年六月に枢密院議長を辞職して新体制運動に挺身すると声明し、これを支持する世論を背景に七月に第二次近衛内閣を組閣します。政治体制ではそれまでの政党各党を解散し大政翼賛会への統合を進めるとともに、経済的には「経済新体制確立要綱」に基づいた経済統制を推進することになりました。

この要綱は、「革新官僚」とよばれた奥村喜和男（逓信省出身）や、美濃部洋次（商工省出身）、毛里英於菟（大蔵省出身）、迫水久常（大蔵省出身）らの中堅官僚が策定に関与し、経済統制を推進するために、企業の公共化、ナチス的な指導者原理の導入による統制機構の確立、利潤の制限などを骨子とするものでした。その原案には「企業を利潤追求を第一義とする資本の支配より離脱せしめ国民生産協同体の一員立場に立ち国家の目的に従い生産の質と量との確保増強を中心として各自の創意と能力と責任とに於いて経営せらるるごとく改革す」と記されています。その趣旨は笠の提唱したものと同一線上にあります。

これに対して、「要綱」は資本主義を否定し、社会主義的な経済社会を目指す左翼思想に影響されたものだと財界などから糾弾されることになりました。そこで、原案のままでは承認されず、閣議決定された「要綱」では、「基本方針」として「日満支を一環とし大東亜を包容して自給自足の共栄圏を確立」することを目指し、「重要産業を中心として総合的計画経済を遂行」することとし、企業体制については、「資本、経営、労務の有機的一体たる企業をして国家総合計画の下に国民経済の構成部分として企業担当者の創意と責任とに於て自主的経営に任ぜしめ其の最高能率の発揮に依って生産力を増強」させること、「公益優先、職分奉公の趣旨に従って国民経済を指導すると共に経済団体の編成」をすることになりました。つまり、企業は資本・経営・労働の各主体が関わる「有機的一体」のものとするとの表現に改められたわけです。

2　経済統制の推進

少しさかのぼりますが、日中戦争直前の二・二六事件後の日本では、軍備拡張が優先されるようになって財政規律が守られず赤字財政が拡大していました。そのため貿易収支の急激な悪化に直面して限られた外貨の活用のために経済統制が不可避となっていました。一九三六（昭和一一）年末の国際収支悪化を背景に三七年六月に成立した第一次近衛内閣では、賀屋興宣大蔵大臣と吉野信次商工大臣による「吉野・賀屋三原則」のもと、統制経済へと踏み出すことになりました。この三原則とは、「生産力の拡充・物資需給の調整・国際収支の均衡」を内容とするものでした。つまり、生産力の拡充を至上命令として、国際収支の均衡を図りつつ、物資の需給調整をすることを企図していました。内実は、外貨の制約という条件のもとで軍需生産拡大のための「生産力の拡充」を実現するためには、外貨を軍需生産に必要な原材料等の輸入に重点的に投入する以外にはないとの判断のもとで、物資を軍需生産に傾斜して配分し、民需を抑えていくという厳しいものでした。

この方針に沿って、一九三七年九月には臨時資金調整法、輸出入品等臨時措置法、軍需工業動員法の適用法を制定して経済統制に乗り出し、一〇月には企画院を設置して物資動員計画の作成を開始しました。

さらに翌年には国家総動員法が制定され、政府に大幅な権限を与えて経済統制を推進する枠組みが作られます。この経済統制については、参考文献にあるような山崎志郎さんの詳細な研究があります。

「経済新体制確立要綱」は、こうした統制をさらに強化するためのものであったということができます。それまでの経済統制は、資本主義経済において物資の配分を司る市場の働きを制限するものでした。こうして企業の外側の市場に統制の枠がはめられていくなかで、新体制を推進することが必要と考えられた理由は、政府がそれまでの統制策だけでは目標とする軍需生産の拡大が十分には実現できていないと感じていたからです。そのために、産業諸部門ではカルテルに代わり統制会が次々と設立され、それによって資源配分の統制の仕方を強化して生産の計画的推進を図り必要な資材の割当を行う一方で、消費財などの生産は不要不急のものとみなされるようになります。そして、より重要な課題が、市場のプレーヤーである企業の行動原理そのものにメスを入れ、その原理的な転換を図ることでした。太平洋戦争開戦前夜、日本の戦時体制は統制強化の一途をたどっていました。

経済統制は、価格一つをとっても完全に実行することは難しいものです。いくら十分に考えたつもりでも、抜け穴があったり、一つを統制すると連鎖的にもう一つ、そしてさらに一つと拡大していきます。物資の配分だけでなく、賃金の統制、そして労働力の配置なども計画的統制が必要になっていきました。たとえば、A4判の大きさの紙について統制価格を決めるためには、厚さの違いによってそれぞれ価格を決める必要があります。厚い紙と薄い紙にそれぞれ価格を決めると、生産者は中くらいの厚さの紙を作って自由価格で販売しようと画策します。その方が高く売れるからです。そうした新しい商品が出てくれば統制を続けるためには、それについても統制価格を決める必要が出てきますけれど、こんないたちごっこが、統制する側とそれを逃れようとする側との間でいつまでも繰り返されることになります。事前にすべての価格を統制することは無理だからです。だから、戦争のための経済統制はどんどんと範囲が広がっていきます。

こうして企業が通常であれば市場から調達する経済資源が、原料も労働力も統制下に入っていきますが、それだけでなく、設備の拡張についても、その必要な資金についても統制の網にかけられます。さらに、企業の配当についても制限が加えられることになります。それは利潤原理から企業を「解放」する方針の一環だったと考えることができます。

しかし、しばらくすると企業が期待されていた増産という成果をあげていないために、統制のやり方を修正する必要に迫られたようです。戦時経済を計画経済という視点で分析した岡崎哲二さんが明らかにしたことですが（岡崎哲二「第二次世界大戦期の日本における戦時計画経済の構造と運行」『社会科学研究』四〇巻四号、一九八八年）、一九四二年になると、政府は、数量的指令に基づく計画経済の限界に直面します。統制経済の司令部であった企画院は価格統制に際して生産コストの上昇を生産者に負担させせようとしたのですが、これに対して、商工省が「適正利潤の確保」が必要であると指摘して方針の修正を求めます。企画院のやり方では、企業に対するインセンティブがないために、成果があがらないと判断されたのです。このこと自体は、戦時統制経済が私有財産制に基づかないソ連型の「計画経済」ではなかったことを示していますが、企業を統制の目的に沿って行動するように促すためには「利潤」という動機付けが必要だったのです。利潤原理を否定するような理念に基づいた経済新体制でしたが、その根本のところで問題が生じていました。そこで政府は、一九四三年二月には補助金を出してコスト上昇分を吸収することにします。岡崎さんは、これを「価格インセンティブの付与」によって解決を図ったと表現しています。

その一方で、政府は企業行動を直接的に司令できるようにするために、生産責任者の選任を求めることになります。そのために、一九四三年一〇月に軍需会社法が制定され、「重要企業の国家性を経営上さらに明確ならしめ生産責任制を確立」させることを明らかにしました。さらにこの法律に基づいて、軍需融資指定金融機関制度が創設され、企業の必要資金については指定された金融機関が全面的に供給することになりました。この制度は金融機関の側からみると、「軍需会社の必要資金については指定金融機関は軍需会社のいいなりになるほかなかった」と日本銀行の調査報告が書いていますが、この制度によって企業は資金面の不安から解放されます。こうして「生産責任の遂行に伴う経理上の不安より解放し、生産責任者をして一意生産に専念せしむるため、従来より一段と刷新させられたる方法により価格政策の迅速適切なる運用をはかるべき」（軍需会社法の解説より）という方向で、戦争末期には一段と強い圧力で軍需生産のための企業活動が推進されることになりました。

3　戦時下の企業

新体制運動のもとで、生産責任者制度などを受け入れながら、企業整備によってその存立を認められなかった中小の事業者と対照的に、軍需工業の発展の中心的な役割を担ったのは、財閥でした。それは、一九三〇年代初頭には財閥批判の急先鋒であった軍部が、統制経済の深化とともに財閥のもつ経営能力に依存せざるをえなくなったことを意味していますが、他方で兵器生産を中心とする軍需生産の拡大という産

表9-1　転用工場数（1943年12月22日現在）

業　種	陸　軍	海　軍	一般官需	陸海共管	合　計
綿スフ紡績	85	61	4	4	156
梳毛紡績	18	7	1	1	27
紡毛紡績	10	18	2		30
絹紡績	2	3			5
製紙用パルプ・機械製紙	62	28	32	3	129
人絹スフ製造	15	15		1	31
綿スフ織物製造	124	122	26	2	274
毛織製造	17	19	6	2	44
絹人絹織物製造	168	167	26	3	364
織物染色業	72	74	16	3	165
機械製糸業	137	58	4	4	203
精製糖製造	5	1			6
菓子製造	1	5		1	7
小麦粉製造	24	2	1	1	33
植物油脂製造	5				5
缶詰食料品製造	2	9	2		13
その他	8	10	1	1	20
小　計	759	602	123	26	1,523
地方庁措置分	30	40	6	7	83
合　計	789	642	129	33	1,606

（出所）　三和良一・原朗編『近現代日本経済史要覧』東京大学出版会，2007年，135頁。合計には綿スフ紡績で陸軍・一般官需，海軍・一般官需各1などのその他の転用類型を含む。

業構造の急激な変化に財閥が柔軟に対応したことを示していました。その結果，財閥は傘下の重化学工業部門の急成長によって日本経済に占めるウエイトを戦争終結時に向かって増大させていきます。

これに対して，主として消費財を生産するような企業，とりわけ中小の企業は，軍需生産企業の下請となるか，廃業するかの選択に迫られることになりました。下請生産は，軍需品生産を担う金属・機械工業において拡大し，陸軍・海軍の二つの系列で，それぞれ軍工廠の外業部や兵器生産に従事する大企業の下請に転換することによって進展しました。それは，戦後にまで続く機械工業の基盤を形成するものでした。しかし，

表9-2　戦時中の企業合併（件数と被合併会社数）

	1940年		1941年		1942年		1943年	
	件数	会社数	件数	会社数	件数	会社数	件数	会社数
工　業	90	121	185	263	204	268	289	376
繊維工業	13	29	51	80	36	48	31	48
金属工業	15	21	22	24	14	15	21	23
機械器具工業	19	20	52	77	55	73	114	142
化学工業	14	19	26	36	30	36	60	76
食料品工業	5	5	6	9	15	21	12	13
窯　業	4	4	6	8	5	5	7	8
雑工業	20	23	22	29	49	70	44	66
鉱　業	9	13	14	23	11	17	6	7
その他	117	195	179	412	196	502	275	580
合　計	216	329	378	698	411	787	570	963

（出所）三和良一・原朗編『近現代日本経済史要覧』東京大学出版会，2007年，131頁。

その技術的水準は低く、製品の規格化・標準化が進まないために「互換性部品」に基づく大量生産体制には遠く及ばなかったのです。

他方で、工場の転廃業は、消費財部門の繊維工業を中心に表9－1のようにかなりの数に及んでいます。その結果、たとえば綿糸紡績業では企業数が減少するなかで上位集中度が高まるなど、産業組織が大きく変わっていきます。この産業組織の変化は、戦時下に推進された企業合同などによっても進展します（表9－2）。たとえば、大蔵省は金融機関の統合を進めました。それは地方銀行を「一県一行」に集約する方向で進められる一方で、大銀行についても、三井銀行と第一銀行の合併による帝国銀行の設立などのかたちで進みます。

こうして戦時体制のなかで企業の経営のあり方について大きな変革が進められました。もちろん、変わらざるをえなかったのは企業だけではありません。その従業員も、徴兵によって労働の現場を離れる人たちが続出する一方で、不足する労働力を補うために、小零細事業者も廃業して軍需工場に就業することが求められただけでなく、徴兵前の学生が男女を問わず動員されるなど、それぞれの生活のあり方を大きく変えていきました。それは「根こそぎ動員」ともいうべき様相を呈して戦争末期に向かって極度に、国民生活に犠牲を強いるかたちで進展したのです。

戦時体制下の変化には、軍需生産の拡大を最優先とし、その目的に沿ってもっとも合理的な手段を選択するという、市場のメカニズムとは異なる原理が働いて進展したものがたくさんあります。経済思想史家の山之内靖さんは、現代社会の基礎には、戦時の動員体制において形成されたものが少なくないと捉えています（山之内靖『総力戦体制』ちくま学芸文庫、二〇一五年）。それは、戦時体制が目的合理性を徹底することによりシステム化された社会構造に不可欠な要素を作り出していくと考えられているからのようです。おそらく近代日本の歴史のなかで女性の社会的進出がもっとも進展したのはこの戦時期でした。また、企業に注目すると、企業内の従業員のなかには職員と工員、ホワイトカラーとブルーカラーという身分的な違いが戦前の日本企業には存在していましたが、少なくとも産業報国会という勤労者団体に労働組合などが統合されていく過程で、この身分的な区別は「不適切」なものとして排除されていきます。第二次世界大戦後の労働組合は「工職一体」の企業別組合が基本的な形態になりますが、その原型も戦時下の産業報国会の組織形態に類似性が高いことはよく指摘されている通りです。戦時の変化は、異常時であるがゆえに一時的現象として平時に戻れば消えていくことが多いと考えられていますが、このように不可逆的な変化として、平時にも定着して残るものもあります。それは、そこで実現された変化が、それまで変化を妨げていたさまざま要因を戦争目的の遂行という一点から排除して進んだからにほかならないとみることができます。

しかし、このことは資本主義経済社会が発展していくなかで、効率的な社会を実現していく基盤となっている市場経済メカニズムが、企業のあり方や社会のあり方を変革していくうえでは、限界があることを示しているのかもしれません。少なくとも、利潤原理の追求という営利企業の原則だけでは、企業内の身分的な差別などを解消していく力は弱く、できないとは断言できないものの実現まではかなりの時間を要したと思います。それが戦争目的の遂行という至上命令のもとで推進された制度改革によって実現されていきます。このことは、どのような状態が望ましいかという価値判断を含むような人びとの選択によって重要な社会的変革が実現されていくことを示しているように思います。

こうしたこともあって、戦時期の企業のあり方の変化が戦後の日本の企業システムの原型になったという見方をする人たちもいます。私は必ずしも賛成ではありませんが、その点については、次の章で若干議論をしてみたいと思います。

おわりに

戦時統制が進展するなかで、企業の歴史という視点で私たちが注目しなければならないのは、繰り返しになりますが、企業の基本的な属性と考えられている営利という特徴が否定的に捉えられていたことです。利潤原理は、軍需生産の拡大を実現していくためには有害な制約とみなされていました。もちろん、そうした考え方では、統制経済の順調な進行には障害が発生し、岡崎哲二さんが明らかにしたように、企業に対して「利潤」というインセンティブを与えることが必要であったことも見逃すことはできません。

しかし、統制経済という枠組みで、配当が制限され、株主への利益分配に制約があるなかで、インセンティブに反応することで企業がえたのは、効率化による余剰資材や資金的な余裕であり、それらは基本的には将来の企業活動に投資することを想定するものであったことを見落とすことはできません。つまり、ここでは、「利潤」は出資者の利益の増加をもたらすものではなく、企業行動にとっての潤滑油のようなものとして必要であったと捉えることができます。

ただし、このような捉え方も評価の一つにすぎません。この点で思い出すのは、経済学者ヴェブレンが提示した独特の企業論についての考え方です。ヴェブレンは、産業化が進展する経済社会のなかで、企業が担っているのは技術的な合理性に従って組み上げられていく生産であり、それは機械過程として把握しうるものであるといいます。そして、それによって実現される分業と協業のメカニズムが生産活動を組織的に実現することになりますが、その全体の調整が資本主義経済社会では、所有権と営利原則に基づく企業行動によって果たされていくと捉えています。これが近現代社会が作り上げた経済システムの特徴であり、急速な経済発展の原動力となっていることは確かです。しかし、ヴェブレンは、この仕組みのなかに内包される問題点に鋭く分析のメスを入れていきます。それは機械過程がもつ技術的合理性を追求する生産のあり方は、それが営利企業によって担われることによってゆがめられる面があるということです。技術的な基準からみて望ましい選択が、営利を追求する企業にとっては望ましい選択とはならないことは、現実の経済現象のなかでは「市場の失敗」として議論されることがあります。それは、経営者という経済主体が完全な情報のもとで判断できるという理論上の仮定が現実的ではなく、市場経済メカニズムが自由な競争によって最適な資源配分を実現するような経済的にもっとも効率的な状態をもたらすというようなことは、ありえないというような現実的な見方に基づいています。戦時経済という特殊な状況において企業の営利性が否定されたことは、企業活動が生み出すそのようなゆがみを浮かび上がらせているということができます。

参考文献

岡崎哲二「第二次世界大戦期の日本における戦時計画経済の構造と運行　鉄鋼部門を中心として」『社会科学研究』四〇巻四号、一九八八年

山崎志郎『戦時金融金庫の研究　総動員体制下のリスク管理』日本経済評論社、二〇〇九年

山崎志郎『戦時経済総動員体制の研究』日本経済評論社、二〇一一年

山崎志郎『物資動員計画と共栄圏構想の形成』日本経済評論社、二〇一二年

山崎志郎『太平洋戦争期の物資動員計画』日本経済評論社、二〇一六年

山之内靖『総力戦体制』ちくま学芸文庫、二〇一五年

笠信太郎『日本経済の再編成』中央公論社、一九三九年

第10章 トヨタ争議

日本的経営・協調的労使関係の源流

はじめに

第二次世界大戦の敗戦後、日本は戦災による被害や海外からの引揚者の増加のなかで、極度の物不足が進行し、インフレーションが急激に進みます。軍需生産が停止する一方で、各工場の民需品生産への転換が簡単には進まず、凶作による食糧不足が加わったためで、国民生活は極端な窮乏状態に陥りました。労働改革によって争議権などの基本的権利を認められた労働者たちは生活難から企業に賃上げを求めて激しいストライキを展開します。これに対抗して経済界も経済団体連合会などで復興政策の立案に関わる一方で、経営者団体連盟を組織して労働者に対抗しようとしました。

対立の様相を強めるなかで、戦後の新しい社会のあり方について積極的な改革案を提言していこうという動きが、企業経営者によってこれまでの財界人の活動とは異なる基盤のなかで生まれました。その中心になった団体の一つが経済同友会です。そのメンバーのほとんどは、三〇代から四〇代という若い経営者たちであり、財界人の公職追放などで空白状態となった企業の経営を担うことになった人たちでした。経済同友会は、「戦後経済の再建の責任は、われわれ若い経営者にある」との自負に基づいて結成された組織でした。経済同友会の設立趣意書には「われわれは経済人として新生日本の構築に全力を捧げたい」と自らが担う責任を明示しています。そして、彼らの考え方もこれまでの財界人と比べて斬新なものでした。

1　「企業民主化試案」の提起したもの

それを象徴するのが「企業民主化試案」です。それは活発となった労働組合運動が、企業の民主化を果たすために労働組合の経営参加、つまり、経営方針の決定などに組合が発言権をもつことを要求していたことに対応したものです。新しい労働組合運動は、従業員組合としての性格を強め職員層と工場の労働者の身分的な差別が撤廃された組織に担われていました。これに対して、経済同友会は、一九四七年一月に経済民主化研究会を設置し、企業の民主化を実現するための具体的な手段を検討しています。この議論をリードした委員長の大塚萬丈は、経済民主化で一番大事なことは経済的弱者が強者によって圧迫されることがないよう、弱者の立場を尊重することだと考え、「産業の運営に関して、すべての関係者が参加すること」が経済民主化の実現の道だと主張していました。こうしてまとめられた「企業民主化試案」では、企業は経営者・資本家・労働者の三者で構成する協同体であると表現し、企業利潤に関して三者は対等な権利をもつようにすることを提案していました。

この案は、戦前の企業では、利益は出資者である資本家のものであり、労働者は経営者と対等な交渉のテーブルにつくことさえ認められなかったことに比べると、革新的な提言でした。企業民主化試案は、労働組合の影響力が強まっている現実を踏まえながら、労働者に経営者と対等な地位を与えることによってはじめて、「労働者の全幅の責任と協力が確保される」と考えていたのです（岡崎哲二ほか『戦後日本経済と経済同友会』岩波書店、一九九六年、六三頁）。

企業に関わる、経営者・資本家・労働者の三者の関係を大塚萬丈は次のように説明しています。

「労働者側の要求が過激に趨り、または階級的功利に堕して企業の基礎を危ふくする場合には、経営者と資本家とは一致してこれを阻むであらうし、他方資本家が監査権を濫用して企業を純然たる営利の具たらしめやうとする場合には経営者と労働者とが一致してこれを阻み得るであらう。更にまた経営者が労働者の福祉を無視し、資本家の立場を無視して、独善的に趨る場合には、資本家と労働者とが足並みを揃えてこれを防ぎ得るであらう。かくて企業は始めて資本・労働・経営三者の合作として運営せられるのであって、企業民主化の根幹がここに始めて確立するのである」（岡崎ほか、前掲書、六四頁）。

資本・労働・経営という立場を違える三者が、お互いに独善に陥らないように、相互に監視することでより望ましい企業経営が実現されると大塚は考えていたのです。この考え方は、企業が利益の追求のための組織だという、伝統的な経済学や資本主義的な経済観念とは、随分と違ったものでした。ただし、経営者の役割を高く評価するのは、一九二〇年代から三〇年代の米国において「資本と経営の分離」が進展し、経営者が実質的な経営の決定権限を握り、出資者は利益の配当を期待して経営内容には踏み込んだ意見を表明するだけの力を失いつつあったことに共通する側面がありました。その方がより効率的な経営を実現できると考えられるようになっていたのです。他方で、労働運動の発展の背景となっている社会主義の影響も無視できないものがありました。資本主義的な経済制度では、資本家の利益が優先され、労働者の貧困問題の解決が十分には図られていないという批判が、かなり多くの人たちに支持されていました。所得分配の不公正、所得格差の大きさを批判され、この批判に応えた改革を進めることが、資本主義的な経済制度の一層の発展のためには不可欠だと考えられるようになっていました。

このような背景のもとで、企業の民主化を考えていた経済同友会のメンバーたちも、所得配分の不公平を改善していくようなプランを考えていかなければ、経済再建のために必要な労働者の協力をえられないと判断していたのです。同友会に参加した若い経営者たちは、資本家たちは営利を目的としているが、経営者の目標は生産そのものであり、それは、より安く、より良質の製品を供給するものだから、企業経営を効率的に行うこともできると考えていました。それだけでなく、労働者と対等の立場に立って企業の経営を考え、企業の発展を通して労働者の所得の上昇を図ることができれば、古い資本主義経済がもっていた問題点の解決策を見出せると考えていたのです。

この「企業民主化試案」は、一面では戦時の経済新体制論のなかで表明されていた「利潤原理」に対する批判とも通底するものがあります。資本・経営・労働が一体となって戦時に必要とされる生産拡大に邁進するという考え方と、戦後復興の課題には類似する側面があったからです。ただし、こうした仕組みが配当制限などの統制的な仕組みによって支えられた戦時企業体制とは異なり、企業のステークホルダーが対等に企業経営にあたるという権利と義務との関係を前提とした、その意味で経済民主化のなかで進められているところに大きな違いがあります。こうして民主化案は、従業員の経営への参加を認めることで、労使の対立を克服するような企業運営組織の大胆な民主化を想定するものだったのです。

もっとも、このような考え方が経済界の主流派の意見となったわけではありません。「企業民主化試案」も「試案」のママにとどまり、同友会でも正式に採択された意見とはなりませんでした。「企業民主化試案」は、あまりに急激な改革案であり、過激な活動方針を打ち出している労働組合と対峙している経営者たちにとっては、受け入れにくいものだったのです。それでも、戦後改革の時代に企業経営者が通念にこだわらない自由な発想で再建・復興の夢を描き、より民主的で公平な将来像を描いていたことは重要でした。それは理念としては、戦後日本企業の協調的な労使関係などに通じるものだったからです。

よく知られているように、日本の企業は、終身雇用や企業別組合、年功制賃金などを柱にして、一九六〇年代から協調的な労使関係を築き、労使が共同して企業の生産性向上に努めてきたといわれています。日本の企業の高い国際競争力は、このような協調的な労使関係に基盤があり、日本はこれに支えられて経済大国に成長しました。その一方で、企業への出資者である株主の権限は相対的に弱く、経営者の権限が強いともいわれています。つまり、戦後の日本企業は資本と労働と経営との関係が米国などに比べて対等に近い状態にあったのです。

理念的には共通する特徴をもつとはいえ、企業民主化試案が支持をえられなかったことは、協調的な労使関係が簡単に実現されたわけではないことを暗示しています。経営者たちは、労働組合運動に対抗するために一九四八年に日本経営者団体連盟（日経連）を組織して、「経営権を確立し、産業平和を確保する」ことを重視し、労資の紛争を解決し平穏な労使関係を実現するために「経営者よ正しく強かれ」と宣言していました。これは、労働組合運動が生産管理闘争などを通して企業の経営権に踏み込んだ闘争方針を示していたことに対抗するものでした。そして、このような厳しい対決姿勢のために労資関係は混乱を極め、そのなかで労資ともに多大の犠牲を払って打開策を探ることになり、そのなかで新しい道が開けていくことになります。次節では、トヨタ自動車工業の労働争議を例に取り上げて、この労使紛争が何をもたらしたのかを考えていこうと思います。

2　敗戦後のトヨタ自動車の実態

トヨタ自動車工業の挙母工場が空襲を受けた翌日に日本は敗戦を迎えました。社内では経済復興にはトラックが必要だから生産再開に向けて取り組もうという声も上がっていました。しかし、占領政策のなかで自動車の生産が許可されるかどうかもわからず、豊田喜一郎社長は自動車の生産禁止の場合を想定し、従業員の生活を守るために新規事業を構想して、衣食住に関わる製品の生産のための研究調査を命じています。試みられたもののなかには、薬草栽培やドジョウの人工養殖などもありました。ただし、一九四五（昭和二〇）年九月にはトラックの製造が許可され、トヨタも民需転換が一二月には認められました。

こうしたなかで、一九四六年一月には労働組合が結成される一方、四月に豊田社長が自ら陣頭に立って「臨時復興局」を設けて機械設備の修復・設備の拡充などが着手されています。これと併行して部品を生産する協力会社の「協豊会」の拡充や販売店組合の組織化なども進められました。こうした準備を経て、四七年四月には本格的に生産再開にこぎつけました。この間、四六年五月一八日に全国の販売代表者などを集めた会合で豊田社長は、次のように再建の方針を話しています。

「大東亜戦争終結の報を耳にして唖然としたものは独り私のみではなかったでしょう。……全く正直のところ私も、今後の日本、殊に自分が畢世の事業として携わって来た自動車事業に就て、今後やってゆけるかどうかという見通しが全然立たず、一時呆然自失した状態に陥りました。それから二、三か月経過する内に、自動車製造事業は、継続出来るだろうという事が判明して来たのであります。……（食糧問題の深刻化とともに、この解決には輸送力の強化が先決との判断に基づいて）、トラックはどんどん製造すべしという指示が、間もなくマッカーサー司令部より与えられたのであります。さすがに多年自動車王国の名をほしいままにしてきたアメリカだけあって、自動車に対する考え方が、我々日本人とは可なり異なっている事を認識させられました。すなわち米国人の目から見れば自動車は日常必需品で、下駄や自転車と変りない筈で、……自動車なくして能率的生活が有り得ないと言う見方をされるのは至極当然な事であります。……自動車が産業の促進拡充に十分な能率を発揮し、生活安定に甚大なる役割を果し、速度と利便とを以て日本の文化を開進してゆく枢機として、その実力を発揮し得る時代が近づきつゝある気が致します。斯うした時代、環境を一日も早く招来せしめて、真に文明の恩沢を国内に浸潤せしめる事が、我々同業者に与えられた天職であり、義務であると考えられるのであります」（豊田喜一郎「自動車工業の現状とトヨタ自動車の進路」一九四六年五月一八日、和田一夫編『豊田喜一郎文書集成』名古屋大学出版会、一九九九年、四八五～四八七頁）。

豊田喜一郎
朝日新聞社　提供

生産の再開は、しかし、容易ではありませんでした。一部の工場の機械設備が賠償のため保全されていたという設備面の問題に加えて、戦時のインフレのなかで財務状態が悪化していました。そのため、企業再建整備法に基づいた整理が必要であり、そのためにトヨタでは紡織部門と電装部門を分離することになります。分離された電装部門が日本電装（デンソー）として発展することになります。また、経営の合理化を推進するとともに国の復興計画に合わせて生産五ヵ年計画を策定して総額一・七億円の設備の改修新設計画を実行することが一九四八年一一月には決められました。

このころ、豊田喜一郎社長は「米国流の自由経済組織に変更され世界平等の立場に於いて競争しなくてはならぬ時代」が到来することを見通しながら、トヨタは「温室育ち」であり、「当社の立場は、世界事業の立場からみれば……第三流程度の会社と見る可き」であり、このような立場のトヨタが生き抜くには「一大覚悟」が必要と厳しい認識を社内に示していました。それでも豊田社長は、「自動車製造の専門工場の一本槍でどこまでも突進し、倒れて後止む」、設備を近代化し「多量生産方針によりて、安くて優秀なるものを作り、世界一流会社にまけざる製品を作りうるまで突進す。而して、輸出を目的としてすすむ」と号令をかけていました（和田編、前掲書、四八〇～四八一頁）。

しかし、一九四九年四月に始まるドッジラインによって、期待したトラック需要が減退し、トヨタは五ヵ年計画も中止せざるをえなくなりました。生産しても販売店が引き取らないために工場の在庫が増加

自動車工業の現状とトヨタ自動車の進路
…昭和廿一年五月刊…

豊田喜一郎講演録（1946年）
トヨタ自動車　提供

するほどの売れ行き不振に加えて、統制経済の解除により主材料の鉄鋼価格が三割以上も値上がりするなど経営条件が悪化し、四九年一一月には三四六五万円の営業赤字になったとトヨタの社史は記述しています。このような経営危機はトヨタだけでなく、他の自動車会社も共通するもので、そのため九月から一〇月にかけて、たとえばいすゞ自動車では一二七一人、日産自動車では一八二六人の人員整理が発表され、これをきっかけに激しい労働争議が発生しました。

トヨタは五ヵ年計画で八七〇台を想定していた大型トラックの生産計画を六〇〇台に下方修正する一方で、減産による余剰人員は、配置転換や特殊車両の内製化などによって吸収しようとしました。しかし、こうした努力にもかかわらず事態はいっこうに好転せず、四九年九月には一ヵ月の出荷三億五〇〇〇万円に対して、実際の売上金回収額は二億円程度であり、極度の金詰まり状態に陥りました。追加的に実施された経費削減策も効果に乏しく、売り上げが停滞するなかでの原価高によって赤字が累積し、赤字額は一二月には一・九億円に達しました。こうして、月末には月賦販売の資金の回収が滞るなどの要因もあり、賃金支払いや協力工場への支払いのために不足資金二億円の借入が必要な状態になります。この経営危機に対して、原価低減のための合理化を労使協力して推進すること、労働組合は賃金の一割引き下げを受け入れる一方で、経営側は「人員整理は絶対に行わない」と確約することが、労使協議で合意されました。

合意の「覚書」の要点は、会社と労働組合とは、直面する経営危機に対処し、会社の確立と労働組合員の生活権保護のために、第一に、材料費節減一二三一万円、など合計二六二三万円余りの経費節減額を部署ごとに定めて、労使が協力して実現すること、第二に、会社は、月賦資金ならびに設備資金の確保に最善の努力をつくし、労働組合はこれに協力すること、第三に、会社は危機克服の手段として人員整理は絶対に行わないこと、第四に、四九年一一月以降の従業員の平均賃金ベースを一割引き下げること、などでした。

この覚書に基づく合理化計画の実施、賃金の支払いに必要な借入金については、一九四九年末に日本銀行名古屋支店の斡旋で、取引関係にあった帝国銀行、東海銀行などの二四行との交渉で「年が明けたらすぐ、すっきりした再建計画をたてる」という条件で一・八億円余りの融資がまとまりました。翌五〇年の初めにまとめられた再建案は、①販売会社を分離独立させること、②製造台数を販売可能な数に制限すること、③過剰人員を整理することを前提に、四億円の企業再建資金を確保し、販売会社との代金決済のための手形を日本銀行の「再割引適格手形」とすることによって、事実上日銀の保証で資金の回収を確実なものとするというものでした。

豊田社長は、販売会社の設立の目的について、トヨタに対して金融市場が信頼されていないことから、信頼を回復するためには「滞貨金融」になっていると考えられている「月賦金融」を販売会社の分離によって解決を図るものと説明しています。製造と販売を分離することで資金の使途に関する疑心を払拭しようということでした。豊田社長は、販売会社を設立して月賦販売制度を確立すれば、代金回収問題は解決されると考えていたのです。こうして一九五〇年四月三日にトヨタ自動車販売が設立されました。

3　人員整理と労働争議

こうした再建の方策に沿って労使一体となった努力が重ねられましたが、赤字解消にはほど遠い状況が続きます。金属価格に関する統制の解除によって材料費が急上昇したことも打撃となっていました。そのため、トヨタ自販設立からわずか三週間後の一九五〇年四月二二日に豊田社長は、新たな会社再建案をまとめて、労働組合に説明することになりました。年末にまとめた合理化・再建策が想定する生産数では、「材料費、経費などをいくら節約しても赤字は消えない」からです。そのために「どうしても人件費を節約しなければならない。人数の上からは、芝浦、蒲田を除いても、本社在籍人員から一六〇〇人の勇退をお願いしなければならない。会社は、この希望退職者を募りたいと思う」ということでした。

新「会社再建案」によれば、想定できる生産台数に伴う一ヵ月の赤字二八二〇万円を五九五万円の黒字にするために、①材料費の引き下げ六七一万円（三〇％減額）、経費節減四五八万円（一三％減額）、③本社人員七九〇〇人中一六〇〇人の希望退職を募集するとともに、残留者の賃金の一割引き下げにより二二八五万円（二〇・三％減額）の節減などを実施し、芝浦・蒲田の二工場を閉鎖すること、などを骨子とするものでした。発表に際して、豊田社長は次のように語ったと記録されています。

「結局、私は安易であった。なんとかいい打開策はないかと考えたが、私自身健康も勝れず思うにまかせなかった。この荒波をなんとか乗り切りたいが、ここを解散するか、または一部の方がトヨタ丸からおりて船荷を軽くするか、途はふたつにひとつしかない。誠に申しわけない。ここにいたり涙なきを得ない。解散することは、他に多くの関連企業のことを、思えば簡単にはゆかぬ。こうとここにいたったのは、われわれ重役の責任でもあるが、また大きな外部的力のあったことも承知されたい。ぜひともご協力願いたい」（トヨタ自動車編『創造限りなく』一九八七年、二二六～二二七頁）。

この発表を受けて労働組合は、二日後の二四日にストライキに突入しました。組合は、団体交渉の会場の周囲でデモを行ったり、部長や工場長に職場大会への出席を求め、組合側の会社再建案に賛成するように「つるしあげ」たりすることも起こったようです。工場内には、赤旗がはためき、ビラがはりめぐらされ、インターナショナルの歌声があふれました。それは、このころ頻発した労働争議の現場では、日本のどこにでもみられた風景でした（トヨタ自動車編『トヨタ自動車20年史』一九五八年）。賃金の遅配などがすでに重なっていて、組合員たちも「首切りは時間の問題」と感じていましたが、懸命に生活を守るために人員削減に抗議し職場を守ろうとしていました。

これに対して、非組合員四〇人ほどの経営陣は、会社再建案を従業員に理解してもらうために奔走しますが、数千人を相手にしては真意を理解してもらうのは容易ではありませんでした。そんななかで、『豊田喜一郎伝』によると、解雇通告を受けた組合側の代表者二人が対案を持って豊田社長邸を訪問して、社長と直談判しています。労使の交渉は経営協議会で行われていたのですが、それとは別に組合の代表者は豊田社長の翻意を促すことができないかと一縷の望みをかけていました。このとき会社側は豊田邸に向かう組合代表者を社用の車で送ったそうです（和田一夫・由井常彦『豊田喜一郎伝』名古屋大学出版会、二〇〇二年、三八二頁）。

本社工場前の労働組合職場集会（1950年）
トヨタ自動車　提供

社長邸で組合代表者は解雇の撤回を申し入れますが、これに対して、豊田社長は「前に一度、解雇はしないと言いながら、解雇せざるをえなくなった。ここでまた解雇しないと約束してしまって、二度嘘をつくようなことをしては申し訳ないから、それだけは勘弁して欲しい」と答えたという。豊田社長は、最後まで「勘弁して欲しい」と繰り返すだけであったと『豊田喜一郎伝』は伝えています（和田・由井、前掲書、三八二頁）。

労使の交渉は、四月二四日に会社再建案を示して以降四月中に三回、五月中に一一回と頻繁に開かれましたが、妥協点を見出すことができず、六月四日に会社側が早期解決を申し入れるとともに翌五日に豊田社長以下首脳陣の退陣を決定し、これを前提に争議の終結を図りました。その結果、六月一〇日、労使は、会社提案に基づいて争議を終結することに合意しました。長期にわたるストライキにより、経営は悪化の一途をたどっており、労働組合員のなかにも将来を不安視するものも多くなり、会社が募集した希望退職者も六月六日までに一七〇〇人に達していました。

合意の内容は、第一に労働組合は希望退職を認める一方、会社は組合の意見を聞いて退職者のなかから一六〇人程度の復職を認めるとともに、人員を将来採用するときには退職者を優先的に取り扱うこと、第二に労働組合は残留者の賃金引き下げ一割を認める、第三に会社は職制を変更することなどでした。これに沿って二一四六人が希望退職し、合わせて蒲田工場と芝浦工場が閉鎖され、残留者は五九九四人となりました。辞任した豊田社長の後任には豊田自動織機製作所社長の石田退三が兼任のままで就任し、帝国銀行から大阪事務所長の中川不器男が専務に招聘されました。

4　特需契約と経営再建

労働争議が終結した二週間後の六月二五日、朝鮮半島で戦火が上がり、自動車工業の経営環境は大きく変化しました。その二日前、トヨタ自販の神谷正太郎社長がフォードとの技術提携契約のため渡米し、七月一一日に豊田英二常務があとを追いかけて渡米しました。交渉は順調に進んだと伝えられていますが、朝鮮戦争の影響から契約は白紙となり、豊田常務はフォードの工場を見学し、工作機械会社を視察するなど設備更新のための情報を手に入れることになりました。提案制度もこの時、フォード社の制度を参考にして創設されるなど、トヨタ常務の渡米は、その後のトヨタの発展にとって重要な成果をあげることになったのです。

しかし、それが直ちに活かされる条件がトヨタには整っていませんでした。これに対して、労働争議で悪化した経営状態を大きく転換させるきっかけは、七月一〇日に米国第八軍調達部からトラックの引き合いがあったことでした。いわゆる「特需」ですが、これがドッジラインによる需要の減退から低水準に抑え込まれていた生産にギアを入れることになりました。具体的には、七月末に第一次特需としてトラック一〇〇〇台を受注し、八月末には二三二九台の受注が続きました。一九四九年の年間生産台数が一万八二四台、五〇年が一万一七〇六台であったことと比べると、この二回にわたる特需合計三三〇〇台余りがいかに大きな追加需要であったかはわかると思います。

日本に対する特需の全契約高は、朝鮮戦争開戦から一年間で三億一五〇〇万ドルでしたが、このうち自

表 10-1 特需契約台数

契約回数	納入車種	納入台数（台）	金 額（百万円）	納 期
第1次	軍用トラック	1,000	528.7	1950年10月
第2次	2.5トン・カーゴトラック	1,750	1,568.8	1951年2月
	2.5トン・ダンプトラック	500		
	2.5トン・ガソリンタンクトラック	4		
	2.5トン・ウオータータンクトラック	75		
第3次	カーゴトラック	1,080	1,508.9	1951年7月
	ダンプトラック	270		
合 計		4,679	3,606.4	
警察予備隊契約台数				
第1次	警察予備隊用カーゴ	210	208.8	1950年12月
	警察予備隊用ダンプ	20	22.0	1951年2月
第2次	警察予備隊用カーゴ	276	285.7	1951年4月
	警察予備隊用カーゴ	444	505.1	1951年6月
合 計		950	1,021.6	

（出所） トヨタ自動車工業株式会社社史編集委員会編『トヨタ自動車30年史』1967年，324頁。

動車は二二六九万ドル、七％を占めていました。さらに五〇年八月に警察予備隊が創設されると、これによる車両の需要も加わって市況は一変しました。トヨタでは、特需に加えて警察予備隊の関係車両を合わせて、一年足らずで五六〇〇台の契約をえることになりました。詳細は、表10－1にある通りです。

そのため、トヨタは、①月産計画を人員整理後の六五〇台から一〇〇〇台に引き上げ、②従業員の新規採用は行わず、人員の配置転換と二時間残業で切り抜ける、などで対応しました。新規採用に慎重であったのは、六月の争議解決に際して大量の希望退職者を出したことが影響を与えていたものと思います。こうした対応策を講じたのち、翌一九五一年四月からは生産設備近代化五ヵ年計画が着手されました。

トヨタは、一九五〇年下期（五〇年一〇月〜五一年三月）に純益金を二億四九三〇万円計上できるようになり、一億五〇〇〇万円の内部留保を確保しつつ、四四年上期以来中止していた株主配当二割が復活しました。翌五一年

表10-2　1950年の生産効率と利益金

	生産台数		工員数	1人当たり生産		労務費	原価指数	利益金
	A	指数	B	A/B	指数	比率		(千円)
1950年1-3月平均	1,016	100	5,877	0.173	100	36.1	100	−3,951
1950年　6月	661	65	4,256	0.155	90	35.2	97.5	−129,591
8月	1,096	108	4,191	0.262	151	27.3	75.6	21,459
10月	1,204	119	4,155	0.290	168			42,547
11月	1,384	136	4,145	0.334	193	24.0	66.5	43,317
12月	1,334	131	4,141	0.322	186			111,098

（出所）　武田晴人「自動車産業」武田晴人編『日本産業発展のダイナミズム』東京大学出版会，1995年，197頁。

上期（四月〜九月）に純益金は倍増して四億八三七七万円となり、株主配当は普通配当二割に特別配当一割を加えて三割になります。四九年末に二億円の越年資金調達に四苦八苦していたことを考えると、わずか一年足らずで隔世の感のある変化でした。

このように「特需」はトヨタの経営の再建に大きな意味をもちました。しかし、それだけが経営再建成功の要因ではありません。特需発生前の一九五〇年四月に自動車の統制価格が撤廃され、市況の変化や原材料価格の変動に応じて製品価格の引き上げが可能になっていたことも重要な要素になりましたが、それ以上に重要なことは、比喩的な言い方をすれば、争議によって大量の血を流したことでした。

表10－2によると、一九五〇年一〜三月に六〇〇〇人近かった工員数は、ストの結果四〇〇〇人強に減少する一方で、生産の回復によって一人当たり生産台数は六月の〇・一五四台から一〇月には〇・二九〇台、一二月には〇・三二二台に増加しています。この労働生産性の上昇は労務費比率の大きな低下につながり、原価も一一月には六月の三分の二程度にまで低下していました。

このように激しい労働争議をともなった大量の人員整理が生産現場の労働生産性を引き上げ、原価低下をもたらしたことによって、製品価格の上昇と相まって収益性が大きく改善されたのです。この間に、トヨタ生産システムで有名になる大野耐一が主導する生産方式の改善が着手され、また職制変更にともなって「多台持ち」への取り組みも進められていますから、単純に人員を減らしただけでなく、少ない人員で効率的に作業を遂行する工夫も施された結果だったようです。このあたりの生産方法の改善などの詳しい話は、和田一夫さんの『ものづくりの寓話』（名古屋大学出版会、二〇〇九年）を参照されるとよいと思います。

こうしたかたちで自動車工業はドッジライン後の激しい労働争議と、朝鮮戦争による特需をきっかけにして復興への軌道に乗ることになりました。しかし、これによって直ちに労使関係が安定したわけではありませんでした。一九五一年春には、経営の好転を捉えて労働組合は定時労働時間で生活できる賃金を要求して三月下旬からトヨタ、日産、いすゞの三社共闘が組まれました。三割の賃上げを求めた組合側は残業拒否や二時間スト、二四時間ストなどを波状的に実行しました。この動きに対して五月初めにGHQがスト中止を勧告して事態の打開を図りましたが、労資対立は翌年にはさらに大規模なかたちで爆発し、先鋭化した三社共闘では、とりわけ日産において争議が一〇〇日以上に及ぶほど泥沼化しました。

一九五三年の年頭挨拶で日産の浅原源七社長は、「昨年は労働争議に明けくれたが、これではいけない。要求をいれるべきはいれ、拒否すべきはけっていく方針だが、もっと真剣にならなければならない情勢だ」とし、毅然とした態度で組合に臨む姿勢をみせていました。これに対して日産の労働組合は全日本自動車産業労働組合の指導のもとで、会社側のロックアウトに対抗しながら抵抗を続けます。このとき、全日本自動車産業労働組合委員長は、「もしも日産の経営者が、ロックアウトすれば、トヨタ、いすゞに残業をバリバリさせて、日産にぺんぺん草を生やして、つぶしてみせる」と表明していたといわれています

（隅谷三喜男「自動車」大河内一男編『産業別賃金決定の機構』日本労働協会、一九六五年、二七一頁）。「ぺんぺん草」とは、若い人にはなじみが薄いかもしれませんが、敗戦後の日本では空襲による焼け跡の主役でした。そんな空き地が東京にもあちこちあった時代です。つまり、ぺんぺん草が生えるような荒廃した土地にしてしまうという意図が込められていました。ちなみに、「ぺんぺん草」は、これより先、一九五〇年に当時、日銀の「法王」とよばれていた一万田尚登総裁が、臨海製鉄所の建設を計画していた川崎製鉄に対して「建設を強行するなら製鉄所の敷地にぺんぺん草が生えることになる」と反対したというエピソードも残っていますから、敗戦後の日本の荒廃の原風景を象徴するものだったように思います。

話を本題に戻すと、日産の争議が泥沼化するなかで、トヨタやいすゞが八月初旬には交渉が妥結して共闘態勢から離脱するなかで、日産の労働組合員のなかにも組合（全自日産分会）の強硬な方針に疑問を抱くものも出てきます。そして八月末には塩路一郎らが新たに日産自動車労働組合を組織して争議団の切り崩しをはじめることになり、九月半ばに争議はようやく終結しました。その後、戦闘的な日産分会は、経営側の管理強化などもあって基盤を失い、全日本自動車産業労働組合も解散することになりました。

この日産争議の反省をもとに収拾を図った第二組合（日産自動車労働組合）がまとめた「日産争議白書」は、次のように争議を総括しています。

「企業が破壊され、経営権が確立されない企業の運命は、資本主義のもとにあっては、企業間競争の中で不利な地位に追い込まれ、遂には経済生活を守りきれなくなろう。日本のような狭い、資源の乏しい国で、労使共に死力を尽くして戦えば、共倒れになるだけでなく、日本民族の限りなき、不幸を招くであろう。日産のような私企業の労働者の生活向上は、企業の生産性、売上等の伸張により、利潤率及び額の増加の中にあることも確かである。然も全自のように、企業の枠を越えた闘争、企業の支払い能力など問題にしないというに至っては絶対に理解できない」（隅谷、前掲論文、二九八～二九九頁）。

ここには「ぺんぺん草を生やさせる」という方針とは真逆の態度が表明されています。日産の労働組合員にとって会社をつぶすわけにはいかないというわけです。しかも、この文章では、日本経営者団体連盟が「経営権を確立し、産業平和を確保する」ことを重視して「経営者よ正しく強かれ」と宣言していたことをそのまま受け入れた文言が挿入されています。経営権を尊重することによって企業の存続を図ることが望ましいという態度は、労働組合が企業経営の方針に関与しうるようにするという「企業民主化試案」とも異なりますが、生産性の向上を通して企業利益の増大を図り、その利益の適切な配分によって生活水準の向上につなげるという労使協調による企業成長を展望するものに近づいていました。

おわりに

敗戦から一〇年余り、経済復興を担う日本の企業は、激しい労働争議の嵐に翻弄されることになりました。トヨタ争議では、ドッジライン後の需要の減退に対して、紆余曲折を経ながらも経営側は、最終的に企業を存続するための人員整理を決断したことが激しい対立を呼びました。結果からみると、人員整理は生産現場の効率上昇に道を拓くことになりましたが、それは、この時期の日本企業が抱えていた「戦後」の特殊な条件が背景となっていたことを忘れてはならないと思います。敗戦後の日本企業は多数の復員者を迎え入れました。戦時の徴兵に際して、従業員の身分を残したままで戦地に赴いた兵員たちが敗戦とともに会社に戻ることは当然のことと考えられていました。徴兵された人だけでなく、外地の事業所などに派遣されていた人たちも戻ってきましたから、学徒動員や女学生の勤労動員が職場から消えても、そして産炭地に大量に投入されていた朝鮮などの植民地から動員された労働者が帰郷したとしても、事業活動の大幅な縮小のなかでは雇用量は過剰となっていたのです。従業員のなかには先行きを考えて出身地の農村に戻って農業に従事するなどの選択をする人たちも少なからずいましたが、それでも過剰な状態は解消しませんでした。それゆえに多くの企業がともかくも収入を確保するための仕事を探して、さまざまに試みたりしていたのです。ドッジラインは、そうした状況に対して冷酷な人員整理を企業に強制することになりました。それが意図されていたわけではありませんが、補助金などでなんとか収支のつじつま合わせをしていた企業にとって、市場経済への復帰は、厳しい決断を迫るものだったのです。

これに対して、労働組合に結集した従業員たちは、生活を守るために、必死の抵抗をみせました。社会主義政党やそのイデオロギーが喧伝されていたとはいえ、そうした思想や主義主張のレベルでの争い以前に、自らとその家族の生存を維持することが優先すべき課題だったからです。それでも最終的に希望退職を受け入れなければならないという意味で、トヨタ争議は労働組合側の敗北でした。将来、人員整理を行わないという約束をさせたというのが組合がえたものでした。

一九五三年の日産争議では、少し様相が異なります。経済復興の方向がみえてくるなかで、労資対立の争点は賃金の引き上げでした。そして、この対立では労働組合はストライキによって企業がつぶれてもかまわないと組合員を鼓舞するような人びとに指導されていました。そこには、資本対労働という階級対立の構図を前提に、この争議をその対立の決戦場に見立てるような考え方が垣間見えていました。

しかし、争議が長期化するなかで労働組合員の多数は、この過激な闘争方針から離反していきます。それは、一般の組合員が期待していたのは、賃上げを通した生活防衛にとどまり、政治的な主張とは距離があったからのように思います。そうしたこともあって、日産自動車では、争議後の労働組合の綱領において、「我々は企業に生活基盤を置く労働者であることを認識し、労働組合が企業に対する建設的な力となり、労働の義務を完全に果し生産性の向上に積極的に協力する」と謳われることになりました。同様に、トヨタの労働組合の綱領でも、「労働組合員の生活の安定が産業、企業の発展に不可欠のものであると同時に、産業と企業の発展なくして労働者の生活の安定はあり得ない現状におかれていること、即ち双方が車の両輪の関係にあることを確認して運動を進める」と表現されることになりました（隅谷、前掲論文、二九九〜三〇〇頁）。

労働組合が企業こそが「カネのなる木」であり、これを枯らしては自らの生活自体の存立が危うくなると認識を改めていく一方で、経営側は解雇・人員整理が厳しい対立を引き起こすことを学びました。一九五〇年代の半ばころから高成長経済へと転換することもあって、大企業で大規模な人員整理が、石炭などを例外としてみられなくなるのは、戦後復興期の激しい労使対立の教訓に淵源があると思われます。

こうして労使の協調的な関係を築く方向が模索されていくようになります。これに力を与えたのが一九五五年の日本生産性本部の設立でした。こうして後に「日本的経営」と称賛されることになる日本企業の特質の一つである協調的な労使関係ができあがってくることになります。もっともその道筋は一直線に順調に進展したわけではありません。一九五九〜六〇年の三池争議が解決するころまで、労資の階級対立が前面に出るような労使紛争も続いています。戦後の激しい労資対立は少なくともこの三池争議までは継続していたという側面があります。これについては、章を改めてお話しすることにしましょう。

参考文献

岡崎哲二ほか『戦後日本経済と経済同友会』岩波書店、一九九六年
隅谷三喜男「自動車」大河内一男編『産業別賃金決定の機構』日本労働協会、一九六五年
豊田喜一郎「自動車工業の現状とトヨタ自動車の進路」一九四六年五月一八日、和田一夫編『豊田喜一郎文書集成』名古屋大学出版会、一九九九年
トヨタ自動車編『トヨタ自動車75年史　もっといいクルマをつくろうよ』二〇一三年
トヨタ自動車編『トヨタ自動車20年史』一九五八年
トヨタ自動車編『創造限りなく　トヨタ自動車50年史』一九八七年
和田一夫・由井常彦『豊田喜一郎伝』名古屋大学出版会、二〇〇二年
和田一夫『ものづくりの寓話　フォードからトヨタへ』名古屋大学出版会、二〇〇九年

第11章 三池争議と労働組合

協調的労使関係への最終局面

はじめに

一九五〇年代前半の激しい労使紛争は、五〇年代後半には鎮静化に向かいますが、そのなかで衰退産業化が顕在化したこともあって石炭鉱業では労資の激しい対立が続いていました。一九五九（昭和三四）〜六〇年の三池鉱山の労働争議は、そうした労資対立の最終局面にあたるものでした。国内最大の炭坑であった三井鉱山三池鉱業所を舞台として一年近く続いたものであり、戦後復興期に誕生した「強い・闘う」労働組合運動がその命運をかけた大争議でした。

そして、この三池争議で顕在化した労使関係の問題点は、その後の日本の労使関係が内包した問題点の先駆をなす側面もありました。それは、強すぎる労働組合とでも表現すべきことがらですが、単に戦闘的な労働組合ということではなく、三池では労働組合の影響力が現場の職制にまで浸透しており、それが根強い抵抗の基盤となっていたことでした。そして、それだけ現場の力が強かったのは、戦後復興のために石炭増産を優先する産業政策のもとで、企業は増産のために現場の協力を求め、現場の力に頼らざるをえなかったからでした。石炭産業では、こうした労使慣行が三池争議を契機に大きく変えられていくことになります。

しかし、たとえば鉄道輸送の幹線を担う国鉄では、輸送力の増強のために必要な設備投資が財政的な理由から制約されたために、円滑な輸送は国鉄現場労働者の熟達した技能に依存する度合いが強くなり、その分だけ労働者の発言権を強める結果になりました。国労などの労働組合が左翼政党の基盤となった背景には、高成長を支える鉄道輸送がこうした人的な資源に依存していたことがあったというわけです。国鉄の運営者たちも、そうした労働の現場の実態を尊重しなければ、円滑な輸送の責任を果たすことができませんでした。一九八〇年代の国鉄の民営化が、その内実では労働組合運動の弱体化がねらいであり、それを通した社会党の選挙基盤の弱体化であったと捉えられるのは、そうした背景があります。これについては『日本経済の事件簿』（新版、日本経済評論社、二〇〇九年）第15章で少し説明しています。

このような強すぎる労働組合は、国鉄ほどではありませんが、多くの産業の大企業の労使関係にも影響を与えています。毎年の春闘で一定幅の賃金引き上げが当然視されるようになると、ますます経営側は正規従業員の採用拡大に慎重になります。景気後退期に人員整理という対応が難しいとすれば、繁閑のある労働力需要には社外工や臨時工の雇用を拡大して緩衝帯を設けることが常態化します。その背景には前章でみた一九五〇年代前半までの労働争議の解決に際して、解決後は解雇を行わないと労使が約束したことがありました。一九六〇年代にはいって人手不足が顕在化すると、さすがに雇用の確保にも注意が向くことになりますが、その一方で若年の女子の労働力の利用なども含めて「非正規」の雇用によって、「固定費」と観念されるほどとなった人件費の削減の道を探りはじめるのも、この労使関係のゆえでした。

この議論には、もう一つ注釈が必要です。それは「強すぎる」組合は、働く人たち全体からみると「弱すぎる」組合でもありました。一九七〇年代の石油危機などでも雇用維持には成功したとはいえ（佐口和郎「高度成長期以降の雇用保障」武田晴人編『日本経済発展のダイナミズム』東京大学出版会、一九九五年）、それらは正規の男子労働者に対する限りのことであり、非正規とみなされる人びとの権利を守ることに熱心ではありませんでした。労働者を代表して社会的な改良の役割を果たすという視点からみると、日本の労働組合は「弱く」「視野の狭い」存在だったのです。そして、この弱点が一九九〇年代以降に労働組合運動の弱体化へとつながっていくことになり、経営側から「解雇の自由」が主張されるようになるなかで働く人たちの権利を守ることができない原因ともなるのですが、ここでは、これ以上立ち入りません。

1　三池労働組合の職場闘争

一九五〇年代後半から六〇年代にかけて進行するエネルギー革命のもとで、かつて花形産業であった石炭産業は、輸入石油と対抗できるような競争力をもつことを目標に厳しい合理化を迫られていました。他方で、戦闘的な労働争議を指導してきた労働組合運動から、生産性向上に協力しつつその成果の配分を受けようとする穏健な労働組合運動へと運動の主導権が移るなかで、石炭産業では戦闘的な労働組合が依然として強い影響力をもっていました。

石炭鉱業の労働組合では、「職場闘争」とよばれた運動方式が浸透していました。「職場闘争」とは、組合員の一人ひとりが生産の場である職場で、日常の具体的要求について闘争を展開し、この職場での要求や闘争を基礎として組合全体の闘争を盛り上げる方式です。一九五二年ころから組合運動を刷新するための運動方針として取り上げられたものでした。

石炭の生産は坑内の採掘条件が切羽（きりは）と呼ばれる生産現場で異なり、しかもそれぞれの現場が坑内の奥深いところに分岐・分散しています。そのために熟練した鉱夫の現場での判断が採掘に大きく影響を与えるという特徴がありました。多数の切羽の隅々まで経営側が掌握することは至難のことでしたし、労働集約的な性格が強い生産現場だったことが、職場闘争を有効なものとしていたのです。

三池では、一九五三年の企業整備反対闘争に勝利した余勢をかって急激に職場闘争が広がりました。それは、各職場での実力行使を背景にして係長との職場交渉を実現し、要求獲得をはかるものでした。こうして三井鉱山労働組合の方針、とくに三池のそれは、職場の主導権を経営側の「職制」から取り戻し、労働者による「生産の主導権」を掌握することを重視するものとなりました。

これに対して日本経営者団体連盟は、職場闘争は「企業秩序の破壊を狙うもの」であって、とても許容しうるものではないと対決姿勢を示していました（兵藤釗『労働の戦後史』上巻、東京大学出版会、一九九七年、二一八頁）。これを背景にして経営側も対決の姿勢を強め、苦情処理・事務折衝を越える職場交渉は拒否するという態度をとることになりました。経営側は、日本屈指の優良炭鉱である三池炭鉱が「職場秩序の紊乱」によって「低能率・高賃金」による赤字経営に陥っていると主張していました。実際には、後述するように「石炭政策の迷走」によって合理化努力に緩みが生じたことも要因でした。したがって、経営も政府も、赤字経営に責任を負っていましたが、そのツケをすべて労働者に回そうというのが、経営側の方針でした。

経営側の対決姿勢に対して、三池労組では、それまでの「ものとり主義闘争」から脱却し、「職制に対決して生産の実権をわれわれの手に握る」闘いへと進むことによって、職場闘争の「質の転換」をはかる必要性が強調されることになりました。それは、「自ら職制の一員として任じ（る）職員に対しては労働者階級の敵として闘」い、組合員は「平常時においても自由に生産を左右し得る実力」を備えることを目指そうというものでした。そして、結果的に、「三池労組の職場闘争は、事実上現場職制の作業指揮権を形骸化するところまで進んでいった」と評価されています（兵藤、前掲書、上巻、二二〇頁）。この間、三池以外の三井鉱山の事業所の組合が三池とは異なる運動方針をとるようになり、三池労組は孤立化し、運動が激化していくことになりました。しかも、この時期の三池における職場闘争は、しばしば、繰り込み場（当日の作業指示を受けるための集合場所）での係員との大衆団交にともなう入坑遅延、作業拒否などを随伴しつつ進められたために、「職場規律の確立」を進めようとする経営側との間に、きびしい対抗関係を作り出していったのです。

一九六〇年の三池争議は、このような労働組合の運動方針と経営との厳しい対立の最終局面であり、労使対立の天王山だったと評価されています。

三池鉱山（四ツ山坑坑内人車）
公益財団法人三井文庫　提供

2　背景としてのエネルギー革命

戦後の復興にとって石炭は貴重な国内資源としてエネルギー供給の主役の位置を与えられていました。当初は水力発電も重要でしたが、開発可能な拠点が限られてきており、電力業界では一九五〇年代前半には「水主火従」から「火主水従」への転換が不可避だと考えられるようになり、火力発電の第一次エネルギー源としての石炭の重要性がますます強まっていきます。

しかし、国内の石炭生産は資源の枯渇に直面しつつあったばかりでなく、戦時中の増産に際して坑内の保守などを後回しにしたために、坑内の整備が遅れて生産性が低く、加えて戦後の賃金高騰も重くのしかかって石炭の生産費の高さが需要サイドからは問題視されるようになります。「高炭価」問題でした。ボイラーなどを設置する産業界からは、固体である石炭よりは流体である重油の方が扱いやすく、価格も安くなると指摘されるようになります。

そこで、政府は、一九五五年には石炭鉱業合理化臨時措置法を制定し、これに基づいて竪坑の開削、機械化の推進、非能率炭鉱の買収、新規開発の許可制などの合理化措置を実施して炭価を引き下げようと計画しました。生産コストの引き下げは重油などの輸入エネルギー源と対抗できる水準を目標としていました。しかし、この計画は五六年に発生したスエズ動乱によって原油価格が上昇したことによって緩みが生じたこともあり、実際の炭価低下にはつながらず、一九五〇年代末にかけて経済成長が加速しても石炭需要は回復せず、石炭産業は行き詰まりをみせることになります。そして、一九五九年に政府は、国内炭の高価格が工業製品全般のコスト高につながるとして、基幹エネルギーを石炭から石油へ大きく転換させる政策を推進することになります。国内の炭鉱各社は一層の合理化努力を迫られることになりました。

一九五九年一二月に石炭鉱業審議会は、石炭産業の本格的な合理化案として、中東産の原油に対抗するために炭価の引き下げと安定供給を求め、高能率炭鉱への生産集中と非能率炭鉱の閉山という「スクラップ・アンド・ビルド政策」を要求しました。具体的には、一九六三年度までに、①出炭量を五〇〇〇～五五〇〇万トンに増産する、②販売炭価を現在よりトン当たり一二〇〇円引き下げる、③約二七万人いる鉱員を九万人から一一万人整理する、というものでした。この答申の前提となる基本認識として、審議会の基本問題部会が「最近のエネルギー事情を貫いている太い線は、流体エネルギーの固体エネルギーに対する優位と、経済的合理性の支配という明らかな傾向である。この線に添って需要家の選択が行われつつあるということ、これが技術革新下の世界的潮流である」と表明したことが、エネルギー源を石炭から原油へと転換するエネルギー革命が進行しつつあることを明確に示していました。炭価の引き下げ幅については、需要業界は二〇〇〇円を要求していましたから、目標としては石炭企業に歩み寄ったものでした。それでも、この炭価引き下げを実現できそうもない炭鉱については、閉山による人員整理が不可避であり、労働組合は合理化の名のもとに予想される解雇の嵐にどのように対抗するのかを問われていたのです。

3　人員整理案と争議の展開

このようにして「斜陽産業化に悩む大手炭鉱各社は、五八年暮れから相次いで企業再建案を提示し、組合との間に紛争を引き起こすこと」になりました。その焦点が三井鉱山三池炭鉱でした。三井鉱山は、一九五八年上期に一九億七〇〇〇万円の欠損を生じて以降、三期連続（一年半）一〇億円を上回る欠損を計上するなど経営が悪化していました。その原因について三井鉱山は、日本屈指の優良炭鉱である三池炭鉱を擁しながらも、他社に遅れをとり経営悪化に悩んでいるのは、過剰人員を抱えているにもかかわらず、退職者の子弟の入れ替え採用協定によって人員削減を阻まれているばかりか、職場闘争によってもたらされた職場秩序の紊乱（びんらん）によって、「低能率・高賃金」に陥っているからだと判断していました。この認識に沿って、合理化案が提示されることになります。

一九五九年一月に三井鉱山が示した「第一次企業再建案」は、①希望退職者の募集による人員削減、②長期計画協定による退職者子弟の入れ替え採用の原則的停止、③配役・配転に関わる作業管理の確立、などでした。これらは三井鉱山傘下の各炭鉱にそれぞれ提示されたものです。各炭鉱の労働組合の連合体である全国三井炭鉱労働組合連合会（三鉱連）は、①を受け入れ②を縮小することに同意しました。しかし、募集した希望退職が予定数に達しなかったため、八月に三井鉱山は「第二次企業再建案」を提示することになります。その内容は、各山別の勇退募集人員数を定め、七項目の基準を設けて退職勧告を行い、退職人員の確保をはかるというものでした。この整理案では、「数もさることながら質の問題も度外視できない」との団体交渉における経営側の発言に示されるように、実質的には職場規律を乱すような「業務阻害者」を指名解雇することが意図されていました。それは懸案の職場闘争の抑止をはかるねらいも込めたものだったのです。

当然のことながら、この第二次再建案を三鉱連は拒否しました。労使の激突を懸念した中央労働委員会

（中労委）は職権による斡旋（中山斡旋案）を試みましたが、経営側はこれを拒否しました。三井鉱山常務会の記録には「日経連及び銀行筋が非常に強固だ。銀行の言い分は斡旋案の線では（特に質の解決）会社の再建は出来ないので、三三億の融資を含め一切の融資を中止する。従ってこの見通しがつかなければ斡旋案の内容も空文になるし、其の他の労働条件など話すことは無意味であり組合を裏切ることになる」と記されています（平井陽一『三池争議』ミネルヴァ書房、二〇〇〇年、一五五頁）。経営側の強硬姿勢の背後には、日経連を中心とする経営者団体、そして合理化資金を融資する金融機関の強硬な姿勢があったのです。こうしたことから、政府も中労委の斡旋には冷淡で、斡旋を提案した中山伊知郎会長を椎名悦三郎官房長官は「招きもしない座敷にノコノコでてきたピンボケ芸者」と揶揄したといわれています。このように、労働紛争の円満な解決を図る機関として設置されていた中労委の斡旋に対して、これを拒否する方針は経営側の意思の及ばない、政府・財界のレベルで決まっていたことになります。

こうした対立のなかで、第二次整理案をめぐって三ヵ月にわたって二〇回を超える団体交渉が三井鉱山と三鉱連の間で行われます。三鉱連は、①三池の懲戒解雇者を含め指名解雇は絶対に認めない、②生産体制には協力する。そのためには職場規律、標準作業量の問題は山元で協議する、③以上が確認された場合、純然たる本人の自由意思に基づく希望退職は認める、という譲歩案を提示して収集の道を探りました。しかし、経営側はこれを全面的に拒否し、三池における活動家の排除を中核とする指名解雇の姿勢を崩さなかったことから、三鉱連も態度を硬化させ、交渉は決裂することになりました。

こうして一二月一日経営側は指名解雇勧告を実施し、勧告に応じない一二七八人を解雇しました。そのなかには、約三〇〇人の職場活動家、会社側のいう「業務阻害者」が含まれていました。ここには一九五三年の企業整備反対闘争などで妥協を余儀なくされてきた経営側の、労使関係における失地回復を目指す並々ならぬ決意がにじみ出ていました。しかも、石炭産業の合理化が不可避であるという状況のもとで、人員整理問題をかかえるのは三井鉱山だけではなく、有力石炭企業の共通の経営課題でしたから、経営側からみて妥協の余地の乏しいものであったということでしょう。おそらく、日経連などの経営者団体は、これを労働組合の体質改善の好機とみていたと思います。

その結果、三井鉱山は紛争状態になります。とくに三池炭鉱では一九六〇年一月に会社側による三池鉱業所のロックアウトが実施され、これに対抗するように三池労組は無期限ストに突入し、実力による対決が始まりました。長期化の様相を呈するなかで、三月に第二組合が結成されて生産再開への動きがうまれ、職員層の離脱や三鉱連（全国三井炭鉱労働組合連合会）内の他炭坑の統一スト指令返上が重なって、三池の争議団は窮地に陥りました。

四月初めに組合側の申請に対応して斡旋に乗り出した中労委は、指名解雇を撤回したうえで自発的退職に振り替えることを骨子とする藤林斡旋案を提示しました。これについて、三鉱連の執行部は受け入れの意向でしたが、日本炭鉱労働組合という全国組織の臨時大会では斡旋案拒否が議決されてしまいました。それは、三井鉱山や、まして三池炭鉱単独の問題ではなく、この時期の日米安全保障条約改定問題に関わる運動の盛り上がり、保革対立が先鋭化したことを背景としたものでした。「安保と三池は一つ」といわれましたが、三井三池は炭労の反合理化運動の拠点として位置づけられていたからです。三池闘争は最大の石炭企業と最強の炭鉱労働組合との対決であり、その帰すうがその後の炭鉱合理化計画全体の動向を大きく左右し、労働組合運動にも影響することは必至とみられていたからです。

三鉱連と上部団体の炭労（日本炭鉱労働組合）の意見の不一致は、三池闘争に深刻な分裂をもたらします。炭労臨時大会が終わってから三鉱連は、三井鉱山における人員整理をめぐる労使紛争について藤林斡旋案に沿って打開をはかる方針を明確化し、これに反対する三池労組は三鉱連を脱退し、三鉱連は三池争議から離脱してしまいます。これより先、三月に第二組合が結成され、戦闘的な三池労組は、会社のなかでも、三池のなかでも分裂的な状態に置かれていたのです。

そして、六月下旬に自動承認を契機に安保闘争が鎮静化すると、三井三池の労働運動は孤立化の様相を深めることになりました。三池では生産再開阻止をかけて出炭の要の位置にあるホッパーという積出設備を死守するために組合は全力を投入しましたが、その闘いへの支援は限られていました。七月になると、ホッパー周辺のピケ解除を決めた福岡地裁の仮処分執行を前に、中労委は労使双方から白紙委任を取りつけて、職権斡旋に乗り出します。こうしてまとめられた第二次藤林斡旋案の内容は四月の斡旋案とほとんど同じでしたが、闘争継続は困難と判断した炭労は三池労組を抑えて収束をはかるほかありませんでした。斜陽化する石炭産業の状況を踏まえると、「首切りを出させないためには若干の譲歩もやむをえない」という考え方が強

三池争議（1960年4月17日）
朝日新聞社　提供

まっていったからでした。

第二組合の結成など運動側の分裂には、会社側が右翼勢力などと呼応して分裂工作を行ったことなどの影響もあったと考えられます。他方で、長期にわたり企業経営の基盤をゆるがせ、ひいては自ら働く場そのものの存立が危うくなるような激しい闘争方針についていけない組合員が増加していたことも重要でした。それが組合の分裂を招いた要因でした。このような変化は、前章でみたように、すでに一九五〇年代初頭のトヨタや日産などの争議のなかでも見出されていたものですが、三池でも、三池労組成長の対極で、急進的な組合運動に批判的な勢力も蓄積されていったのです。こうして「総評型労働運動の上り坂と下り坂を分ける分水嶺」（清水慎三「三池争議小論」清水慎三編『戦後労働組合運動史論』日本評論社、一九八二年、四四七頁）となった三池争議は、労働組合側の敗北に終わりました。生産が再開されたのは、六〇年一二月一日、会社側のロックアウトに対応した無期限ストから三一三日目のことでした。

おわりに

三池争議における労働側の敗北は、一つの時代の終わりを象徴していました。敗戦後の民主化政策のなかで、生活防衛のために生まれた強い闘争主体としての労働組合運動が、その時代の役割を終えたことを意味したからです。

最後にこの争議で労使の争点は何であったのかを考えてみたいと思います。

平井陽一さんの『三池争議』は、三池争議について、「争議当時、三池労組の活動家にたいする解雇は理不尽で不法なものとして広範な反感をかった。組合活動家らの解雇は不当かつ理不尽であり、それゆえに撤回されるべきであるという主張が、当の三池労組によっても、支援者たちによっても、当然のこととしてなされ、また事実、説得力のある訴えとなっていた」（平井、前掲書、二頁）と評しています。活動家たちは、組合の上部団体の方針に沿って労働条件などを改善するために活動していた人たちでした。そこには、一九五〇年代のトヨタ争議でも焦点となった雇用の保障が労働者の通念として浸透していたこと、それに基づいて解雇の正当性が問われ、「不当な首切り」への抵抗が生まれたという限りで労働者の当然の主張が込められていました。とりわけ思想信条の自由が保障された戦後の新しい憲法のもとで、活動家を標的とする解雇には正当な理由がないと考えられていたのです。政治的な主張の違いが雇用の維持に影響するということの理不尽さは、多くの労働者に共有されていたということでしょう。

しかし、解雇の対象となった活動家たちは経営側からみると、職場秩序を乱す存在とみなされていました。争議の実質的な争点は、「労働者的職場秩序の形成であり、それは経営権の蚕食をともなう行為」に対するものだったからです。三池労組は、それまでの職場闘争によって形成されていた労働者的職場秩序を守ろうとし、会社側はそれを切り崩して職場の末端に至るまで経営権を浸透させることを求めて争ったのです。

ただし、この争いのなかで、「労働者的職場秩序」がなにゆえ問題であったのかは、必ずしも明らかにされていません。たしかに、経営側の生産計画などが末端の職場では徹底されないことは問題であったのかもしれませんが、それが効率性を損なっているということが証拠立てて説明されたわけではありません。もともと、このような職場秩序は、労使の激しい対立をともなう交渉の経過のなかで形づくられてきたものです。経営側もこれを受け入れる要素があったということですが、推測するに、石炭の増産を実現するためには大量の労働者を投入し、その技能に依存して生産を継続することが優先された結果でした。坑内の整備や機械化などの設備投資が十分ではなかったことも労働者の奮闘に頼らざるをえなかった理由だったように思います。

もちろん、石炭鉱業の合理化が切迫した課題になり、生産コストの削減のための施策が必要となったときに労働組合の抵抗が障害になってきたことは間違いないでしょう。その意味で「職場闘争」の成果に固執した組合の方針、それによる徹底抗戦の構えは、時代のすう勢を読み間違えていました。活動家を狙い撃ちにした指名解雇は拒否すべきものでしたが、石炭産業の生産規模が将来にわたって増大する見通しが立たず、生産コストの引き下げのために人員数を削減せざるをえないことは明白な状況でした。冷静になって考えれば、労働組合も、そして経営側もいかにして縮小均衡を実現するかについての議論をすべきであり、北海道などの所有炭鉱への転籍なども含めて三池の従業員の将来をどのようにするかなどの協議はできたかもしれません。しかし、現実には日米安全保障条約反対闘争という保革の激しい政治的な対立という時代背景もあって、財界が三井鉱山の経営陣に圧力をかける一方で、三池労組は日本労働組合総評議会（総評）の対決姿勢に後押しされていました。つまり、労使とも当事者としての交渉の裁量権を失っていたというべきなのでしょう。そして、この争議の敗北によって総評が主導していた対決姿勢が前面に出た労働運動が影響力を失い、春闘における賃上げなどを焦点として労働者の生活改善を生産性の上昇への協力の見返りとして実現していくような協調的な労使関係が民間大企業を中心に支配的になっていきました。

一方、争議の舞台となった石炭産業では、一九五九年度には全国で二六・七万人もいた炭鉱の労働者数は、六一年には二一・三万人に減少します。九州では一五・二万人から一一・五万人への急減でした。この人員削減が生産能率の向上に貢献したことは事実ですが、効率の悪い中小炭鉱の閉山などによる人員減が大きく、生産コストは期待したほど下がらないなかで、衰退に歯止めがかからない状況へと陥っていきました。それでも、この時期の高成長による雇用の拡大が、石炭鉱業からの転職の余地を広げることによって社会的な摩擦を小さく抑えられたことは、幸運なことだったというべきでしょう。

参考文献

佐口和郎「高度成長期以降の雇用保障」武田晴人編『日本経済発展のダイナミズム』東京大学出版会、一九九五年
清水慎三「三池争議小論」清水慎三編『戦後労働組合運動史論　企業社会超克の視座』日本評論社、一九八二年
武田晴人『日本経済の事件簿　開国からバブル崩壊まで』新版、日本経済評論社、二〇〇九年
平井陽一『三池争議　戦後労働運動の分水嶺』ミネルヴァ書房、二〇〇〇年
兵藤釗『労働の戦後史』東京大学出版会、一九九七年

第12章 住友金属事件

行政指導と企業

はじめに

企業と政治の関係は、スキャンダルの歴史であるといってもよいようです。奥村宏さんがまとめた『会社はなぜ事件を繰り返すのか』（NTT出版、二〇〇四年）には、その代表的な事例が紹介されています。本書の第5章で取り上げた「日糖事件」は、明治末の出来事ですが、そのころでもシーメンス事件では海軍軍備調達に関わる贈収賄によって大きな社会問題となっていました。政治的な成熟度が低い開発途上の国ぐにでは、しばしば海外からの援助などの利権に関連して政治権力の腐敗が問題にされることが多いようです。しかし、そうしたことは他人ごとではなく、今日の日本でも疑わしい状況は枚挙にいとまがなく、少しさかのぼれば、日本もスキャンダルにまみれた歴史が浮かび上がってきます。

政治と企業との関係は、利権をめぐる癒着関係にある一方で、政策的な介入によって企業行動の自由度を制限するという側面もあります。利権による癒着も、企業の競争的な関係などに関与する場合もありますが、政策的な介入には、それだけでなく政策官庁の政策構想や方針が企業行動の選択とは異なる場合に生じるケースもあります。本章では、そうした意味で、政治・政府と企業の関係について考えてみようと思います。

1　政治と企業スキャンダル

冒頭で紹介した奥村さんの書物は政治がらみのスキャンダルだけを追いかけたものではなく、書名の通り会社が引き起こしたさまざまな「事件」をまとめていますが、そのなかから戦後日本の政治経済史において生じた政治と関わる企業スキャンダルを簡単にまとめておきましょう。

炭鉱国家管理　まず、取り上げるのが炭鉱国家管理に関わる疑獄事件です。一九四七（昭和二二）年五月に成立した社会党の片山哲を首相とする内閣は、選挙公約に従って炭鉱の国家管理を目指していました。戦後復興に不可欠な資材である石炭の増産のためには、国家管理が必要と判断していたからですが、これに対して自由党などは「経営形態を変革するような暴挙は有害無益」と強く反発し、政治的な争点になっていました。石炭会社は炭鉱国営反対運動を起こし、石炭会社が運動資金を負担して、自由党や民主党の幣原喜重郎派などに対して政界工作を展開しました。この時、民主党で幣原の下の「青年将校」として動いたのが田中角栄でした。石炭会社の運動資金は、自由党や民主党の炭鉱国管反対派にわたります。とくに麻生鉱業の麻生太賀吉社長が自由党総裁の吉田茂の女婿であったことから、吉田総裁や大野伴睦自由党幹事長などにも働きかけが行われました。

この政界工作が一九四八年に衆議院の不当財産取引調査特別委員会で調査され一億円といわれる資金の

流れについての証言をえています。東京地検も捜査に乗り出しますが、政治家たちは資金の受領を認めたものの政治資金で収賄ではないと逃げてしまい、起訴された田中万逸元衆議院副議長、田中角栄元法務政務次官、東舜英元民主党代議士はいずれも無罪判決となり、深津玉一郎元自由党代議士、石炭業者木原重義などが執行猶予付きの有罪となっただけでした。こうして事件の全貌は解明されずに終わりました。

昭電事件

同じころに表面化したのが、昭和電工事件です。石炭と並んで復興のための重点産業の一つとなっていた化学肥料に対する復興金融金庫からの融資を受けるために、有力肥料会社の昭和電工が政界工作を行ったというものでした。一九四八年六月に警視庁は日野原昭和電工社長を逮捕し、その自白に基づいて、大野伴睦元自由党幹事長、西尾末広元副総理、栗栖赳夫元大蔵大臣、重政誠之元農林次官、福田赳夫大蔵省主計局長が逮捕され、西尾の逮捕の翌日に芦田内閣が総辞職すると芦田均前首相も逮捕されました。政権の中枢部に巨額の金品がわたっていたのですが、昭和電工の工作はＧＨＱにまで及んでいたといわれています。この事件の裁判は長期にわたりましたが、結局有罪となったのは日野原、栗栖、重政だけで、芦田、西尾、大野、福田は無罪となっています。主計局長であった福田赳夫は、復興金融金庫融資に重要な役割を担っており一〇万円を受け取っていましたが「賄賂であると疑っていた間においては受領行為がなく、賄賂の認識がない状態でこれを受領したと認められるので福田の行為は賄賂罪を構成しない」（奥村、前掲書、四七頁）という理由で東京高裁判決において無罪とされています。奇妙な判決です。

造船疑獄

一九五三年には「造船疑獄」が発生します。戦後の日本では海運国日本の再建のために計画造船という枠組みで大型船舶の建造を図っていました。四九年八月にそれまではＧＨＱに禁止されていた大型船の建造が認められてからのことですが、この建造計画では半分が対日援助のために米国から供与された「見返資金」が使われ、その後、五三年からは日本開発銀行からの融資によって七割が賄われることになりました。

計画造船に従って海運会社が船舶を発注する際に、造船会社から受注に伴う多額のリベートが支払われていました。海運会社は計画造船の割当を確保するために政治家や官僚に働きかけており、その工作資金の源泉が造船会社からのリベートです。割当をえられれば、多額の国家資金が建造費用として海運会社を経由して造船会社に支払われますから、もとを正せばリベートの原資は国家資金であり、これが政権与党の自由党幹部や現職大臣にわたっていたのです。工作を疑われた海運会社は飯野海運、三菱海運、照國汽船、日本郵船、大阪商船、三井船舶などで、これらの会社の幹部が特別背任罪で逮捕されます。その取り調べを通して、緒方竹虎自由党副総裁、石井光次郎運輸大臣、佐藤栄作自由党幹事長、池田勇人政調会長、益谷秀次総務会長などに対する疑惑が浮上し、さらに改進党の重光葵総裁、三木武夫元幹事長などにも工作資金が渡っていました。東京地検は容疑を確定するために佐藤栄作幹事長を逮捕する方針を決定しましたが、これに対して、犬養健法務大臣が指揮権を発動して逮捕を差し止めました。この指揮権発動によって捜査は行き詰まり、事件は未解明のままに捜査が打ち切られ、起訴された佐藤栄作などは無罪となり、山下汽船元社長横田愛三郎、名村造船元社長名村源、有田二郎元自由党代議士、壺井玄剛元運輸省官房長などがいずれも執行猶予付き有罪となったにとどまりました。

この一連の疑獄事件について、奥村宏さんは「政権を取るためには代議士にカネをばらまくための政治資金がいる。そして石炭、肥料、海運会社をはじめ大企業は国家資金を得るため、あるいは自分に都合の悪い法案を葬るため、その他の方法で国から利益を得るために、政治家にカネを渡す、そのことがばれて反対派がこれを政争の材料にする。そこには大企業がそれぞれ個別の政治家と結びついて利権を得、政治家もカネを求めて個別に企業と結びついているという構図がある」（奥村、前掲書、四四頁）と表現しています。

構造汚職の構図

この政治と企業の癒着は政治の中枢部まで侵食していました。上の三つの事件では、その後日本の首相となる池田勇人、佐藤栄作、田中角栄、福田赳夫、三木武夫の名前を見出すことができます。ついでに一九八〇年代に首相となる中曽根康弘は、七二年に殖産住宅の公開株問題で五億円の公開利益の供与を受けたと疑われた経歴をもっています。つまり、カネにまつわる疑惑のなかで育った政治家が戦後日本の政治を主導していたのです。

連続する疑獄のなかで、政治不信・政局不安定が続くことを危惧した財界は、政治資金を経団連のもとに設立された国民政治協会に集め、個々の企業からの資金の流れを一本化する方式へと改めました。この新しい政治資金の流れの金庫番となった花村仁八郎経団連事務局長は、政治資金は自由主義経済体制を守るための「保険」のようなものであり、特定の企業利益に関連しないものと主張していました。

しかし、このやり方についても奥村さんは「構造汚職」を合法化したものと評価しています。そして、政治資金をめぐる疑惑は、その後も繰り返されることになります。一九七〇年代半ばには、米国上院外交委員会の公聴会をきっかけにロッキード事件が発覚し、丸紅の檜山広会長、大久保利春専務、伊藤宏専務、全日空若狭得治社長、田中角栄前首相、二階堂進元内閣官房長官、橋本登美三郎元運輸相、佐藤孝行元運輸政務次官、佐々木秀世元運輸相、福永一臣元自民党航空対策特別委員長、加藤六月元運輸政務次官、そしてフィクサーと噂されていた児玉誉士夫などが起訴されます。田中前首相は、ロッキード社から丸紅を通じて五億円を受け取っていた受託収賄罪と外為法違反容疑で逮捕され、第一審で有罪判決を受けていますが、上告審の審理途中に死去したため公訴棄却となりました。

一九七九年にはロッキード事件と類似したダグラス・グラマン事件が発覚し、それから八六年にはリクルート・コスモス株の公開問題が明るみにでて、中曽根康弘前首相、竹下登首相、宮沢喜一蔵相、安倍晋太郎自民党幹事長、渡辺美智雄元通産相、森喜朗元文相、加藤六月元農水相、加藤紘一元防衛庁長官が株式の割当を受けました。ここにも後の首相の名前が並びます。疑いは濃厚といわれていましたが、有罪となったのは、川崎市助役、藤波孝生元官房長官、加藤孝前労働事務次官、高石邦男前文部事務次官、真藤恒元NTT会長などにとどまり、政権中枢部の政治家たちは逃げのびています。

こうした事件もあって一九九〇年代初めに経団連の平岩外四会長は企業献金の中止を表明し、政治とカネに関わる不信に対処しようとしています。ただし、この方針は二〇〇〇年代には放棄され、企業から政治家への資金の流れを断ち切ることはできないというのが、戦後日本の現実ということができます。

政治資金と株主訴訟

これに関連して、少し横道ですが、政治資金に関して八幡製鉄を相手どった有田勉三郎弁護士による株主代表訴訟に触れておきたいと思います。これも奥村さんが紹介しているものですが（奥村、前掲書、六六～七一頁）、この訴訟は「政治献金は事業目的に規定されていない行為によって株主に損害を与えている」として、八幡製鉄が一九六〇年に自民党へ三五〇万円を献金したことを問題にしたものです。六三年四月の東京地裁判決では、原告が勝訴します。その判決理由では、政治献金を「無償で財産を出捐（しゅつえん）する非取引行為は、営利の追求を目的とする会社の本質上、定款所定の事業目的が何であるかを問うまでもなく、その事業目的外の行為である」と認定し、「災害の救援資金、戦災孤児に対する慈善のための寄付、育英事業への寄付、純粋な科学上の研究に対する補助など、一般社会人であれば、何人も資力に余裕がある限り多少の財産的支出を忍んでもそれをしたい、またはすべきだと感ずるような『社会的義務行為』であれば容認される」。しかし、「特定の政党に対する政治的活動のための援助資金は、特定の宗教に対する寄付行為と同様、右の『社会的義務行為』とは異なる」ものであり、「すべての人がある政党に政治資金を寄付することを社会的義務行為と感ずるなどということは決しておこりえない」との判断を示しました。

八幡製鉄は控訴しますが、それに関連して自民党や財界、そして商法の専門家などが地裁判決に反対するキャンペーンをはったといわれています。そして、六六年一月の東京高裁では、原告敗訴の逆転判決となり、七一年六月に最高裁も原告側の上告を棄却する判決を下しています。下級審の判断が政権党の主張に近い方向に沿って上級審で逆転することは日本の裁判ではしばしば起こることですが、この事件も例外ではありませんでした。最高裁が高裁の判断を支持した理由は、「会社は、自然人たる国民と同様、国や政党の特定の政策を支持し、推進し、また反対するなどの政治的行為をなす自由を有する」というものでした。

この判決が興味深いのは、判断の基盤に株主個人とは別の主体として法人が捉えられていることです。それは、会社が株主のものとする現代の企業理論とは少し距離があるようですが、そうした論理によって企業の政治献金は正当化されています。しかし、この判決について、富山康吉（当時、大阪市大教授）が批判しているように、「株主がどのような政治的な立場を選択するかということは他人に委ね得ない性格の事柄である。……経営者が会社の財産を勝手に特定の政治的な立場を支援するために使うのは株主の権利の侵害である」うえに、国民の政治意思の形成は、これに参加するすべての個人に平等に保障されているにもかかわらず、「経営者が会社の財産をこのような目的のために使うのは、すべての個人が平等に政治意思の形成に参加することと矛盾する」という議論にも耳を傾ける必要があるように思います。

2　産業政策と行政指導　住金事件の基盤

前節の疑獄事件の歴史は、政治と企業活動の癒着が問題でしたが、本節以下では政府、とりわけ政策官庁と企業との関係がはらんでいる緊張関係の側面に目を向けたいと思います。

戦後の産業発展に対して、政府のさまざまな助成措置が実施され、技術革新を推進する設備投資に対する低利の政府資金の重点配分だけでなく、租税に関する優遇措置（租税特別措置）による自己資本の充実策などがとられたことに加え、外貨の管理によって原材料・設備・技術の輸入に関して政府は大きな権限をもち、そうした権限を背景に過当な競争による需給不均衡を回避するような指導が政策官庁の手で行われてきました。たとえば、戦後いち早く設備が過剰となった綿工業に対して通産省は、「勧告操短」と呼ばれる手法で生産量の調整を図りました。企業に対して直接に減産を求める法的権限は政府にはありませんでしたが、外貨の管理によって主要な原料である綿花の輸入割当の権限をもつ政府の勧告に企業が抵抗することは難しく、むしろ自主的な調整には独占禁止法による共同行為の禁止規定が立ちはだかっているだけでなく、業界内での調整が難しいこともあって、歓迎する向きもあったようです。

さらに企業間の競争が激しくなり（過当競争）、市況が悪化しても政策的な介入（勧告操短など）によって危機的な状況を回避できるという安全弁があると、この関係は企業に対して積極的な行動を促す側面もあったようにも思います。その意味では政府の介入がありうるというのがセーフティネットでもあったわけです。その反面で、そうした政策的な介入に従わなければ、外貨割当などで不利になるかもしれないという危惧を企業はもっていたということも見逃すことはできません。

政府と企業の関係は相互依存と緊張関係の両面をはらむものでしたが、次のような変化を伴っていました。産業の保護・育成という政策は、一九四五年から五五年にかけては、政府の主導による重点産業の合理化推進を特徴としていました。それは、敗戦直後の傾斜生産方式から五大重点産業に対して、産業合理化審議会による合理化方策の検討や復興金融金庫・日本開発銀行からの融資などによって進められることになりました。産業の競争力が幼弱であるため、輸出力に乏しく経済発展に必要な外貨の制約が強く、それを改善するために輸入抑制・輸出拡大が求められていました。そのために、通産省と大蔵省とは協力して外貨の管理と重点融資を実行し、必要に応じて独禁法の適用除外などの措置をとっていました。

その次の一九五五年から七〇年にかけては、資金面では政府資金による質的補完が強調されるようになる一方で、鉄鋼業や新産業として期待されていた石油化学工業などで投資調整を含む政策的な介入によって産業発展を引き続き追求しました。しかし、世界的なすう勢となっていた貿易・資本の自由化に対応して、それまでの外貨管理などの産業への政策介入の基盤を失うことになります。政策介入が必要という認識には日本がまだ小国であり、後進国であるとの意識が強く反映していましたが、こうした考え方の一方で経済界では過剰な政策介入に対する批判的な考え方も強まっていたからでした。産業界では、重点産業とみなされた分野では手厚い保護が与えられていましたが、他方で対象とはならなかった二輪車、家電などでは、自立性の高い新興企業群が育っていました。

こうして政府・企業間関係は高度成長期には転換を求められるようになり、一九七〇年代には状況の変化を認めた通産省は、知識集約型産業の提唱など産業政策のあり方を転換することになります。そして八〇年代に入ると対外競争力を強めた日本の産業企業によって生じた貿易摩擦問題に対処するなど、政策分野も変わっていきます。

この間、政府は産業発展の初期段階（復興のスタートの時期も）における制約条件を克服するために、政府系金融機関を中心に限られた資金を重点配分して企業の自立を援助し、基礎素材を中心として品質改善などの問題を発見し、最終製品にまで及ぶ品質改善とコスト削減に結びつけるなどの積極的な役割を果たしました。高成長を目指す経済計画が産業企業の目標設定に基準を与え、設備投資競争などを誘発したことも事実でした。これに対して、政府が提案した企業の集約化などの構想のなかには、国民車構想の挫折や合成ゴム工業の統合の失敗など営業の自由を主張する企業行動を制限することはできず、後進国意識に引きずられた貿易自由化対策などは杞憂に終わりました。つまり、産業政策を中心としてみると、政府・企業間関係の展開には積極的に評価できる面もそうでない面とがあり、同時に時期とともに変質しつつあったということです。

『通産省と日本の奇跡』
（チャーマーズ・ジョンソン著，TBSブリタニカ，1982年）

こうした政府の役割が日本の戦後復興の重要な要素であることを強調した代表的な研究がチャーマーズ・ジョンソン『通産省と日本の奇跡』（TBSブリタニカ、一九八二年）です。一九七〇年代にアメリカ商務省やJ・C・アベグレンが提唱した「日本株式会社」論も共通した見方をしています。

行政指導という政策手法が明確に意識されるようになるのは一九六〇年代のようですが、ジョンソンによると「この言葉は、一九六二年度にはじめて通産省の年報に登場した」と指摘されています。なぜこの時期であったかというと、行政指導とよばれる行為はそれ以前から行われていたのですが、一九六〇年代初頭から着手された貿易・為替の自由化によって、外貨の管理が限定された範囲に絞り込まれ、行政側の勧告・指導を行いうる実態的根拠が薄弱となったことから、あらためて政策的介入の形式をこのような言葉で表現するようになったと思われます。

通産省は、貿易・為替の自由化とそれに続くことになる資本の自由化によって、政策介入に実効性をもたせるための権限の縮小に直面していました。その危機感が背景になって、この時期に通産省では特定産業振興臨時措置法（競争力強化法）を制定して、産業への影響力を保持し資本自由化対策を進めようとしていたのです。しかし、この通産省の考え方に対しては、官僚統制を強めるのではないかとの懸念もあって経済界が反対に回り、金融界も慎重な態度をとったために、与党内でも支持が固まらず、結局、特振法は廃案になり、実現することはありませんでした。

しかし、その後も政策的介入の試みは続きます。

特定産業振興臨時措置法の廃案後、福田一通産相は、特振法の構想に盛り込まれていた「協調方式」によって、合成繊維、石油化学の過剰能力問題を解決すること、そのために設置する懇談会は特別の法律の根拠によらず、通産省の裁量の範囲である「行政指導」により実施すると発言しています（ジョンソン、前掲書、二九〇頁）。

この事情をジョンソンは、次のように説明します。

「行政指導にかんして神秘的なものは何もない。それは各省の設置法にふくまれた政府の権能を根拠として、その特定の省庁の所管産業の企業や行政対象者にたいして『指示』『警告』『要望』『勧告』『勧奨』を行なうものである。行政指導は、『指導をうける者』が、その特定の政府機関の所管範囲内のものでなければならないという要件によってのみ制約される。明確な法的根拠をもつものではないが、法律を犯すことはできない。一九五〇年代には、通産省の行政上の行為との関係で、行政指導ということはほとんど言及されなかった。というのは当時、ほとんどの通産省の命令・許可、免許は、明確な統制法規に確固として根拠をもっていたからである。行政指導は六〇年代にひろく実行され議論された。これはこの時期に、自由化と特振法制定の失敗の結果、通産省がほとんどの明示的な統制力を失ったからにすぎない」（ジョンソン、前掲書、二九一～二九二頁）。

一九五〇年代には法的根拠があったというのは、すこし事実と違い、介入を正当化する法的根拠を超えて政策介入が行われていたと思います。

3　住友金属事件

貿易・為替の自由化が進み、資本自由化が段階的に実施されていくようになると、それまでの政府・企業間関係が変わっていくことになります。ジョンソンは、法的な根拠が乏しい場合でも、所管する権限を駆使して、対象産業の企業行動を従わせる行政指導を通産省が実行していたと指摘し、「江戸の敵を長崎でうつ」という報復・脅しがあったと書いています（ジョンソン、前掲書、二九二頁）。

この行政指導の特徴と問題点を象徴したのが、一九六五年に明るみに出た住友金属事件です。年末の一二月一九日に週刊誌『サンデー毎日』に「日向方齊住金社長、五十九才の抵抗」との大見出しの記事が載りました（以下の記述は、田中洋之助『日向方齋論』ライフ社、一九七五年による）。この記事は、「泣く児も黙る通産省とケンカ」と題した五頁にわたる特集記事で、冒頭の部分では「通産省、鉄鋼業界を相手に、敢然と決戦を挑んでいる男がいる。住友金属の日向方齊社長だ。『お上に楯つく偉いやっちゃ』いや『住友財閥の陰謀だ』と鉄鋼業界はカンカンガクガク、場合によっては鉄屋の倒産が続出するという。この日向社長の五十九才の抵抗というのは……」とのリードで始まっています。この年一一月ころに新聞報道を賑わすことになった住友金属と通産省の対立が取り上げられていました。

対立の原因は、鉄鋼業界の設備投資および生産調整問題でした。一九六五年に鉄鋼業界では、山陽特殊製鋼の倒産が起こるなどの事情から「構造的な問題」があると考えられていました。そのために六五年の前半期には設備投資調整と生産調整が行政指導を交えて実施されました。生産調整では、通産省は六五年度第2・四半期（七月～九月期）には、各社は六四年度後半（六四年一〇月から六五年三月）の総出荷額のシェアに応じて一〇パーセント削減することを「勧告（命令）」しました。さらに、六五年一一月九日に通産省は、不況は一〇月に底を打ったとみられていたにもかかわらず、この減産を第3・四半期にも続けることを命じました。

これに対して、住友金属は、鉄鋼大手六社のなかで自社だけが、通産省の割り当てた輸出水準を満たした会社であり、そうした企業努力を無視して減産を強制する通産省方針は受け入れられないと拒否したのです。日向社長は一一月一五日の記者会見で、六五年第3・四半期の粗鋼減産一割の各社別の枠は不公平であり、「今後住金としては独自の生産計画に基づいて行動する」と声明しました。

詳しい理由を日向社長は次のように説明しています。

「第2・四半期の減産については、市況の急落から緊急の措置として、われわれも不利を覚悟で了承したものである。したがって第3・四半期については、当然住金の主張を了解してもらえるものと期待していたが駄目だった。通産省案によると、住金は減産規制のなかった第1・四半期にくらべて、他社よりはるかに減産率が高く不当に圧迫される。また輸出分も規制のワクにふくまれるので輸出比率が四割近くあって、最も輸出努力している住金は、国内市場で不当にシェアを圧迫されることになる。もし減産をするなら、新規の設備も、当然旧設備と同じように扱うべきなのに、東海製鉄や八幡の堺工場などが特別ワクを受けており、四年前から操業している住金のホットストリップの操業率が、不当に圧迫されるなど新規設備の操業についてルールがないのはおかしい。以上の三点から住金は独自の生産計画を立てて進むが、粗鋼減産の趣旨そのものには協力を惜しまない」(田中、前掲書、一四三～一四四頁)。

日向方齋（住友金属社長）
朝日新聞社　提供

さらに日向社長は、この記者会見の三日後に三木武夫通産大臣に会見を申し入れてとりあえずの妥協案を出して三木大臣から同意の返事をもらったとされています。ただし、この会見に関連して、田中の『日向方齋論』では、大臣が電話で「もし住友が少なくとも第3・四半期、減産に協力するなら、住友の大規模な和歌山製鉄所の投資計画にたいし有利な取りはからいをすることを約束した」と申し出ていたとの話も伝えられています。他方で日本経済新聞社刊『私の履歴書』では、電話は日向社長から三木大臣に会談の帰路の新幹線からかけたものと説明されていますから、これらの証言を合わせると、大臣との会見で日向社長は「第3・四半期に限り輸出の取扱を弾力的にする」との条件で勧告操短に同意する旨を申し出て、大臣と同席の局長の同意が得られたと受け止めていました。そして、日向社長は、電話で通産省の方針を再度確認したときに、三木大臣から、勧告操短を通産省の意図通りに実現するために、投資計画への便宜供与の申し出を受けたということになります（日向方齋『私の履歴書』日本経済新聞社、一九八七年）。

しかし、この翌日に通産省の事務次官であった佐橋滋は、日向社長に対して「住友が主張を引っ込めないかぎり、輸入貿易管理令を用いて、住友金属の原料炭の輸入量を、同社に割り当てられた鉄鋼生産量にちょうど見合った量にかぎり、それ以上ビタ一文多く輸入させない」と伝えました。事務次官が大臣発言を打ち消す強硬な方針を鮮明にしたために、この話を記者会見で暴露した日向社長は、「二人のうちどっちが大臣なんだ」と語り、これを当時の新聞は「佐橋大臣、三木次官」という大見出しで記事にしました（ジョンソン、前掲書、二九七頁）。

通産省は、一一月二五日に住友に対して、住友の行動を放置すると、他社も追随して「景気対策の突破口として考えた粗鋼減産は、事実上崩壊して市況のいっそうの悪化のほか、平電炉、単純圧延メーカー、中小商社、関連企業などにも重大な影響を及ぼすことになる」と反論しました。問題の輸出については、鉄鋼輸出の主要なマーケットである米国では反ダンピング法を中心とする輸入規制の動きが出ている状況であるから、「適正価格による秩序ある輸出が不可欠であり、生産の野放しによる輸出の野放しは認めるわけにはいかない」というわけでした。そして、これまでも「輸出秩序を乱さない適正な輸出であれば、輸出ワクの外でも特認を与えるよう積極的な行動をとってきた」ので、批判を受けるいわれはないというのが通産省の主張でした（田中、前掲書、一四五頁）。

この対立について、二六日に社長会を開いた大手鉄鋼メーカーは、「あくまで通産省指示を守り、市況対策を続ける方針を確認する」「住金は自社に有利な鋼塊の配分を要求し、通産省は住金の主張を大幅に取り入れた妥協案を指示した。われわれは不満足だがこれを了承した。しかるに住金は受諾を拒否し、自社の主張を正当のように発表していることは容認できない」と、通産省を支持し、住友の企業エゴが対立の原因だとの声明を発表しています（田中、前掲書、一四五～一四六頁）。

このような動きに対して二七日に住友金属は、通産省の反論は論点のすり替えで、同社は輸出を自由にすることを主張しているのではなく、輸出分を生産制限の内枠に入れるのは、輸出増進の目的に反しており、他の分野でも輸出内ワク制という枠組みで減産を実施している例はないと指摘しています。そして、通産政策への不満が「新規設備の新規ワク」の設定の仕方にあるとして、これまでの通産省の行政指導は、「先発会社が何とかして後発会社を押さえるというやり方」であり、「富士製鉄と八幡製鉄の両大手会社のエゴイズム的な生産ワクの獲得」を認めることによって、八幡や富士などに対して住友は不利な立場を強いられていると主張しています。つまり、先発企業のエゴがまかり通っているというわけです。

この対立によって鋼材市況が悪化し、中小の平電炉メーカーでは中部鋼鈑の経営悪化が表面化したり、無規格厚板不況カルテルの存廃が問題化することになります。さらに、米国市場では日本製品の輸入制限の動きが強まり、その結果、「価格、数量面で対米輸出の秩序を確立するには、業界体制の一本化を急ぐ必要が出てきた」と当時の新聞は指摘しています。そのため、経済同友会木川田一隆代表幹事や日本興業銀行中山素平頭取ら有力財界人が斡旋役をかって出て収拾に向かいます。

一二月二七日に、日向社長は三木通産大臣と面談し、第3・四半期の粗鋼減産問題について通産省の指示に従う旨の回答をします。こうして住友金属が通産省の指示を受け入れることによって、四〇日ぶりに「住金事件」は全面的解決となりました。

この決着について『朝日新聞』は社説で、「結果から見れば住金側の相当な譲歩で、幕が下りた。しかし開放経済を迎えて、企業の国際競争力強化が叫ばれているとき、通産省の行政指導の限界や業界の自主調整方式のあり方など、経済界に多くの反省材料を与えたことは見逃せない」と論じています。

後日談ですが、当時の事務次官佐橋滋は、次のように回想しています。

「例の住金事件の発端は設備調整です。あのときは八幡、富士以下大手六社の中で住金だけが拡大論者だった。当時の需給からみて各社とも自粛するのだから、住金の設備拡張は押さえてもらいたいというのが鉄鋼業界の大部分の意見だった。しかし、業界内では住金を納得させることは難しいので、役所サイドに頼み、当時の重工業局長だった川出千速君がやったが、住金は非常に不満だった。当時は住金を除く大手五社のほか、中小メーカーも全部、設備拡充には反対だったから、いってみれば一対全部ということで、一の意見が正しいか、それとも残り全部の意見が正しいのかということになると、役所としては充分検討したうえで、やっぱり一の意見を生かすわけにはいかないんで、鉄鋼業界全体の安定のために、住友金属を押さえにかかっただけの話なんです。……一人だけががむしゃらに頑張れば、協調というのは一切できない。そういうことを許しておいていいかどうか。他が自粛しているときに、自分だけ設備を拡充すれば、それは有利に決まっている。全部が住金と同じような気持で設備を増強したら、ただでさえ余っているものが途方もなくなり、業界が混乱し、不況に突入することは目にみえていた。ぼくはそういう意見を通すべきではないと思う」（田中、前掲書、一五七頁）。

付け加えると、佐橋は「佐橋大臣・三木次官」といわれた対応の差は、政治家と官僚の伝え方のニュアンスの差であって「誤解だ」と説明しています。この話から、第３・四半期の生産調整をめぐって対立していた背後に、それまでの設備投資調整問題で鬱積していた住友金属の同業他社に対する不満があったことがわかります。

もう一つ後日談ですが、一九六九年に住友金属は通産省の事務次官も務めた熊谷典文を取締役に迎えました。同社としてははじめての通産省からの天下り官僚であり、熊谷は七八年には日向の後任の社長となりました。大手六社では通産省からの天下りがなかった住友金属がこのような方策をとったことは、日向社長がこの事件からえた教訓というべきものかもしれません（ジョンソン、前掲書、二九八頁）。

おわりに

行政指導に象徴されるような政府の産業・企業への介入は、戦後の日本の経済政策を特徴付けるものの一つでした。その有効性にはさまざまな議論があり、そもそも政策的な介入には経済的な意味は乏しく、経済的な効率性を損なうばかりで無益だという極端な評価もあります。しかし、他方で、チャーマーズ・ジョンソンを代表例として、日本の戦後の経済発展には政府の役割が重要な要素になったとの見方も有力です。少なくとも、戦後復興から貿易・為替の自由化に着手するまでの一五年ほどの間、産業発展を助成するためにとられた重点産業への資金面や税制面での措置や、過当競争にともなう弊害を除去するためにとられた政策的な措置は、それなくしては発生したかもしれない経済的な摩擦を小さくし、経済発展を前進させる力になっていたように私は思います。念のために付け加えると、この評価は戦後の経済発展の一定の時期までは産業政策の有効性を認めてもよいという意味です。

ただし、後者のような見方をするとしても、経済過程への政策的介入がすべて企業から歓迎されたわけではなく、政府と企業との関係は緊張関係もはらむものでした。それが経済的効率性を損なったかどうかはケースによって異なっていると思いますが、そうした緊張関係が、貿易・為替の自由化が進み、政策的介入の法的根拠に乏しい行政指導に委ねられるようになると、次第に顕在化してきます。そのことを示すのが、住金事件でした。

加えて、政府の役割については、経済界に戦時統制の経験から過剰な介入に対する強い警戒感がありました。特定産業振興臨時措置法が成立しなかったのも、それが理由の一つだったといわれています。経済界を代表する経団連の石坂泰三会長は、産業界の個別的な利害を超えて自由化を推進するにあたり、政府頼みの気持ちが残る経営者を叱咤激励しています。「これだけ発達した日本が保護政策のもとに温室にはいって戸を開けちゃ寒いから困るというのは、三十ずら下げて、チャンチャンコを着て、でんでん太鼓をたたいて、乳母車に乗ってピーピーいっているのと同じで、みっともない」（安原和雄『経団連会長の戦後史』ビジネス社、一九八五年、五六頁）というわけです。しかし、その一方で、鉄鋼業界を中心に政府との密接な関係を保ちながら、基幹産業としての発展を探っている財界人も少なくありませんでした。勧告に基づく設備調整や生産調整について鉄鋼業界の有力経営者は期待し、協力していました。八幡製鉄の社長から初代新日鉄の社長となる稲山嘉寛は「ミスターカルテル」との異名をとるほど、自主的な共同行為に積極的でした。しかし、彼らも鉄鋼業界に対して通産省が強い権限をもつようになることは警戒し、カルテル活動の自由化などは独占禁止法の改正を介して実現すべきと主張していました。

こうしたなかで、住友金属の日向方齋社長は異色の存在でした。日向社長を描いた伝記的な書物の多くは、彼が「自由主義者」であったことを強調します。それを象徴する事件として、住金事件の起きた年の二月に問題となった大和銀行事件があります。これは、かねてから大和銀行に対して信託業務の分離を要請していた大蔵省の方針に従わない大和銀行について、高橋俊英大蔵省銀行局長が「大和銀行が信託部門を分離した場合、都市銀行として銀行業務だけで存立できるかどうかわからないが、一行だけ兼営させるわけにいかない」と衆議院大蔵委員会で発言したことが発端でした。この発言に対して、関西経済同友会の代表幹事だった日向が強く反発し、法的な根拠もない「行政指導」で企業のあり方の変更を強制するのは銀行局長の越権行為と批判したのです。これが自由主義者日向方齋の名を広める第一弾となっていました。これに続く住友事件ですから、日向の意見が政府からの自由を求めたと理解されるのは、当然のことのように思います。

しかし、ことはそう単純ではありません。少し後のことになりますが、八幡・富士の合併が大きな問題となった一九六九年四月の国会における合併公聴会で日向社長は次のように発言しています。まず、合併については、「経済発展の原動力は自己責任の原則と自由競争体制にある」から両社合併について、「国民経済全体からみて問題がないかぎり」両社の経営者の判断が尊重されるべきであり、賛成である」と表明しています。合併が競争を阻害するという独占禁止法上の問題点については、「競争阻害が起こらないよう両社はもちろん、政府、業界があげて独禁法の精神を生かし、競争条件の整備を進めることが大切だ。さらに政府の介入など経済競争以外の要因による競争阻害も排除することが必要だ。この際、政府指導の下に行っている鉄鋼設備調整のあり方をとくに再検討せよといいたい」と主張していました。この発言が住金事件を踏まえたものであることはいうまでもありませんが、「行政指導」を批判したようにみえるこの発言では、「私がそれに注文をつけているのは、巨大会社ができ、そうでなくても政治的発言が強くなってくると、政治を利用して経済競争に介入してくるので、それはやめてくれということです。例えば、設備調整について、通産省が最後に裁定することはやめてくれと。なぜなら大きな政治力を持った会社ができて、経済競争以外の要因によって、経済に介入することがないとはいえないからというのが私の主張です」と述べていることに注意しておく必要があります。この部分は住金事件で企業エゴに関する応酬があったことに関連しています。日向社長は、政府の介入が八幡や富士などの先発有力企業の利害を優先し、鉄鋼業では後発の住友金属に不利になっているという認識のもとに、合併が実現すれば、新会社の政治力が強くなり、それが政府を介して他企業の行動を制約するであろうという点を危惧し、それを予防することを求めていたのです。日向社長はたしかに行政指導に反発し、政府の介入を批判しましたが、その本当の標的は、政府・通産省を隠れ蓑にして「協調」の名のもとに、自らの産業内の地位を維持しようとしている八幡・富士などであったことになります。そして、そのことは、行政指導が政府の独自の発案ではなく、業界の大勢の意見を反映したものであるという意味で、行政指導の基盤となる政府・企業間関係の蜜月状態を批判するものでした。

そして、そのような関係は、次第に時代遅れであるとの認識が強まっていくことになりました。一九七〇年代を見通したビジョンで通産省は、それまで産業政策の基本的なあり方を見直す必要性があることを明確にするようになっていくことになります。

参考文献

奥村宏『会社はなぜ事件を繰り返すのか　検証・戦後会社史』ＮＴＴ出版、二〇〇四年
チャーマーズ・ジョンソン（矢野俊比古監訳）『通産省と日本の奇跡』ＴＢＳブリタニカ、一九八二年
田中洋之助『日向方齋論』ライフ社、一九七五年
日向方齋『私の履歴書』日本経済新聞社、一九八七年
安原和雄『経団連会長の戦後史』ビジネス社、一九八五年

第13章 公害と企業の社会的責任

長く放置された被害者

はじめに

高成長が続く一九六〇年代、成長のひずみともいうべき問題の一つとして公害が注目されるようになります。大気汚染などの工場の排煙や自動車の排気ガスによって引き起こされる健康被害、工場等の排水による水質汚濁による河川、湖沼、海洋の汚染が深刻化しつつあったからです。そして、そのなかには企業の犯罪とでもいうべきものもありました。

政府が公害問題に関連する対策を立法化した最初は、一九五八年の公共用水域の水質の保全に関する法律と工場排水等の規制に関する法律でした。これ以降、六二年の煤煙規制法などの対策がとられるたびに、その法律は、つねに産業発展を優先すべきとの意見をもつ財界と通産省の強い要請を受け入れて、「生活環境の保全と産業の健全な発展との調和を図」る（煤煙規制法）というような、「経済との調和条項」を盛り込んだものとなっていました。産業界では、「企業は今までも公害対策にはかなりカネを使ってきた。本来公害対策は生産性向上には結びつかないのだから企業が消極的になるのは当然だ」と公然と語られていたのです（武田晴人『高度成長』岩波新書、二〇〇八年、一六一頁）。

こうしたなかで、一九六三（昭和三八）年から六四年にかけて静岡県三島・沼津・清水地域において市民運動がコンビナート建設反対を貫き、建設断念に追い込んだことは、その後の公害反対運動に大きな力となったといわれています。市民レベルの組織は、被害を受けている住民たちの共通の利益を代表するという意味で、この問題の解決に重要な役割を果たす運動形態となりました。既存政党による組織的な活動は、たとえば総評（日本労働組合総評議会）への依存度が高い社会党が、企業城下町では労働組合との関係で有効な活動を展開しえなかったこと、労働運動や選挙に関する革新政党間の主導権争いが運動に分裂を持ち込んだこと、などの問題点をもっていたからでもありました。

同じころ、米国ではレーチェル・カーソンが『沈黙の春』（一九六二年刊、邦訳の最初のタイトルは『生と死の妙薬』新潮社、一九六四年、一九七四年に新潮文庫）を書いて人類の活動が環境に与える悪影響の深刻さを訴えていました。これを受けて当時のケネディ政権は、直ちに調査を行い、六三年には環境破壊の危険が指摘された農薬ＤＤＴを全面的に禁止しています。

このように一九六〇年代に本格的に問題とされることになる公害問題は、本書の第3章でも紹介したように産業化の早い段階から発生していました。そして、本章で取り上げる水俣の問題も、実は長い汚染の歴史の結果でした。

1　死の海、水俣

公害の歴史のなかでももっとも深刻な問題の一つとなる水俣病の舞台となる熊本県水俣において、日本窒素（日窒）がカーバイドの製造を開始したのは一九一八（大正七）年のことです（以下、本章の記述は主として川名英之『ドキュメント日本の公害』緑風出版、一九八七年、第一巻、第1章による）。日窒は一九〇八（明治四一）年に野口遵が設立した会社で、カーバイド製造開始直後から工場排水を無処理のまま水俣湾百間港に放流しています。それまで水俣湾を含む不知火海沿岸は、刺網漁、イワシ網漁、ボラ籠漁、一本釣り、カキ、アサリ、ハマグリ、クロガイ、海藻の採集など、海の幸に恵まれた豊かな海域でした。しかし、工場の創業によって直ちに漁業被害が発生しました。水俣病の発生は、あとで詳しく述べるように一九五〇年代になってからとされていますが、実際にはそれ以前から海洋汚染が広がっていたのです。

一九二五年、水俣漁業組合が日窒水俣工場に対し、工場廃水の無処理放流によって生じた被害の補償を要求しています。これに対して、工場側は翌二六年四月に漁協に対して「今後、永久に苦情を申し出ないこと」という条件付きで見舞金一五〇〇円を支払うと回答しています。加害企業側が、「見舞金」の名目で一時金を支払う代わりに「永久に苦情を申し出ない」と約束させることは、足尾鉱毒事件でもみられていることで、よくある対応です。これによって被害漁民の不満を解決済みの問題に変え、将来の賠償請求を封殺しようとしたのです。被害は毎年の漁獲の減少というかたちで漁民たちの生活を脅かしていますから、このようなやり方が企業の責任の取り方としては問題があることはいうまでもありません。

さらに、一九三二（昭和七）年五月に日窒は水俣工場で「第一期アルデヒド・合成酢酸設備」を稼働させました。これは日本初の酢酸ビニール、酢酸スフ、塩化ビニールの製造を開始するという意味では、化学工業史上では記録に残る出来事です。その成功によって日窒は次つぎと設備を拡大するとともに、この製造工程で発生する水銀を含んだ廃水を何の処理もせずに百間港へ流し込み続けました。

その結果、海洋汚染による漁業被害が深刻化し、赤潮の発生などもあって漁民たちは補償を改めて要求することになりました。この要求に対して、一九四三年一月に日窒水俣工場は水俣漁協に対して、「工場汚悪水などの廃棄放流による過去・将来永久の漁業被害補償金」の名目で一五万余円を支払うことになりました。見舞金ではなく補償金の名目であることは、日窒が加害の責任があることを認めたと受け止めることはできますが、それでも見舞金のときと同じように、「これで将来にわたって問題は解決」としているところに、日窒側の姿勢がよく出ています。それ以上に重要なことは、こうして問題が明らかになりつつあったにもかかわらず、工場排水に対してはなんの対応策も採られていないことです。それは、あたかも「補償金」の支払いによって工場が排水を垂れ流し続けることの免罪符をえたかのような経過でした。

そのためもあって、漁業被害は続きます。一九四四年ころからはカキの斃死が始まり、漁民たちの重要な収入減が失われるようになり、四九年ころになるとそれ以外の貝類も次第に減り、タイ、エビ、イワシ、タコなども獲れなくなりました。五一年ころにはテングサ、ワカメ、ヒジキ、イギスなどの海藻も全滅し、五五年ころには南不知火海のほぼ全域で魚介類の斃死がみられるようになりました（川名、前掲書、一一～一二頁）。

この前後から、犬、猫、豚などの「狂い死」がみられるようになり、それは「猫踊り病」とよばれるようになりました。カラスやカモメも無事ではありませんでした。こうした状況は、水上勉が一九五九年一一月、水俣市での取材をもとに書いた小説『海の牙』（角川文庫、一九六四年）にリアルに描かれています。死んだ海の魚を喰った「病いのカラス」の群れの凄惨な状況は、当時のことを知る漁民たちには「まさにその通り」の光景でした。

無残に破壊された住民たちの生活の一方で、太平洋戦争末期に空襲で被災した日窒水俣工場は、一九四六年から復活の途につき、五〇年には新日本窒素肥料（新日窒）と改称し、設備能力を増強し生産を拡大していきます。『公害原論』（亜紀書房、一九七一年）を書いた宇井純さんは、「水俣工場というのは、日本の化学工業にとってもっとも由緒正しい」、「技術的な発展の基地」とみなされていたと、技術者の視点も交えて紹介しています。水俣工場の発展は、技術的には先端的な試みによって成功を続けるものという外見を呈していたのです。その背後に悲惨な被害が発生していることに多くの人たちは気がついていませんでした。

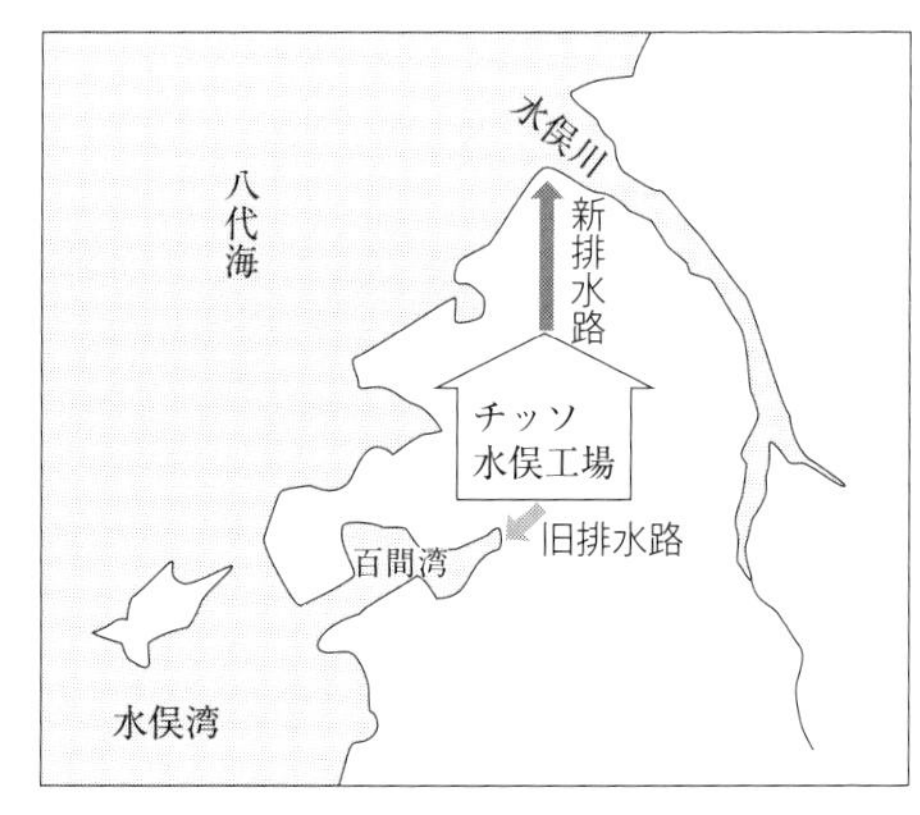

水俣工場排水路の変更

（出所）　各種資料により筆者作成の概念図。

こうした企業発展の結果、水俣工場操業開始以来の水銀の排出量は四〇〇〜六〇〇トンを超えたと推定されています（川名、前掲書、一六頁）。しかも、一九五八年九月に水俣工場では排水路を変更して、アセトアルデヒド・合成酢酸製造工場の廃水をそれまでとは反対方向の水俣川河口に流しはじめました。百間港がある水俣湾は内海で潮流がほとんどなかったために廃水中の水銀は水俣湾とその近くに沈殿していたと考えられています。しかし、新しい排水路は水俣川河口にあり、そこに排出された廃水は河川流にのって沖にまで押し出され、さらに潮流に乗って不知火海に広がることになりました。この廃水放流は五九年九月には中止されますが、その間に漁業被害だけでなく、健康被害も広域にわたり発生するようになります。次に述べるように「奇病」の発生がすでに問題になり、工場廃水との関連が疑われるようになっていた時期に行われた排水路の変更は、弁解の余地のない失策であったと思います。

2　水俣病の公式発見

一九七二年に行われた熊本大学第二次研究班の調査報告によると、胎児性水俣病と疑われる女児が水俣市湯堂に誕生したのは太平洋戦争が始まる前の一九四一年一一月とされています。翌四二年二月には同市月ノ浦で四歳四ヵ月の水俣病患者が発生していたことが確認されています。そして、戦後になると、水俣病または水俣病と疑われる患者が水俣湾沿岸地域で多発するようになりました。魚介類を多食する家庭で一家族六人が次々と犠牲になる急性の症状もみられ、この時期には病名もつかないままに、命を落とした人たちが相当の数に達していたことも想像に堅くないところです。

川名英之『ドキュメント日本の公害』によると、一九五四年六月に新日窒水俣工場附属病院に同工場倉庫係をしている四九歳の患者が姿をみせ、院長の細川一博士の診察を受けました。歩行障害や手足などのしびれ、視野狭窄、めまいなどの症状があり、細川医師は診断に迷い、診察を続けましたが二ヵ月後に患者は死亡しました。その翌五五年一〇月にも同様の症状の患者（農家の女性）が来院し、一一月には死亡しています。

「奇病」の患者は、一九五六年四月になると新日窒病院に次々と来院するようになりました。入院させたものの診断に迷った小児科医長から相談を受けた細川院長は、二人の小児患者をみて、その症状が前年・前々年に死亡した患者そっくりなことから、この病気こそいま水俣で多発し、大きな問題になっている奇病に違いないと気がつきます。そして、医師五人が手分けして水俣湾沿いの漁民集落を巡回し、多数の患者を発見しました。

細川院長が後にまとめた「今だからいう水俣病の真実」によると、「三十一（一九五六）年五月一日、これが『水俣病』問題の正式なスタートである。……新しい病気を発見したという喜びと、大変な病気を発見してしまったという悲しみと、これは医者として表現しにくい奇妙な感情ではあった」と書いています（川名、前掲書、一三三頁）。

一九五六年五月一日がスタートと書いているのは、この日、小児科医長が水俣保健所を訪れて発見した新しい病気を届けたからです。これをきっかけに、水俣保健所の伊藤蓮雄所長らの肝いりで五月に市保健所、市衛生課、新日窒附属病院、市立病院、市医師会の五者からなる「水俣奇病対策委員会」が設けられ、患者の措置と原因究明に当たることになりました。これが水俣病の公式発見の経緯です。

この時点では工場廃水との因果関係はまだわかってはいませんでした。細川院長は、この奇病には伝染性のないことをすでに知っていましたが、患者の入院費がかさむことなどから、治療費のいらない市隔離病舎（避病院）に移す案が出てくると、これに無下に反対もできませんでした。そこで、奇病対策委は七月に新日窒附属病院に入院中の患者を「疑似日本脳炎」として市隔離病舎に収容することになります。患者の負担を考えてのことでしたが、この措置が「奇病」を伝染病と誤解される要因となり、発病を隠したり患者が差別される要因ともなったのは不幸な成り行きでした。この年の一一月に熊大医学部水俣病研究班（班長・尾崎正道医学部長）は第一回研究報告会において、この病気が伝染性の疾患であることをはっきりと否定し、「ある種の重金属、特にマンガンが原因物質として疑われる」「人体への侵入は魚介類を通じて行われる」としていたのですから、誤解を招くような措置は直ちに是正されるべきでしたが、そうはなりませんでした。その結果、地域社会において患者たちは社会的に孤立することになります。それは医療面の補助などの行政がとるべき措置をとらなかったからです。

そうしたなかで、原因究明の科学的な探究が本格化します。猫の異変に注目した細川院長の調査が行われ、これを受けて原因究明のために、猫に水俣湾の魚を与える実験が水俣保健所において熊本大学の助言を受けながら行われることになりました。そして、水俣湾産の漁貝類を与えた猫七匹のうち五匹までが発症したことから、水俣湾の魚介類が原因と判明したのです。このころには外国の文献に有機水銀を体内に取り込んだ際の症例が報告され、その主要な症状が水俣病と一致していたことから、有機水銀原因説が浮上していました。

こうしたなかで独自に探求を続けていた細川院長は、一九五八年四月に退任して嘱託として原因究明の仕事を進めることになりました。工場内では無機水銀しか使用していないのになぜ魚介類に有機水銀が取り込まれていくのか、これが細川の疑問点でした。その解明のためには工場廃水を使った実験が必要でした。新日窒の人間として細川は、工場廃水が原因ではないということが証明できなければ、会社は加害の責任が問われると考えていました。結果が黒となることを危惧しながら、細川は白黒つけなければならないと判断したのです。

そこで、細川は、意を決して水俣工場長西田栄一に会い、原因究明の実験継続を要望しました。「いままで、いろいろと研究に協力していただいたが、この先の研究でどういう結論がでるかわからない。会社側に不利な結論でないことを祈っているけれど、不利になる可能性は十分にあると思う。さらに研究をすすめてもよろしいか。いけないのなら、わたしは辞職する」。こうして辞職覚悟で、「工場が白か黒かはっきりさせるためには、どうしても実験しなければならない」と力説したのです。この細川の熱意に西田が押し切られるかたちで実験は継続されることになりました。

その結果、一九五九年に猫実験で急性激症型水銀中毒の典型的な症状が確認されたために、これを水俣工場の技術部幹部に報告すると、工場側は排水の採取を禁止し、これ以上の実験の継続を拒む態度を明らかにしました。それゆえ、この実験結果は公表されないまま放置されましたが、その後も独自の実験を続けた細川は、一九六二年初めころまでに、アセトアルデヒド工程の蒸留排水中の水銀化合物の大部分がメチル水銀（有機水銀の一つ）であること、およびこのメチル水銀を含んだ魚介類を猫に食べさせると水俣病の症状が現れることを突き止め、会社技術部に報告書を提出しました（川名、前掲書、三一頁）。

細川は、「私は医者なんです。私は会社の人間である前に医者なんです。会社に忠実である前に医者としての天命があります」と自らの行動の理由を説明しています（川名、前掲書、三三頁）。さらに一九七〇年七月には、東京の癌研附属病院で行われた熊本地裁の臨床尋問で、細川医師は猫四〇〇号の実験結果を会社側に報告したことをはっきりと証言し、工場廃水が原因であることを会社側が隠蔽したことを明言しました。それから、わずか三ヵ月後の一〇月に細川医師は六九歳で亡くなりました。

3　熊本大学医学部の原因究明

細川医師の孤独な闘いとは別に、熊本県や水俣市の要望もあって熊本大学医学部では一九五六年八月に「水俣奇病研究班」を発足させ、調査研究を開始していました。発足から二ヵ月後には、すでにふれたように、第一回研究報告会において「ある種の重金属が魚介類を通じて人体内に侵入したことによる中毒」と報告されています。

この報告に基づいて研究班は、工場廃水中の有害物質を疑って研究を行おうとしましたが、工場側は廃水や廃棄物のサンプル採取に難色を示して研究は大きな遠回りを強いられることになります。研究班ではマンガンをはじめとする有害物質の動物実験を繰り返し、一九五八年ころからは有機水銀に注目して原因究明を進め、五九年七月の研究会で「水俣病は水俣湾産の魚介類を食べることによって起こる神経系の疾患である。毒物としては水銀が最も注目される」と報告されることになりました。

これに対して、工場側は激しく反論し、熊本県議会で見解を求められた際には、「熊大の研究はデータが不足だ。それに推論に飛躍がある」などと厳しく批判しています。少し遅れて一〇月には社内で技術部に対して細川医師から有機水銀を疑う報告を受けていますが、会社が細川医師の実験継続を拒否したのは、こうした動きが強く影響していたものと思います。しかも、細川医師の実験結果を秘匿したまま熊大研究班の報告を真っ向から否定する態度を新日窒はとり続け、一一月には「有機水銀説に対する当社の見解」

を公表しています。これに関連して、東京工業大学の清浦雷作教授は一九五九年一一月に「工場廃水が原因とは考えられない」との論文を通産省に提出し、六〇年四月には日本化学工業協会の援助を受け、日本医学会会長の田宮猛雄東大名誉教授をキャップとする「田宮委員会」を設置して有機水銀説への反論を続けようとしましたが、この委員会は委員長田宮の死で自然消滅しています。

こうした動きを受けて、一九五九年一一月に開かれた食品衛生調査会では「水俣病の原因は水俣湾周辺の魚介類中に含まれるある種の有機水銀化合物による」と断定し、厚生大臣に答申しました。この答申について池田勇人通産大臣は「有機水銀が新日窒水俣工場から流出したという結論は早計」と議会で発言しています。通産省は、上述した清浦教授の報告書を配布して有機水銀説に疑義を提示し、「同様のプラントは世界の各地にあるのになぜ水俣だけなのか」と新日本窒素を擁護しました。他の省庁も「原因が特定されていない」とのスタンスを変えず、答申を受けた厚生省も食品衛生法第四条に基づく魚介類販売禁止措置に慎重でした。科学的な検証

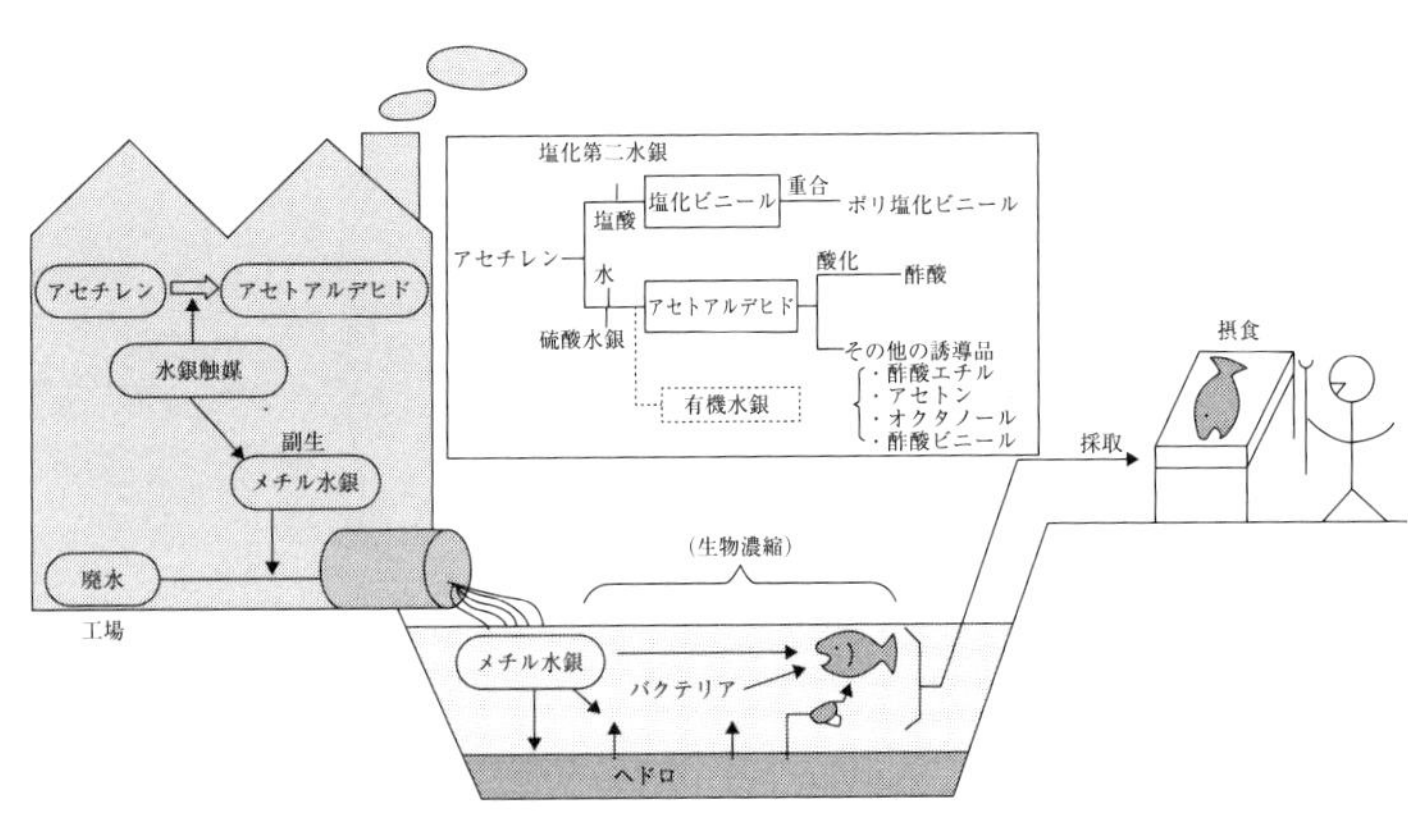

水俣病発生のメカニズム

熊本県ホームページより作成。

が進められていたにもかかわらず、行政側には全体として消極的なスタンスが目立っていました。

反論の余地のないかたちで原因を特定するためには、残されていた疑問点、すなわち工場で使っている無機水銀がどこで有機水銀に変わるかという点を明らかにすることが必要でした。この問題については、アセトアルデヒド生産の際、触媒として使う無機水銀が工場装置のなかで、自然にメチル水銀に変わり、これが廃水として不知火海に放流され、魚介類を汚染して水俣病を発生させるという図式によって明らかにされます。そこに至るのにさらに四年の歳月が流れました。一九六三年二月に熊大医学部水俣病研究班班長世良完介は、「水俣病発生の直接的な原因が新日窒水俣工場の廃液にあることは疑う余地がない。全責任は工場にある」という趣旨の談話を発表しました。水俣病の因果関係についての七年に及ぶ解明がこうしたかたちで実を結びました。

4　補償問題

原因究明が結論をえても、行政による被害者救済が公害病の認定のもとで実施されるまでにさらに五年の歳月が必要になります。

この間、難航していた漁業補償問題で、一九五九年一一月には漁民が工場に乱入するという事件も発生しています。この年の夏には熊本大学の研究報告もあって、水俣湾でとれた魚介類が水俣病の原因であるとの疑いが強まって、漁民たちは漁の成果の売り先を失いました。八月には水俣漁協と新日窒と共同で水俣湾漁場の実態調査を行って、海底に分厚くヘドロが堆積し魚類が激減していることが判明しています。

この実態把握を前提に漁協と新日窒は漁業補償問題の交渉に入りました。八月半ばに開始された最初の交渉では、補償要求一億円に対して三五〇〇万円の補償金と浄化装置の設置を約束して操業継続を認めるかたちで決着します。

しかし、これは漁民の満足するものではありませんでした。とくに浄化装置の設置までは工場の操業を中止するなどの措置を漁民たちは求め、廃水を止めるように要求していました。ちょうど東京では通産省が有機水銀説には実証が不足しているなどと国会で答弁している時期のことです。追加的な補償交渉を拒否する新日窒側の頑なな態度を崩すために県漁連の代表者が上京して厚生省などを訪問して窮状を訴えています。これに対して衆議院では一一月一日与野党議員八人で構成する調査団派遣を決定しました。この調査団の視察に合わせて、漁民たちは二日に「不知火海沿岸漁民総決起大会」を開催して調査団への陳情などを行いました。

この時の衆議院調査団に対して、患者を代表して一人の主婦が次のように訴えています。

「国会議員のお父さま、わたくしたちは、あなた様がたを国のお父さまともお母さまとも思っております。普通ならお目にかかれるわたしたちではないのに、陳情申し上げるのは光栄であります。子供を水俣病で亡くし、夫は魚をとることもできず、泥棒をするわけにもゆかず、がまんしてきました。わたくしどもは、もう誰も信頼することはできません。でも国会議員のみなさまが来てくださいましたからは、万人力でございます。みなさまがたのご慈悲で、どうかわたくしたちをお助けくださいませ。」（川名、前掲書、四五〜四六頁）。

国会議員への陳情のあと、工場との交渉を申し入れていた漁民たちが、交渉拒否の情報によって激高して工場に乱入しました。これが工場乱入事件です。この事件は翌日には大きく新聞報道され、厚生省、通産省などの中央の官庁や熊本県の責任を問う声も強くなりました。そこで、通産省は、工場排水処理施設の完備と原因究明への協力を要請するとともに、アルデヒドを製造している昭和電工鹿瀬工場など全国の同種七工場、塩化ビニールモノマーを作っている一六工場に廃水の水質調査を極秘に依頼しました。放置できなくなったということでしょう。

これより先、一〇月に不知火海の各漁協は漁業被害への補償問題の交渉が難航していることから、チッソとの直接交渉によってではなく、第三者機関の調停に委ねることにして、熊本県知事寺本広作に調停を依頼しています。このため「不知火海漁業紛争調停委員会」が発足しましたが、寺本知事などが新日窒の責任を問わない立場をとったため、損害補償は当初要求二二億円から一億円に値切られてしまいます。四〇〇〇人を数える組合員一人平均で二万五〇〇〇円の低額でした。しかも、この調停書では、「熊本県漁連は新日窒水俣工場廃水の質と量が悪化しない限り、過去の廃水が病気の原因であると決定しても、一切の追加補償を要求しない」と書かれていたのです。少額の一時金の支

新日本窒素水俣工場前に座り込んだ患者家族たち
（1959年11月29日）
朝日新聞社　提供

払いによって将来にわたる問題の再発を防止する対応が、このときにも繰り返されました。

他方、県警察本部は、不満の爆発を封じ込めるため一二月以降、工場乱入時の暴行容疑で数百人の漁民を勾留ないし尋問し、一四一人を書類送検し、五五人を起訴しました。三人が懲役刑、五二人が罰金刑となりますが、この五五人のうち三分の二近くが水俣病患者となっています（川名、前掲書、四四頁）。こうした少額の補償を受け入れることを強いられた漁民たちは敗北感に打ちひしがれつつ病苦と貧困と社会的な差別の三重苦に苛まれていくことになります。

漁業補償とは別に健康被害に対する補償要求も行われました。一九五七年に結成された「水俣奇病罹災者互助会」が、工場乱入事件が起きた一一月の下旬に患者補償を求めて本格的に動き出しました。要求額は患者一人当たり三〇〇万円でしたが、工場側が交渉に応じないために、互助会も県知事に対して、漁業補償の調停に患者補償を加えることを求めました。しかし、調停の結果は漁業補償と同様に一人当たり三万円という低額にとどまることになりました。加害責任を認めない新日窒、その立場に寄り添う県知事の調停では多くを期待できなかったのかもしれません。しかし、生活に困窮していた漁民も患者も、低額の補償でも受け入れる以外に生きるすべはありませんでした。「私どもは食うに困り、もうどうにもこうにも生きていけないんです。年末だというのに餅が買えない。早く補償交渉をまとめたかったんです」と患者の一人は苦しい決断の事情を説明しています。しかも、この健康被害に対する補償契約でも、「患者互助会は将来水俣病が新日窒の工場排水に起因する事が決定した場合においても、新たな補償金の要求は一切行なわないものとする」と書かれていました。さらに協定では、厚生省管轄の「水俣病患者診査協議会」が水俣病患者の認定を行うという条文（第三条）も書き加えられることになりました。それは、診査協議会を新日窒の下請機関として位置づけることができるからであったといわれています。

こうして水俣における公害問題は、行政側が企業寄りの立場に立つことによって被害者たちを長期に置き去りにすることになります。政府が水俣病と工場廃水の因果関係を認めたのは一九六八年になってからのことです。すでに水俣病が社会問題化したときから一〇年以上が経過しており、六八年五月に水俣工場はアセトアルデヒドの製造を終了していました。遅すぎる発表ですが、それ以上に問題であったのは、この時の厚生省の発表では、不知火湾における水俣病患者の発生は六〇年で終わり、原因企業と被害者の間では五九年一二月に和解が成立しているとして、水俣病問題はすでに終結したものとしていたことです。しかし、この終結宣言は行政の責任逃れであったというべきでしょう。国は水俣病発生の責任を一貫して否認し、公害病として国の救済を求める患者たちとの裁判闘争は、二一世紀に入るまで続くことになりました。

5　新潟水俣病

加害責任を認めようとしない企業、その主張を擁護する政府・自治体という構図は、少なくとも高度成長期までの公害問題ではよくみられる構図でした。もちろん、新日窒附属病院の細川院長のように、医者としての職業的な使命に忠実で、誠実な人もいたことは確かです。しかし、企業のなかにいる人たちは、簡単には会社の意向に反する行動はとりにくい「会社人間」になっていました。水俣は新日窒の企業城下町であったこともあって、本来であれば社会的弱者に寄り添う革新政党の人たちも、実際には新日窒の労働組合が支持基盤でしたから、水俣病の問題に対しては及び腰でした。それが企業別組合の限界でもあり、そのために企業への補償を要求する漁民、患者たちの援軍となることはできませんでした。

こうして公害問題の解決が先延ばしにされていくなかで問題は拡散していきます。その最悪の例の一つが新潟水俣病です。水俣で大きな動きがあった一九五九年の一月に新潟県にある昭和電工鹿瀬工場でアセトアルデヒド・合成酢酸ガスを作る際に生じた廃棄物のカーバイドが阿賀野川に流出し、それによって川の水が白濁して漁業被害が発生しました。これに対して昭和電工は「死魚だけは補償」すると表明して総額二四〇〇万円の補償金を阿賀野川漁業組合連合会に支払いました。しかし、この汚染によってしばらく漁獲量は大幅に減少し、戻るのに二～三年を要したといわれています。しかも、魚が戻ってきたころから漁家で飼っている猫の様子がおかしくなるなどの事例がみられるようになりました。こうしたなかで六五年五月に開かれた日本神経学会関東地方会において、川魚を食べ有機水銀中毒になった四例（うち死亡一人）が報告され、同月末には新潟大学椿教授、植木教授の連名で新潟県衛生部に対し、「原因不明の水銀中毒患者が阿賀野川下流沿岸各地で散発している」と報告されました。これが新潟水俣病の公式確認でした。六月に新潟県はこれを公表しました。原因が昭和電工鹿瀬工場の排水にあることは、新潟大学の研究班が解明しています。これに対して、昭和電工は横浜国立大学の北川徹三教授が唱えた「農薬説」を援用して反論しました。

因果関係についての結論をまとめるために厚生省新潟有機水銀中毒事件特別研究班の合同会議が六六年三月に開かれました。この会議は、中毒事件の汚染源を昭電鹿瀬工場と断定しようとする疫学班メンバーに対して、それを阻もうと批判的な質問を集中的に浴びせ「結論は慎重に」を繰り返す役人グループとの間で論戦が九時間にわたって続けられました。この一連の激しいやりとりのなかで、通産省の担当官などは「あなたがたが、もし犯人を断定したら、昭電から名誉毀損で訴えられますよ」と迫り、「それでいいのかどうか。それに、この調査には国の予算を一千万円近くも使っている。だから学者といえども結果を一存で発表してはならない」と付け加えたりして、なりふり構わず、昭和電工に加害責任があるとの結論を回避しようとしたと伝えられています（川名、前掲書、七〇頁）。

こうした経緯を経て一九六八年九月に熊本の水俣病と合わせて昭和電工の事件も水俣病として政府の見解が発表されました。最後まで抵抗を続けた通産省は、この見解公表と同時に、水銀を使っている化学工業三五社、四九工場に対し、「メチル水銀による汚染の予防に万全の措置をとられたい」と通達しました。これに先立ち、新日窒水俣工場はすでにふれたように水俣病の原因となる「アセチレン法に基づくアセトアルデヒド製造設備」の稼働を停止していました。電気化学工業青海工場もアセトアルデヒド製造を停止し、これを皮切りに同様のプロセスをもっていた七社八工場が次つぎに製造設備をスクラップ化し同様の健康被害、漁業被害の防止が図られることになったのです。

おわりに

熊本と新潟の水俣病と合わせて、イタイイタイ病、四日市の大気汚染が、四大公害事件と称されることになります。イタイイタイ病は、岐阜県の三井金属鉱業神岡鉱業所（神岡鉱山）による鉱山の製錬に伴う未処理廃水に含まれたカドミウムなどの重金属汚染によって、神通川下流域の富山県で発生した公害問題でした。四日市における大気汚染は工場の排煙による汚染で、呼吸器系の疾患が蔓延しています。その四日市では、大気汚染とは別に大規模な海洋汚染が複数の工場廃水によって生じています。この海洋汚染では漁民たちの訴えをもとに四日市海上保安部の田尻宗昭課長らが長い時間をかけて地道な内偵調査を続けて摘発しました。加害企業のうち、三菱系の日本アエロジルは生産工程で濃塩酸を使用し、その廃塩酸水を無処理のまま排水溝を通じて四日市港へたれ流していました。また石原産業の四日市工場では日本アエロジルの四〇〇倍の量の硫酸水を海に流していたといわれています。この石原産業のケースでも会社のなかで深刻な汚染を危惧した四日市工場や同工場長室が「水質汚濁防止対策はこのままではいけない」としきりに警告していたと伝えられています（川名、前掲書、一七九頁）。六九年七月の文書では、「経済性のみに捉われ、（抜本的な水質汚濁防止対策の実施を）逡巡することは将来更に巨大な出費となってはね返ってくることは必定であり、四日市工場を取り巻く地域社会の理解と信頼なくしては、これからの企業発展は望み得ないものと思料致します」と進言していました。科学技術の知識があれば無処理の廃水が被害を発生させることは疑う余地はなかったはずで、現場の声はこれを率直に表明していました。しかし、この事態を的確に捉えた最大限の警告を、同社幹部は受け入れることはありませんでした。

企業の営利追求の姿勢に問題の根源があります。そして、公害を規制し国民の健康を守るべき政府の態度も水俣病への対応に示されるように企業寄りでまったく不十分なものでした。もちろん、四日市海上保安部の田尻課長のように問題に正面から向き合う行政官もたくさんいたことでしょう。しかし、そうした現場に近い真剣な取り組みが政府の方針を変えることはできませんでした。

政府が公害対策基本法を制定するのは一九六七年のことですが、この基本法によって水質汚濁などについて制定されていた関係法の体系化を図りましたが、公害規制に第一歩を画すべきこの法律でも、基本法では財界が主張していた公害規制は「経済との調和」を図って実施するという条項が残されました。制定にあたった佐藤栄作内閣が、経済優先であり、財界寄りであるという批判を受けたのは、そのためでした。しかし、その後も都市のゴミ問題（東京都江東区の夢の島）や自動車の排気ガスによる大気汚染や光化学スモッグの発生などもあり、市民レベルでの公害反対運動が各地で活発に起こるようになります。

こうして高まる対策を求める声を無視しえなくなった佐藤内閣は、七〇年一一月から開かれた臨時国会（公害国会）において公害関係法一四件を成立させ、ようやく「経済との調和」という制限条項をはずすことになりました。そして七一年には環境庁が発足したのです。翌七二年にはストックホルムで開催された国連人間環境会議で「人間環境宣言」が採択され、国際的な取り組みも一段と前進することになります。

生産工程で発生する廃水や排煙などの廃棄物の有害性をもっともよく知っているのはその生産工程を担っている技術者たちです。彼らがその危険性に気がついていなかったとすれば、あまりに情けない話です。そうではなくて、危険ではあるが除染をすることが余計なコストをかけることになり、収益の圧迫要因になることを懸念して、対策をとらなかったのだとすれば、営利企業のもつ病理というべきでしょう。四日市の石原産業のように、技術者たちが声をあげても営利を優先する経営陣につぶされていたことも同じです。被害者に不誠実に向き合って補償を先延ばすことはできても、最終的には加害の責任を問われることになります。そして場合によってはその補償の負担は企業の存続すらも脅かすこともあります。短期的な判断で、つまり目先の利益に囚われ、必要な投資を怠るというのは、営利企業の本来の姿ではないことが理解されていないということでもあります。そして、そうした近視眼的な企業の行動を擁護するような政策方針をとり続けていた政府は、その果たすべき使命を忘却していたと批判されても仕方がないものだと思います。

付け加えると、近視眼的な行動が問題を生むのは、企業だけではありません。一九七三年秋からの石油危機に際して発生したトイレットペーパー騒動は、合理的な判断ができなくなった消費者のパニック行動の結果でした。このころ、メーカーの在庫量は二ヵ月分程度の消費量に絞られていましたから、消費者が家庭にストックしておく通常の量をはるかに超えるような購買行動に出たことで流通在庫はたちまち底をついてしまったからです。生活必需品が買えなくなること、値上がりすることへの不安から「買い溜め」に走った消費者によって発生した仮需によって流通在庫量が底をつき、それによってさらに不安な心理がかき立てられるという悪循環に陥ったのです。こうした経済主体の暴走が始まると、市場の取引機構は調整能力を失います。公害問題は営利を目的とし、それを近視眼的に追求する行動によって生み出されてしまう面がありますが、そうした行動を市場がチェックできないからこそ、それぞれの経済主体が自ら律することへの自覚が問われるのです。

参考文献

石牟礼道子『苦海浄土』新装版、講談社文庫、二〇〇四年
宇井純『公害原論』Ⅰ・Ⅱ・Ⅲ、亜紀書房、一九七一年、合本新装版二〇〇六年
レーチェル・カーソン『沈黙の春』（原書は一九六二年刊、邦訳の最初のタイトルは『生と死の妙薬　自然均衡の破壊者〈科学薬品〉』一九六四年）新潮文庫、一九七四年
川名英之『ドキュメント日本の公害』第一巻、緑風出版、一九八七年
武田晴人『高度成長　シリーズ日本近現代史〈8〉』岩波新書、二〇〇八年

水上勉『海の牙』角川文庫、一九六四年

第14章 ＩＢＭスパイ事件と東芝事件

対外貿易摩擦と日本企業

はじめに

一九八〇年代に日本企業は、高い国際競争力をもつことから海外から称賛の的になっていました。自信をつけはじめた日本企業は、これまで以上に政府からの自由を主張しはじめます。その背景には、石油危機をきっかけに景気対策のためにとられた財政支出の増大が国債の累積となったために、財政再建が政府の課題となっていたことがありました。政府は、再建のために一般消費税の導入を検討しはじめましたが、選挙に不利な増税案には慎重にならざるをえず、代わりの財源を企業増税に求めました。この方針に反発した財界は、「小さな政府」を求めて、省庁の再編や公務員数の削減、無駄な行政事務の廃止などを求めることになり、こうした声に応えるかたちで第二次臨時行政調査会による財政再建策の検討がはじめられます。

企業増税を避けて財政再建を図ることを目的としたこの動きは、日本電信電話公社や日本国有鉄道の民営化などの実現によって政府支出の削減を図ることになります。それは、この時代にスタグフレーション克服策として欧米で浮上した市場経済メカニズムを重視した政策理念であった「新自由主義」と方向を同じくする面がありました。

当初は財政支出の削減策を探るかたちで始まった改革は、次第に政府による企業活動への介入を極小化するような「規制緩和」策の実現へと力を入れるようになります。こうした方向が重視されるようになったのは、財政事情というよりは、この時期の日本の対外関係、とりわけ貿易摩擦の深刻化が関わっていました。対日貿易赤字に悩んでいた米国は、鉄鋼や自動車、半導体などで日本の輸出に自主規制を求めてきていました。同じく対日貿易赤字に直面していたフランスは、ビデオテープレコーダーの通関を内陸部に設定するなどの措置をとったりしています。これらは、理念的には政策的な介入によって貿易不均衡を是正する措置をとることを意味していますから、新自由主義と対極にある考え方に立っています。日本はこれに対抗するために、欧米からの是正圧力に対して公正で自由な貿易を実現することを主張することになります。一九九〇年代にWTO設立につながるような自由貿易の理念に日本は拠り所を見出し、輸出自主規制など二国間の話し合いに基づいて政府が関与することをできるだけ避ける方向に進むことになります。こうした方針が貿易政策として定置されるのは一九八〇年代後半から九〇年代にかけてのことですが、そのときまで米国からの強い圧力で二国間での貿易問題にも取り組み続けました。

この圧力は、日本の輸出削減と同時に輸入拡大を求めるものでした。海外からみると日本市場は政府の関与もあって非関税障壁が高く、輸入が阻害されていると指摘されていました。結果からみると、このような指摘が実際の輸入を阻害していた側面はそれほど大きくはなかったようですが、それでもこの海外からの圧力は、財界が政府へ規制緩和を求めるうえで重要な追い風になりました。一九八〇年代初めの財政

表14-1　産業分野別規制分野のシェア

（単位：%）

	全体に占めるウエイト		規制分野の業種内ウエイト	
	1965年	1990年	1965年	1990年
農林水産業	9.2	2.3	85.7	87.1
鉱　業	1.2	0.3	100	100
建設業	7.3	9.2	100	100
製造業	31.9	25.9	23.4	14.1
卸売・小売業	12.4	12.8		
金融・保険・証券業	4.7	4.9	100	100
不動産業	6.2	9.4	2.6	7.5
運輸・通信業	7.7	6.2	98.8	97.3
電気・ガス業	2.5	2.4	100	100
サービス業	12.4	22.8	72.8	55.6
公　務	3.2	3.2	0	0
その他	1.4	0.5	0	0
合計／平均	100	100	47.8	41.8

（出所）『経済白書』平成7年版。

再建を課題として改革が着手されていたときには、財政支出の削減が重要な目標でしたが、民営化などで目にみえる大きな改革が進んでいくなかで、小さな政府を求める動きは企業活動に関わる政府のさまざまな規制を撤廃していくことを中心に進められます。

たしかに戦後の日本では企業活動に対する政府の関与は広範囲に及んでいました。そのなかには合理的でないものや、類似の規制が異なる官庁によって所管されているため、企業がそれぞれに対応するような重複を甘受している面もありました。だから、そうしたやり方を改めることは適切な判断であったということはできます。規制改革は、表14－1のように一九九〇年までに製造業やサービス業などでかなり進展しています。そしてこのような行政に対する改革要求はそれから四半世紀にわたって続くことになります。

しかし、この改革のなかには、企業側が海外からの圧力を利用した「便乗型」の規制緩和要求もありました。その結果、国民生活の安全・安心に関する問題が軽く扱われ、たとえば耐震強度に関する検査結果の偽装や食品の産地偽装などの問題を引き起こすこともあったというべきでしょう。

また、市場経済を活用する改革の代表例の一つとなる国鉄の民営化は、それによってエキナカのような事業展開によってＪＲの経営改善の可能性を開くような側面もあり、東日本、東海、西日本の三社の経営状態を改善させたといわれています。しかし、その反面でその他の地域のＪＲでは経営状態は芳しくなく、そのためにローカル線が不採算であるという理由で次々と廃線に追い込まれ、公共交通サービスが行き届かなくなるなどの問題も発生しています。そうした路線は、もともと民営化になじまず、官営事業だったから維持できていたのではないかと思います。そうした事情を無視した改革が生んだゆがみが大きいのです。

このように新自由主義的な改革の動きには、効率性だけを重視して社会的ニーズをいかに満たしていくのかというような観点の希薄さなどの問題がありました。それとともに問題であったのは、企業活動を「営利追求」に狭く捉えるような考え方が強まったことでした。「全国一本という大組織による労働組合の管理下に国鉄は陥っている。だからこれは分断しなければだめだ」との意図に基づいて推進された面がある国鉄改革に象徴されるように（武田晴人『日本経済の事件簿』新版、日本経済評論社、二〇〇九年、三二五頁）、政府と財界が一体となっての労働組合に対する攻勢的な動きが労働組合運動の力を削いでいましたから、企業はますますその自由を奔放に際限なく追求するようになります。そうした企業のおごりが新しい問題を生んでいきました。

1　IBMスパイ事件

一九八二（昭和五七）年六月二二日に日立製作所や三菱電機の社員など計六人が、米IBMの機密情報に対する産業スパイ行為を行ったとして逮捕される事件が起きました。この節では、この事件について、立石泰則『覇者の誤算』（講談社文庫、一九九七年）を参考にしながら、振り返ります。

この事件は、翌八三年にIBMと日立が和解することで解決に向かいます。その後八四年には当初は当事者ではなかった富士通とIBMの交渉も進められ、これも八八年に和解しています。

なぜ、スパイ行為が疑われたのか、疑われるような行為が起きたのかがまずは問題です。背景には、一九七〇年代初め、コンピュータ輸入自由化の圧力が強まるなかで、これに対抗する必要性が高まっていたことがあります。日本では通産省の支援のもとで、国内コンピュータ・メーカー六社を三グループに分けて研究開発が推進されていますが、この開発過程で、日立と富士通はIBMとの互換路線を追求し、IBMのシステム370を目標に開発を進めていました。日立ではこのとき開発した機種をOEM輸出すること

「違法・盗品」告げ取引
FBI捜査官が供述書で指摘
産業スパイ事件 新たな展開
工場幹部らも関与
日立側 要求・報酬リスト示す
さらに三人逮捕
三菱社員ら合計九人に

『日本経済新聞』（夕刊，1982年6月24日付記事，1面）
共同通信配信
AP/アフロ

で互換機ビジネスを開始し、富士通は米国のAmdahl社を通じて参入しています。互換可能なハードウェアの販売によって顧客をＩＢＭから奪うことが基本的な日本企業の戦略だったのです。

これに対抗して、ＩＢＭは一九八一年に新しい370拡張アーキテクチャに基づく「3081K」を発表し、互換機の開発を難しくしようとしました。この対抗措置のために、日立の勇み足が生じたといわれています。日立は3081Kに関する技術文書を、日立と取引のあったＮＡＳ社（ナショナル・アドバンス・システム）から入手しました。逮捕当時に米国ＦＢＩが発表したところによると、日立が入手した文書は盗難品だったとされています。そこへタイミングよく、日立が一〇年近く契約していた米国の調査会社であるペイリン社が3081Kに関するレポートを持ち込みました。日立はそのレポートの目次を見て、ＮＡＳから入手済みの資料に酷似しており、両方の文書が何らかの共通の資料に基づくものと判断し、ペイリン社に対して、「その資料は既に持っている。しかし、それは一部と思われるので、他にもあるなら購入したい」と同社に伝えました。

ところが、ペイリン社は日立に機密文書があることを直ちにＩＢＭに通報したのです。そこで、ＦＢＩにＩＢＭが協力して、日立の社員をおとり捜査に誘い込むこととし、このおとり捜査の過程で日立は情報の対価として覆面捜査官に五四万六〇〇〇米ドル（約一億六〇〇〇万円＝当時）を支払います。さらに覆面捜査官は、これが会社ぐるみの犯罪であることを立証するために地位の高い人物による保証を要求し、神奈川工場長までも渡米させることに成功します。こうしてＦＢＩは、日立が違法に機密情報を入手するシーンを演出し、その現場を隠し撮りしたビデオテープなどの証拠を蓄積したうえで逮捕に踏み切りました。

入手した情報によって日立の互換機開発が進展したという関連が明らかになったわけではありません。それゆえ、一九八二年七月に日立本社と社員一四人が起訴されたときの容疑は米国連邦法の「盗品移送共謀罪」でした。つまり、3081K の機密情報を盗品と知りながら米国国外に持ち出そうとしたというものでした。

この刑事事件については、一九八三年二月に司法取引により、日立は入手した文書が盗品であることを知らなかったとする一方で、逮捕された事実だけは認めて罰金刑だけで決着しています（立石、前掲書、八二七頁）。盗品の移送に関わる共謀罪で有罪にするのには十分な証拠がなかったということでしょうか。その後、ＩＢＭは日立に対して民事損害賠償訴訟を起こし、これも一〇月には和解しています。日立がＩＢＭの秘密情報を利用して利益をえたことはなかったことをＩＢＭが認め、損害賠償は支払われませんでした。ただし、この和解内容には、八八年までＩＢＭが日立のコンピュータ製品を事前に検査できること（検証システムを設置する）、訴訟費用を全額日立が負担することなどが含まれていました。こうして日立は五年間ＩＢＭ社の監視を受けることにはなったのですが、結果的には互換機に取り組みやすくなったともいわれています。しかし、日本国内では、日本電子工業振興協会会長であった日本電気社長関本忠弘が「検査の内容や方法によっては、日本で共同開発してきた先端技術が海外に流出することになりかねない」と懸念を表明するなど、日本の先端産業全体に影響するものと認識されていました。

おとり捜査は米国では合法的な手段ですが、非合法な手段とされる日本では事件の摘発について日立に同情する論説も少なくなく、日本アイ・ビー・エムは日本市場での商売が難しくなったといわれます。しかし、逮捕に至る過程について問題にすることは難しいでしょう。大事なことは、この事件の背景には、米国内で先端技術産業である電子工業に対する保護の必要性の認識や、それと関連して知的財産権の保護意識の高まりなどがあったことです。一九八一年春に、米国上下両院合同委員会では、対日タカ派と目されていたボルドリッジ商務長官が「高度技術製品でアメリカは自動車の二の舞を演じてはならない」「日本の技術開発と導入がアメリカの国内法に違反していないか、監視体制を強化すべきだ」と証言していることからも、このような認識が広まり、それに基づいて政治的な圧力が捜査を促した可能性が高いと思います（立石、前掲書、八二四頁）。

さらに一九八一年一月に米国司法省はＩＢＭに対する独禁法違反を問う起訴を取り下げています。ＩＢＭはシステム360の成功により世界市場の七〇％を占めていましたが、独占批判をかわす意図もあって国際標準機としての地位を固めるために仕様を公開し、互換機メーカーを容認していたのです。しかし、この訴訟取り下げによって、強くなりすぎた競争相手に対して独禁法の束縛から自由になったＩＢＭは互換機メーカー叩きに乗り出しました。こうした経緯がこの事件が発生し、米国から産業スパイとして日本企業が叩かれたことの背景にあります。それは、米国内における対日貿易不均衡に対する不満、イライラの発現でもあり、これを解消していく方策の一つとして知的財産権の保護の動きが強まることにもなりました。逆にみれば、日本企業は米国政府の標的になるほどに強くなっていたのです。

その後、一九八三年一〇月には、この事件とは無関係の富士通がＩＢＭと基本ソフトに関する秘密協定を結んでいたことが発覚します。ニューヨークのＩＢＭのスポークスマンが日本人記者に秘密契約の存在を漏らしたことがきっかけでした。富士通は、「ＩＢＭと互換的なソフトウェア全般を対象に、ＩＢＭに対価を支払うことで合意した。支払いの性格、金額、方法、条件などの契約の詳細については明らかにできない」と発表しています（立石、前掲書、八四二頁）。この協定が結ばれたのは、日立が産業スパイとして告発された八二年七月から三ヵ月後の一〇月からの交渉によるもので、八三年七月には合意に達していました。のち日立も同じ秘密協定を結んでいることが発覚しています。

互換機メーカーとしては日立とは異なる方針で進んでいた富士通は、ハードウェアだけでなく基本ソフトも自社で開発して低価格と高性能を実現し、ＩＢＭから顧客を奪っていました。ユーザーの応用ソフトがそのまま富士通の互換機で動くように、インターフェイスは同じだが内部での処理方法は違うものにすることで、互換機と同じ機能をもたせていたのです。この富士通のやり方は、ＩＢＭがインターフェイスを広く解釈していたのとは異なり、狭く解釈していたことにより、ＩＢＭ側からクレームを受け、対応する必要が生じたもののようです。

ＩＢＭと富士通との紛争は、この秘密契約だけでは終わりませんでした。一九八五年一〇月には基本ソフトの使用をめぐる紛争が判明したのです。米国ＩＢＭは、基本ソフトの著作権の協定（一九八三年）に違反してその一部を無許可でコピーしたとして富士通に巨額の違約金を請求するため、米国仲裁協会に仲裁を申し立てたのです。非公開が原則の仲裁法廷の結果次第では、富士通機のユーザーは使用中の応用ソフトが使えなくなるという不安を抱くようになり、この紛争によって富士通は受注が困難になりました。ドイツのシーメンス社が、それまで富士通から汎用コンピューターのＯＥＭを受けていましたが、基本ソフトの販売を打ち切ると発表したのはそのあらわれです。

注目された米国仲裁協会の仲裁命令は、一九八八年一一月に最終的に決まりますが、それによると、富士通は八・三億ドルを支払う見返りにインターフェース情報を一〇年間入手できることになりました。

こうしてＩＢＭが日本企業を標的にした訴訟事件は一段落します。日本企業は多額の支払いを求められることになりますが、仲裁の検証過程では、ＩＢＭが富士通の漢字処理システムなどを学んで同社製品の漢字化が一挙に進んだことが明らかになり、コンパクトな設計、クリーンな組み立てなど、日本製品の優秀性も認識されることになりました。それでも多額の支払いを求められたわけですが、これをきっかけに多くの製品のソースコード提供を取りやめたＩＢＭは、知的所有権の維持を最優先として、他システム接続情報などユーザーの使いやすさを損なう方向に向かうことになり、結局、顧客との関係が維持できなくなったと評価されています。

2　東芝機械ココム違反事件

一九八〇年代に日米貿易摩擦が解決の糸口をみつけられないなかで、八七年に東芝機械が対共産圏貿易を制限していたココム（COCOM）協定の違反で摘発されました。外国為替及び外国貿易法違反事件であり、国内で処理される事案ですが、共産圏に輸出された工作機械によりソビエト連邦の潜水艦技術が進歩しアメリカ軍に潜在的な危険を与えたとして、この問題は日米間の政治問題に発展しました。この事件については、春名幹男『スクリュー音が消えた』（新潮社、一九九三年）があります。

東芝機械は、国内工作機械の大手メーカーであり総合電気メーカー東芝が五〇・一％を出資した子会社でした。同社は、一九八二年一二月から八四年にかけてソビエト連邦技術機械輸入公団へ、同時九軸制御が可能な高性能モデルの「工作機械」八台と当該工作機械を制御するためのＮＣ（数値制御）装置及びソフトウェアを輸出していました。機械本体の輸出は八二年から八三年、さらに修正されたソフトウェアが八四年に輸出されたとされています。これを担当した東芝機械の社員は、ソ連から引き合いのあった「工作機械」が共産圏への輸出が認められていない点を認識したうえで、輸出する機械は、輸出可能な同時二軸制御の大型立旋盤の輸出であるとの偽りの輸出許可申請書を作成し、海外において組み立て直すとして契約を交わしていました。輸出を管理する通産省は、この許可申請が虚偽であるとは見抜けませんでした。

この取引をＣＩＡなどの諜報活動を介して知ることになった米国政府は、この輸出が日本も参加していた対共産圏輸出統制委員会（COCOM）の協定に違反していること、とくに国防総省ではソビエト連邦海軍の攻撃型原子力潜水艦のスクリューの静粛性向上に貢献したと考えました。

一九八七年三月に第一報を報道した『朝日新聞』は次のように伝えています。

「米国防総省筋は一九日、潜水艦のスクリューをつくるのに使われる日本製の工作機械がソ連に渡ったことを米政府がつかみ、ココム（対共産圏輸出統制委員会）の規制に違反する疑いがあるとしてこのほど日本政府に対し、調査を要請したことを明らかにした。関係筋によると、問題とされた工作機械は、東芝の五〇％出資の子会社である東芝機械の製品と見られる。

フライス盤の一種で、船のスクリューの羽根をつくるのに用いられる。軍事技術に転用可能な汎用技術製品で、ソ連は、これを潜水艦のスクリュー音を減らすための新型羽根の開発、製造に利用しているという。

ソ連がいつ、どのような経路で入手したのかは明らかでないが、ノルウェーの兵器メーカー、コングスベルグ社からも同様の工作機械が渡っている、と米政府は指摘している。これらの入手によって、ソ連は、潜水艦の探知、識別、追跡の手がかりとなるスクリュー音を小さくするのに成功し、米海軍にとってソ連潜水艦の追尾を困難にする恐れがある、というのが国防総省の見方だ。

このため米政府は日本、ノルウェー両国政府に対し、これらの機械が輸出された事情を徹底的に調査するよう要請。ココム違反が明らかにされれば、ココムに関する国際了解とそれぞれの国内法に基づいて「適切な措置」（国防総省筋）をとるよう求めている。」（『朝日新聞』一九八七年三月二二日）

この報道よりだいぶ前から米国政府の働きかけを受けながら、さほど重大事とは考えずに曖昧な対応を続けてきていた通産省は、さすがに報道によって本腰で対処せざるをえず、二ヵ月後の五月に東芝機械に対して共産圏向け輸出の一年間停止の行政処分を行い、さらに虚偽申請に関して国内法である外為法違反により東芝機械および社員を逮捕・起訴しました。この裁判の判決は翌八八年三月に東京地裁で下され、東芝機械が罰金二〇〇万円、幹部社員二人は懲役一〇ヵ月（執行猶予三年）及び懲役一年（執行猶予三年）の判決でした。この事件に関連して、親会社の東芝では、佐波正一会長および渡里杉一郎社長が辞職しています。

法令違反に関する問題は、こうして行政及び司法の処分が下されましたが、この間に米国では、東芝の製品を輸入禁止するなど、この問題に対して厳しい対応がとられ、外交問題化しました。日本の対応、とくに東芝に対する処分が軽すぎること、それにもかかわらず親会社のトップが辞任しているのは、「有罪の告白」と受け止めたからです（春名、前掲書、九〇〜九二頁）。日本人の感覚では有罪を認めたという意味ではなかったはずですが、そうは受け取られませんでした。そのため、呼応してホワイトハウスの前では連邦議会議員が東芝製のラジカセやTVをハンマーで壊すパフォーマンスをみせるなど感情的な反応もみられたほどです。米国議会において東芝追及の中心人物であったハンター下院議員は、輸出により米国兵が命の危険にさらされたと東芝を厳しく批判し、さらに米国の原潜がソ連原潜を探知できる範囲が五〇%減少したため五～一〇年内に三〇〇億ドルを投じて三〇隻の新型原潜を建造する必要が出てきたと主張しています。

東芝機械が法令を犯して輸出したことについては疑問の余地はなく、厳正な処分が必要であることは確かです。しかし、米国が主張していたソ連潜水艦の静粛性が向上したこととの関連性については明確な証拠はありません。この当時、国防次官補であったリチャード・アーミテージは議会下院軍事委員長に宛てた書簡において、事件の三年前にソ連原潜はすでに静粛化されたスクリューを装備しており、米国軍も対応策を検討していたと述べ、東芝への制裁に反対していたからです（春名、前掲書、一二六頁）。つまり、東芝機械の不正輸出事件は、何らかの政治的な意図に基づいて展開され米国側のプロパガンダの一環であった疑いが強いのです。

東芝製品のボイコットを訴えて，同社製のラジカセをハンマーなどで打ち壊す米国議会議員
（1987年7月1日）
ロイター＝共同　提供

米国政府の反応は、巨額の対日赤字を計上していた経済摩擦への反発があり、貿易不均衡問題の解決を求めて日本への圧力を強める意図が込められていたというわけです。実際、問題の工作機械に関しても、

一九八〇年代には日本製のNC工作機械の米国市場への進出に関連して日米摩擦が発生していました。日本製品の急激な進出への反発が強かったからですが、この日本製品の進出はNC型の工作機械の製造にいち早く取り組んだ日本メーカーが、それを怠っていた米国メーカーに対する競争優位を確立させていたからでした。つまり、多くの日米貿易摩擦の背景には、米国製品の競争力の停滞、劣化が横たわっていましたから、それだけ日本企業の強さを印象づけるものです。その日本企業の代表的な存在の一つであった東芝が標的にされ、子会社の引き起こした不正輸出を捉えて叩かれたのです。そして、この事件は、競争力という自らの抱える問題を浮き上がらせずに、冷戦体制を前提にした武器等の輸出に関する国際的な制限の枠組みに依拠して日本批判を展開できる格好の材料になったということができます。

おわりに

一九八〇年代に激化した日米貿易摩擦は、国内では経済界の「規制緩和」要求の追い風となり、企業活動の自由を追求する方向へと大きく舵をとる契機となりました。それと同時に本章で取り上げた事例で明らかなように、日本の代表的な企業が米国との摩擦の象徴的な存在として批判を受けました。

米国側が政治的な意図をもって動いていたことは疑いのないことですが、日本企業の行動にも問題があります。東芝機械では法令違反を知りつつ、虚偽の申請で輸出許可を取っていました。日立や富士通の行動は、知的財産権に関する国際的な合意がまだ十分には整備されていないなかで、微妙な問題を含んでいます。しかし、これらの企業の行動は、企業の営利追求という視点からは社内的には大目にみられていたものでしょうし、営利に貢献する限り正当化される傾向があったことも事実だろうと思います。法令違反すれすれでも営利を第一と考えることは、公害問題への対応でもみられたことですが、こうした態度がますます強まっていたことを知ることができます。付け加えると、事件によって日本に対する米国からの批判が強かっただけに、日本企業の違法な輸出に注目が集まりますが、前掲の朝日新聞の報道にあるように、東芝機械の輸出は単独ではなく、ノルウェーの企業も関与しているものであり、その問題を捜査したノルウェー当局によると、ココム協定違反の輸出取引は、「ドイツやフランスの西側企業も含めた大規模な国際共謀犯罪だった」（春名、前掲書、一三四頁）というのが真相のようです。その意味では、米国はともかくとして日本を含めた西側諸国は貿易規制協定を遵守せず、冷戦体制に関わる緊張感を失っていたということもできます。

同時に、一連の貿易摩擦のなかで批判される側に立った日本企業は、日本経済が経済大国化したことと合わせて、自信にあふれていました。国際競争力の強さが、その現実的な基盤でした。こうした日本企業の優位性について、米国の側にも日本企業の強さの秘密を解明しようとし、たとえばリーン生産方式を提示したＭＩＴの研究プロジェクトのように、トヨタ生産方式のもつ合理性を理解し、そこに競争力の源泉を見出すものもありました（ジェームズ・Ｐ・ウォマックほか『リーン生産方式が、世界の自動車産業をこう変える。』経済界、一九九〇年）。米国のなかでも批判一辺倒ではなかったことは認識しておく必要があります。こうした研究などの力もあって、日本の企業体制そのものを英米流の企業とは異なる類型の企業として捉える議論もこの時代には生まれています。Japan のＪをとってＪ型企業の特質を論じる書物が当代一流の経済学者や経営学者たちによって出版されたりしました（青木昌彦・小池和男・中谷巖『日本企業の経済学』ＴＢＳブリタニカ、一九八六年）。日本的経営という議論では、協調的な労使関係を支える長期雇用（終身雇用）、年功制賃金、企業別組合が称賛され、同時に株式の持ち合いによる安定株主に守られた経営者の高い能力、メインバンクシステムに基づく資金調達と企業活動のモニタリングなどの要素が、強みとして称賛の的になり、それがもつ経済合理性を説明する議論も重ねられました。

これらの議論には今日でも妥当性をもつものがありますが、問題なのはこうした称賛に囲まれた日本企業は、自信が過信となり、おごりになったのではないかと疑われる状況が生まれたことです。それが次章以下でみるような、さまざまな企業不祥事の基盤になったということもできます。

参考文献

青木昌彦、小池和男、中谷巌『日本企業の経済学』ＴＢＳブリタニカ、一九八六年
ジェームズ・Ｐ・ウォマックほか『リーン生産方式が、世界の自動車産業をこう変える。最強の日本車メーカーを欧米が追い越す日』経済界、一九九〇年
武田晴人『日本経済の事件簿　開国からバブル崩壊まで』新版、日本経済評論社、二〇〇九年
立石泰則『覇者の誤算　日米コンピューター戦争の40年』講談社文庫、一九九七年
春名幹男『スクリュー音が消えた　東芝事件と米情報工作の真相』新潮社、一九九三年

第15章 投機的利潤追求と金融システム

住専問題を生んだ狂乱

はじめに

前章でもみたように、一九八〇年代に入って日本は先進国の優等生とみなされるようになります。日本の企業経営の強さや日本的経営は海外からも称賛され、日本の国内でもその強さに関する研究が多数発表されています。

そうした内外からの高い評価のもとで、自信をもちはじめた日本企業の足下をすくうような問題が発生しつつありました。一九八〇年代末のバブル経済に向かって、「資産効果」などの捉え方で、株や土地などの資産価格の上昇が経済拡大に貢献するとされるなかで、企業経営者は、自らが直面している問題を十分には理解していなかったようです。

とくに問題であったのは、企業の資金調達面での変化でした。大企業を中心に高利潤をあげる一方で、安定株主を中心とする株式保有構造では高配当よりは内部留保を優先する財務政策がとられていましたが、成長率の低下のなかで設備投資は以前ほどの勢いを失い、さらに経済活動がサービス産業化していくなかでは、これまでとは異なるビジネスチャンスに対応する革新的な能力が必要とされていましたが、そうした力量には不足していました。資金需要が相対的に小さくなるなかで、資金調達面では大企業の銀行離れが進んでいました（武田晴人「序章」武田晴人編『高度成長期日本の産業発展』東京大学出版会、二〇二一年）。為替市場の関係も含めると、海外での資金調達を直接金融で行う方が国内調達よりは有利であったことや、株式市場の好調のもとでは株式などの証券発行が銀行借入よりも有利となったからです。このことは、企業側からみれば自己資金を中心に余剰資金が生じており、他方で銀行等の金融機関側からみれば、資金運用難が生じつつあったことを意味しています。そうした変化は、日本的な経営の重要な柱であったメインバンクシステムの土台が崩れつつあったことを示していました。運転資金をみるだけになったメインバンクは貸付先企業を監視する力を失っていたのです。そして、これらの変化がバブルのなかでの金融業界を巻き込んだ企業不祥事につながりました。

1　証券犯罪

バブルとは思いも及ばなかったかもしれませんが、一九八八（昭和六三）年に東京証券取引所は、世界一の取引高を記録しました。この年の売買高は二八六兆円で、ニューヨークの一七四兆円を大きく上回っていました。この翌年四月には証券取引法が改正され、インサイダー取引取締りが強化され、三年後の九一（平成三）年一〇月には損失補塡の取締りが明確化します。そうした証券取引に関わる不法行為が横行していたことが次々と明るみに出たからです。

それまでの証券取引では、未公開情報をいち早く入手して儲けるのが当たり前の雰囲気があり、インサイダーが利益をえることを「役得」と見逃している風潮がありました。もちろん当時の証券取引法でもインサイダー取引規制があり不正取引として禁止されていたのですが、実効性はありませんでした（小谷融「証券不祥事と法規制」『大阪経大論集』六二巻二号、二〇一六年）。ところが、一九八〇年代後半に入るころには米国でインサイダー取引に関する大規模な事件が摘発され、これと比較して「日本の証券市場ではインサイダー取引の取り締まりをやっていない。東京証券取引所はインサイダー天国だ」といった批判記事が登場するようになっていました。この事態に対して八六年に「大蔵省証券局長とＳＥＣ（米国証券取引委員会）委員長との間で『不公正取引に係る情報の交換に関する覚書』が署名され」ます。このようにインサイダー取引規制強化の外圧が強まるなかで起きたのがタテホ化学工業事件でした。この事件は、八七年九月に「タテホ化学工業が債券先物取引を利用した財テクの失敗で債務超過となったとき、そのことを知っていたのではないかと疑われる取引銀行が、その事実が公表される前にタテホ化学工業株を売却して損失を免れた」というものでした。これをきっかけに、八八年に上記のような証券取引法改正が実施されたのです。

この改正後にも、インサイダー取引として事件となったものには、次のようなものがあります（以下、発覚年次、対象企業、インサイダー取引者名）。

一九八八年　三協精機株疑惑　三協精機および新日本製鐵
一九九〇年九月判決　日新汽船株事件　千代田ファイナンス
一九九一年五月摘発　マクロス株事件　同社役員

一九九四年三月発覚　日本商事株事件　同社役員
一九九五年二月告発　新日本国土工業株事件　清水銀行および丸紅建設機械販売
一九九六年八月起訴　日本織物加工株事件　顧問弁護士
一九九七年五月起訴（発生は一九九四年）　鈴丹株事件　同社役員
一九九七年五月起訴（発生は一九九四年）　シントム株事件　取引先
一九九八年五月告発　トーソク株事件　親会社日産自動車役員
一九九八年一一月起訴　日本エム・アイ・シー株事件　合併先企業役員と証券会社社員
一九九九年二月起訴　トーア・スチール株事件　大株主丸紅の役員および社員

（神山敏雄『日本の証券犯罪』日本評論社、一九九九年より作成）。

法改正によって違法行為として犯罪（刑事罰）とされたあとにも、およそ一年に一件ほどの頻度で事件が発覚し、摘発・起訴されていますから、証券取引市場の不正行為が続いていたことがわかります。

他方で、当時の証券取引法（一九六五年改正法）では、「証券会社又はその役職員が有価証券の売買その他の取引について生じた損失を負担することを約して勧誘することが禁じられ」ていました。「こうした勧誘により投資家が安易な取引をすることにより投資家の自己責任原則が害されて、かえって投資家に不利益になる恐れがあること、損失保証を巡る紛争の防止、証券会社の健全経営が損なわれる恐れがあること」などが理由でした（神山敏雄『日本の経済犯罪』新版、日本評論社、二〇〇一年、一二〇～一二一頁）。ただし、このときには免許取消などの行政処分が科せられるだけで、違反者に対する刑事罰はありませんでした。ところが、バブルが崩壊する前後の時期における証券会社の大規模な損失補填が一九九一年六月の各証券会社に対する税務調査を契機として明らかとなり，暴力団との不適切な取引，相場操縦の疑惑などとともにいわゆる「証券不祥事」として社会問題となりました。そこで，同年の証券取引法改正において緊急措置的に損失補塡を罰則をもって禁止し，その温床となった一任勘定取引も禁止したのです。

どのような事件があったかを簡単に振り返ってみると，一九八九年一一月には大和証券が過去に行った大口顧客に対して約一〇〇億円の損失補塡をしていたことを公表しています。この事件が発覚したのは，損失の肩代わりに使われていた三協エンジニアリングの脱税が摘発されたためでした。さらに翌年七月には東京国税庁の調査で山一證券ほか証券会社十数社が八七年のブラックマンデーなどで損失を被った大口顧客に対して総額一六〇億円の損失補塡を行っていたことが明らかになりました。

それから一年後の一九九一年六月には日興証券が九〇年度中に大口顧客の損失一九〇億円を補塡していたことが判明します。野村證券は記者会見において前日までは損失補塡はないと説明していました。しかし，日興証券の事実が明らかになったのと同じ日に九〇年度に一六〇億円の損失補塡を行ったことを認め，さらにその翌日には年金福祉事業団との債券取引で四五億円の損失補塡をしていたことも認めました。こうして次々に補塡の事実が明らかになったことから大蔵省は四大証券会社に損失補塡額を届けるように求めます。七月二一日に公表されたところによると，野村證券は四九社に対して二五六億円，日興証券は五九社に対して三三三億円，大和証券は五五社に対して二一八億円，山一證券は六六社四三九億円の損失補塡が明らかになり，その合計は二二九社一二四六億円という巨額に達したのです。しかも，翌九二年に日本証券業協会が自主調査によって，四大証券会社以外の一八社について一〇八億円の損失補塡の事実を発表しました。

大口顧客やなじみの顧客に何らかの便宜、たとえば価格の値引きをするというような取引慣行は、市場取引では珍しいことではないかもしれません。しかし、この損失補塡は度を越していました。一九八〇年代の半ばぐらいから、「財テク」という言葉が流行語となり、一般の投資家も巻き込んで株式市場での財産運用が活発化していました。そうした一般投資家たちの多くは、バブルの崩壊によって大きな痛手を受けていたので、法人企業を中心に証券会社から多額の補塡を受けていた事実は、とても受け入れられるものではありませんでした。しかし、そこには、日本企業が抱えていた経営能力上の問題が大きな影響をもっていたことを見逃すことはできません。そのことを見落とすと、バブルとその崩壊の意味を見誤ることになります。

一九八〇年代に日本的経営が称賛されるなかで、冒頭で書いたように、日本企業の多くは余剰資金を抱えていました。設備投資の伸びが鈍化する一方で、証券発行による資金調達が内外で容易になり、それらの資金を運用する方法を見出す必要があったのです。本業の伸びが思うようにならないなかで、日本企業はそれまでの積極的な拡大・成長戦略を見直す必要がありました。そこで、海外からの称賛などのために「思い上がった」日本企業では、利益拡大の機会を求め、法人としての「財テク」が安直に選択されたのです。しかし、それまで日常的な資金繰りについてはメインバンクに依存し、長期の設備資金については自己資金を中心に充当してきた日本の企業にはファイナンスの専門家は育っていませんでした。専門的な知識をもたない法人企業が「財テク」というリスクをともなう慣れない事業分野に進出する背中を押したのが証券会社でした。証券会社は、これはと思う法人顧客に低利の資金を調達して証券市場で運用することを勧誘し、その過程で顧客に対する利益の見込みを過大に吹聴し、営業を拡大しました。

財テク・ブームの渦中にあった事業会社の財務担当者は、幹事証券会社の事業法人部門の担当者から証券取引法で禁止されている「利回り保証」を受けたといわれます。それは、事業会社の財務担当者も求めていたことであり、幹事証券であれば当然のサービスと受け止められ、証券界では「ニギリ」と呼ばれていました。取引手数料が主な収入源であるため取引量が多くならなければ収益がえられない証券会社にとっては、顧客の動かす資金量をかさ上げすることが必要であり、財務運営に関する適切な判断ができる人材が乏しい企業は実質的には運用を証券会社に「丸投げ」していたのです。「御損はかけません」という証券会社の勧誘に応じた企業側は市場が暴落しても、「ニギリ」を根拠に「見込みの利益」の確保を要求し、それらが上記のような巨額の損失補塡になったと考えられています。つまり、この問題の背景には、日本企業の特異なあり方が関わっているのです。

それでは、証券会社はこの損失補塡をどのようにして経理処理していたのでしょうか。一九九三年一〇月に山一證券では米国債を利用した「飛ばし」によって複数の法人顧客に対する一〇〇億円ほど損失の穴埋めをしていたことが発覚します。「飛ばし」とは、損失が出ている株式などを買い戻し条件付きで時価とかけ離れた値段で第三者に転売することです。この「飛ばし」を決算直前に行うことで期末の決算書では損失の表面化を避けることができますが、一種の粉飾決算で、現在では禁じられています。こうした違法な会計処理によって一時凌ぎした理由は、再び株式市場が活況を呈すれば、損失は消えると期待していたからだと思います。しかし、それは絵に描いた餅でした。こうして財テクに走った企業にも、それをそそのかした証券会社にも厳しい結末が訪れました。

その後、損失補塡が犯罪とみなされるようになっても、類似の事案が起きています。一九九五年六月に証券取引等監視委員会は、千代田証券が一九九三〜九四年にかけて六三〇〇万円余りの損失補塡をした疑いがあることを明らかにしました。翌九六年一二月には野村證券が総会屋グループに株式取引を通して利益供与していることが表面化しています。この事件で損失補塡額五〇〇〇万円だけでなく、別に現金三億二〇〇〇万円が供与されたといわれています。そして、九七年には山一證券が同様に損失補塡三億二〇〇〇万円、九月には大和証券が利益供与額六七〇〇万円と現金二億円、日興証券が一四〇〇万円の利益供与などの疑惑が浮上しました。この九六〜九七年の事件は、総会屋がらみの事件で、バブル期の法人顧客に対する損失補塡とは事情が異なりますが、法的な規制が強まっても、証券会社はよくよく懲りない面々ばかりだったようです。そして、この問題を発端に次章で述べるように山一證券が破綻することになりました。

株式市場が企業の価値をあらわすものとされていますが、ここで問題とした証券犯罪は、株式市場本来の機能からはずれ、株式価格の変動に乗じた投機的な利益を追求し、そのためには手段を選ばなかったことによって引き起こされたものです。株価の変動の基盤にある本業の収益性向上に努めるのではなく、他社の株価の変動に乗じて一攫千金を目論むことは、株式会社の本来の姿ではありませんが、それが営利企業が陥りやすい逸脱であることも間違いないでしょう。それゆえ、財テクの熱狂は短命に終わります。

2　住専問題

大企業が「財テク」にのめり込むなかで、大企業という大口貸付先を失った銀行も迷走していました。

表15-1　住専の母体金融機関

	母体金融機関
日本住宅金融	三和，さくら，東洋信託，大和，三井信託，横浜，あさひ，千葉，北海道拓殖
住宅ローンサービス	第一勧銀，富士，三菱，あさひ，住友，さくら，東海
住　総	信託銀行7行
総合住金	第二地方銀行協会加盟行
第一住宅金融	日本長期信用銀行，野村證券
地銀生保住宅ローン	地銀64行，生保25社
日本ハウジングローン	日本興業銀行，日本債券信用銀行，大和証券，日興証券，山一證券

（出所）大蔵省・農林水産省調査による。

それはバブル経済の主役のひとつとなった土地に対する投機的な取引の活発化に関わっていました。そして、その市場の崩壊によって明るみにでた「住専問題」、つまり住宅金融専門会社（住専）の経営破綻は、銀行などの金融機関の暴走によるものでした。

住専は、一九七〇年代に個人向け住宅ローンの専門会社として相次いで設立されたものでした。個人向けの、リーテールの金融業務は現在では銀行の主力業務の一つですが、もともと企業金融を中心に経営発展してきた日本の金融機関は、個人向けの金融に関しては得意な分野ではありませんでした。そのため、個人向けの住宅ローンの拡充を担った主力は住宅金融公庫などの政府系金融機関でした。銀行などでは融資対象者の職業・年収・資産など人物を対象とした条件が厳しかったこともあり、住宅購入者はまずは住宅金融公庫で借り、不足分を一般金融機関で調達するなどのやり方が一般的でした。しかし、家計の所得が増加し、持ち家志向が強いなかで住宅ローン融資の拡充が求められていましたから、これに対応するために、リスク分散などの狙いもあって金融機関が別働隊として設立したのが住宅金融専門会社でした（表15－1）。住専は銀行とは異なって預金などを集めるわけではなく、主として設立の母体となった金融機関からの借入金で資金を調達する仕組みでした。

ところが、一九八〇年代になると個人向けローンの回収が予想外に順調に進むことが明らかになったこともあり、母体の金融機関も積極的に個人向け融資に乗り出すようになってきます。大企業の資金調達が自己金融化したために、金融機関からみれば設備資金需要が減少した分だけ余剰が発生し、新たな運用先を探していたという事情が、個人向け融資に傾斜させていく要因になりました。母体行の運用方針の変化を受けて、住専はよりリスクの高い融資を選択せざるをえなくなり、打開策を不動産業者向けの融資に求めることになったのです。

その背景には、東京を中心に市街地の再開発によってオフィスビル建設が活発化するなど土地需要が高まっていたことがあります。しかし、現実にはそうした実需を超えて土地の投機的な取引が展開することになります。「土地は必ず値上がりする」「土地の値段は決して下がらない」という「土地神話」が支えでした。投機的であったのは、それらの取引が転売目的のものが多くなったからで、それがさらに土地の価格の高騰を促しました。この当時、東京二三区の地価で米国全土を購入できるほどの地価水準となったといわれていますが、このような地価上昇をもたらした土地取引を金融面から支えていたのが、住専の不動産融資であり、その加熱のなかで、次第に母体行も不動産融資にのめり込んでいきました。金融機関は「土地神話」を頼みに不動産融資にのめり込んでいきますが、そのやり方はかなりずさんだったようです。「地上げ」のような強引な土地買収を行う業者も含めて不動産業者に対する融資額をきちっと管理もせず、母体行と傘下の住専とがともに同一の相手に貸し込んでしまうようなことも多々あったと伝えられています。通常であれば、土地評価額の七割程度を目安に融資額の限度を設定していたのに対して、地価高騰を見越して一二〇%を融資した例などもあり、融資を優先するあまり、抵当権の順位が下位でも担保を設定して貸し付けるなどの行為も行われています。しかも、母体行である日本長期信用銀行を例にとると、「不動産価格の天井が見え始めた段階」でも、貸付先のプロジェクトが頓挫しないように追加融資が行われ、それにより損失がふくらんでいったと、当時の審査部長で同行最後の頭取となる鈴木恒男は述懐しています（鈴木恒男『巨大銀行の消滅』東洋経済新報社、二〇〇九年、二五頁）。

土地の価格が上昇を続ける限り、こうしたリスクを軽視した融資方法が破綻をみせなかったために歯止めがきかなくなったという面もあるかもしれません。一九八九年末に三万八九一五円に達した株価に対して、土地価格は九〇年末時点で八五年末の二・四倍となっており、年々の上昇率は東京の住宅地価格でみると、八七年二二%、八八年六九%、八九年三三%、九〇年五六%を記録していたのです。市場は狂乱状態でした。

資産バブルに懸念を抱くようになった日本銀行は、それまで米国に配慮して続けてきた低金利政策を転換し、金融面からの投機の抑制に乗り出し、合わせて政府が土地取引の過熱化を規制するために税制面などから対策を打つようになります。土地取引の行き詰まりが明確化し、土地価格は九二年に一五%、九三年二五%と下がりはじめ、二〇〇〇年代初めまでに八割近く下落しました。この結果、肥大化した不動産融資はバブル崩壊とともに不良債権となり、住専七社を経営破綻に追い込んだのです。

一九九五年に大蔵省が発表した住専七社の不良債権額は、表15－2の通りでした。この時点では、第2分類の「今後破綻する可能性が高い（＝破綻懸念先）」とみなされるものが多く、第3分類の「倒産はして

表 15-2　住専七社の「第一次立入調査」における不良債権

（単位：億円，％）

	貸出総額 A	分類額 B	うち 第2分類	不良債権率 B/A	調査基準日
日本住宅金融	22,739	6,617	6,617	29.1	91.12
住宅ローンサービス	16,386	4,326	4,293	26.4	91.09
住　総	18,692	7,466	7,438	39.9	91.11
総合住金	13,677	3,690	3,688	27.0	91.10
第一住宅金融	17,417	5,435	5,435	31.2	92.01
地銀生保住宅ローン	10,461	6,252	6,135	59.8	92.07
日本ハウジングローン	23,638	12,694	11,938	53.7	92.08
合　計	123,010	46,479	45,544	37.8	

（注）分類額は，第2分類，第3分類，第4分類の合計で，大蔵省の金融検査における不良債権額。

（出所）大蔵省『住宅金融専門会社7社に関する平成3年ないし平成4年の第1次立入調査結果』。

いないが事実上経営破綻の状態にある（＝実質破綻先）」や第4分類の「法律上の倒産整理の段階にある（＝破綻先）」はそれほど多くはなかったのですが，これは深刻化する問題を覆い隠そうとする金融機関が甘い査定を行っていた面がかなりあるようです。

この点は，第一次調査結果報告の以下の指摘からも明らかです。まず，日本住宅金融では，「不計上利息七五億円，貸倒引当金繰り入れ五〇～一〇〇億円の発生が見込まれるが，これに対して，所有不動産の含み益が二三七億円あるので来期はこれでカバーできる」とされているが，これは楽観論であり，実際は非常に厳しい決算になることが予想されること，日本住宅ローンサービスについては「早晩経営問題になる」，住総については「役員の一部に現状を楽観視している」，総合住金では，「一二四％と高率の掛目で融資を実行しているもの，通常では考えられない担保評価を行っているものなど不適切な事例が散見される」という悲惨な状況です。

この甘い査定でも，問題がありそうだと考えられていた不良債権が貸出総額の四割近くに達しており、とりわけ地銀生保住宅ローンや日本ハウジングローンでは過半を占めていました。

こうした実態が明らかになるにつれ、住専に資金を提供している母体金融機関の経営に対する打撃に対処する必要が生じます。母体行も不動産融資にのめり込み、リスクの高いものは住専に偏っていたとしても安全圏にいたわけではないからです。その結果、金融機関の連鎖的な経営破綻が懸念されるようになります。とくに問題となったのが、これらの住専に多額の融資をしていた農協系金融機関でした。これらの機関が都市の不動産融資に資金を運用するのは設立趣旨に明白に反する行動でしたが、バブルに乗り遅れまいと多額の資金を投入していたからでした。これについて、とりわけ農村地帯を選挙基盤とする保守政党などの議員の働きかけもあって、政府は、体力の弱い農協系金融機関が連鎖的に破綻に追い込まれれば、日本の金融システム全体の混乱につながりかねないとの懸念を強調することになりました。そのため、大蔵省は農水省と「住専に対する債権の元本を保証する」覚書を交わしていたと伝えられています（岩田規久男『金融法廷』日本経済新聞出版社、一九九八年、八四〜八六頁）。特別扱いでした。この政府の見方は各方面から批判され、住専問題は政治問題化します。こうした政治的な対立もあって金融面での整理方針がまとまらず、先送りされていくうちに不良債権は雪だるまのように増加しました。

政府は一九九五年末を住専問題の解決期限として、関係金融機関の調整に努めていきましたが、それに先だってまとめられた九五年八月の第二次立ち入り調査による不良債権額は、表15-3の通りでした。これによれば、不良債権比率は四分の三にまで高まっており、加えて、前回の調査で多かった第2分類ではなく、第3分類が増加していました。

表 15-3　住専七社の「第２次立入調査」における不良債権

（単位：億円，％）

	貸出総額 A	分類額 B	うち 第２分類	うち 第３分類	うち 第４分類	不良債権率 B/A
日本住宅金融	19,312	14,367	3,939	2,407	8,022	74.4
住宅ローンサービス	14,196	10,833	3,400	1,672	5,762	76.3
住　総	16,094	12,907	2,838	1,272	8,796	80.2
総合住金	11,183	9,606	3,039	1,532	5,035	85.9
第一住宅金融	15,058	9,914	2,349	1,726	5,839	65.8
地銀生保住宅ローン	8,779	6,951	1,645	1,206	4,100	79.2
日本ハウジングローン	22,574	16,743	2,922	1,918	11,903	74.2
合　計	107,196	81,321	20,132	11,733	49,457	75.9

（出所）　大蔵省『住宅金融専門会社７社に関する平成７年８月の調査結果』。

一九九五年一二月に政府が閣議決定した「住専処理策」は、破綻した住専七社の資産を、受け皿となる「住宅金融債権管理機構」に移して、一五年かけて債権の回収にあたるというものでした。住専の清算に伴って生じる七兆六五〇〇億円の損失のうち、一兆二四〇〇億円については、農協系の負担を減らすため、清算時に処理せず、正常債権とともに受け皿機関に移し、残りの六兆四一〇〇億円の一次損失については、母体行が三兆五〇〇〇億円の住専向け債権を全額放棄すること、母体行でない一般金融機関が債権のうち一兆七〇〇〇億円を放棄するというもので、金融機関に重い負担を求める内容でした。その一方で、農協系は五兆五〇〇〇億円もの債権を全額返済してもらったあとで、贈与のかたちで五三〇〇億円を負担するにとどまることになりました。そして、これらの処理でも不足する六八五〇億円については九六年度予算からの支出で賄うというのが「処理策」が描いた全体スキームです。なぜ、農協系だけが優遇されたのかについては、政治的な処理であり、経済的な合理性に乏しいと断言してもかまわないと思います。日本の農業生産への影響を懸念する議論はもっともらしい面がありますが、そもそも農業金融分野に責任をもつ金融

表 15-4　住専借入金の機関別内訳（1995 年 7 月）

（単位：%）

	母体行	一般行	農協系統
日本住宅金融	37.1	24.6	38.3
住宅ローンサービス	15.9	33.8	50.3
住　総	42.3	17.4	40.3
総合住金	15.4	39.3	45.3
第一住宅金融	20.8	28.2	51.0
地銀生保住宅ローン	24.2	35.5	40.3
日本ハウジングローン	45.1	16.4	38.5
平　均	28.7	28.3	43.0

（出所）　岩田規久男『金融法廷』日本経済新聞出版社，1998 年，105 頁。

機関がその任務を逸脱したことを棚上げにすることはできないはずです。返済された五・五兆円は住専七社の貸出総額（九五年八月調）の半分に相当するものです。それだけ多くの資金が農協系金融機関を経由して投入され、土地バブルを加速（加担）する役割を果たしていたのです。同じように融資していたそれ以外の金融機関については母体行でなくとも一・七兆円の放棄を求めていることと対比しても、農協系への優遇は目に余るものがあります。放棄させた分だけ農協系金融機関に救済のための補助金を出したようなものです。しかし、資金を融資したものにも融資に伴う「貸し手責任」があるはずです。土地バブルに関しては、それをあおったのは金融機関です。株式会社論では株主の出資者としての責任と、それに対応して利益の分配などに発言権があることを強調します。これに対して金融機関の貸し手責任が軽視されており、そのなかで政治的な判断で負担の公平さすら保てなかったということでしょう。

そして、農協系金融機関への追及の甘さが「処理策」の閣議決定から間もない九六年一月の「第二次損失」処理策に波及しました。「第二次損失」とは債権管理機構が回収しきれずに生じるもので、このときには数兆円に達すると見込まれていました。この半額を税金で穴埋めすると政府は発表したのです。民間企業倒産処理に税金を使うという前代未聞の決着が、農協系金融機関への優遇を突破口に他の金融機関にも拡張されたわけで、当然、これに対する世論の反発も強いものでした。この処理過程に関する大蔵省の責任については、岩田規久男『金融法廷』（日本経済新聞出版社、一九九八年）などを参照しながら考えてみるとよいでしょう。

3　銀行破綻と金融再生

しかし、バブル崩壊後の金融面でのゆがみは、何をおいてもまず解決すべき問題でした。先送りすることは問題を肥大化し、解決を難しくすることは、七〇年ほど前の一九二〇年恐慌後の日本経済が金融不安から景気が低迷した経験などに鑑みれば、優先課題だったと歴史的には考えることができます。しかし、税金を投入してでも早期に解決すべきという意見は少数にすぎませんでした。世論の反発から税金の投入に逡巡する政府の政策判断から不良債権問題は、金融機関の行動を制約し、二〇〇二年に小泉純一郎内閣の金融再生プログラムで大胆な処理が進められるまで、日本の経済発展の制約要因となり続けました。そして、その間に、小規模な金融機関の破綻が一九九〇年代には顕在化し、銀行はつぶれないというそれまでの「神話」が崩れ、大蔵省も金融機構の安定のために救済を優先する政策を転換することになりました。

具体的には、一九九一年一〇月に東海銀行が東京の三和信金を（預金残高一八六一億円）を救済合併したのを皮切りに九二年四月には伊予銀行が東邦相銀（松山市）を救済合併、一〇月に東洋信金を分割して三和銀行が救済合併し、翌九三年一〇月は釜石信金、九四年一〇月には松浦信組が事業譲渡して解散します。九五年一月には東京協和・安全の二信用組合が破綻して東京共同銀行を設立することになり、三月には関西興銀が岐阜商銀の救済合併、七月にはコスモ信用組合の破綻、八月には木津信用組合、兵庫銀行の破綻と続きます。

当初は、小規模な金融機関の破綻でしたが、一九九七年には北海道拓殖銀行と三洋証券、山一證券が、翌九八年には日本長期信用銀行と日本債券信用銀行が破綻し、社会からの金融に対する信頼は大きく揺らぎます。

こうした状況が続くなかで都市の大銀行でも再編の動きが活発化し、一九九六年には東京銀行と三菱銀行の合併によって東京三菱銀行が生まれます。さらに、九六年の橋本龍太郎内閣における金融制度改革（金融ビックバン）の提唱のもとで、九八年の独占禁止法改正に基づいて持株会社設立による銀行の統合が進められます。二〇〇〇年には富士銀行と第一勧銀、日本興業銀行によってみずほホールディングスが設立されることになり、二〇〇二年に銀行部門はみずほ銀行となりました。同じ二〇〇二年に三和銀行と東海銀行によりＵＦＪ銀行が設立され、さらに東京三菱銀行とＵＦＪが二〇〇六年に三菱東京ＵＦＪ銀行に統合されます（二〇一八年から三菱ＵＦＪ銀行）。また、住友銀行と旧三井銀行（九二年から、さくら銀行）とは二〇〇二年に持株会社ＳＭＦＧを設立し、傘下に三井住友銀行を置くことになりました。こうしてかつては都銀一三行と呼ばれていた有力銀行群は、三大メガバンク（三菱ＵＦＪフィナンシャル・グループ、三井住友フィナンシャルグループ、みずほフィナンシャルグループ）体制へと再編されることになりました。

しかし、この金融再編が日本の企業体制にどのような影響を及ぼすのかは、現時点では判断できる状況ではありません。設備投資の低迷など長期の不況に陥っているなかで、個人部門では預金超過であり、さらに企業部門も預金超過に転じたことから、銀行部門は国債の消化機関化しつつあります。預金過剰に陥った銀行は、個人の顧客に対しても、異常な低金利が続くなかで投資信託などへの預金の転換を勧めて預金量の削減を図るなどの営業政策をとっています。メインバンク関係が弛緩していることもあって、企業は金融機関との関係を希薄化させているということかもしれません。それはすでに一九八〇年代から始まっていたことで、それが長期の不況をもたらす要因になっているというわけではないことは注意を必要とするでしょう。

おわりに

二〇二〇（令和二）年になると、新型コロナウイルス感染症の流行によって企業活動に制約が強まっているなかで、回復基調をたどっていた日本の株式市場は、三月下旬には一万六〇〇〇円台に下落したのち、一一ヵ月後の二一年二月には三万円台へと急激に上昇しました。年率八割を超える急騰はバブル期を上回るものです。投機的な様相を呈する市場の動向は、長期に続く低金利のなかで、行き場を失った余剰資金が株に活路を求めているようにみえます。

こうした現象は繰り返し生じているということかもしれません。その背後に投機的な収益を目指す企業が懲りもせずに後を絶たないことがあります。営利企業は、その成り立ちからいえば特定の事業（財やサービスの生産）によって社会的なニーズを満たすことによって、その見返りとして収入をえて必要な費用を支弁し、収支の差額を利益として将来の投資資金として積み立て、出資者に対する残りの利益を分配するというものです。この文脈を短絡させて営利企業は営利を目的とすると表現しますが、本来は社会的ニーズに応えた結果が利益として認識されるにすぎません。しかし、現代では短絡したかたちで企業を捉えることが当たり前のようになり、そのような捉え方のなかで株式の売買によって企業活動の利益の分け前を奪い合っています。

それは市場経済メカニズムのもつ重大な問題点でもあります。バブルのような投機的な取引を加速し、それを制御する手段を市場経済それ自体はもっていないからです。もちろん金融機関に対する検査などによって、問題を早期に発見し予防するような、市場経済メカニズムの欠陥を補完するような制度が工夫されていますが、それには限界があります。その限界を示した具体例が一九九五年に発覚した大和銀行ニューヨーク支店における米国債の投機的な取引による巨額損失です。金融機関の投機的取引による損失発生はそれ以前からしばしば起きていますが、大和銀行に関しては、九三年五月に大蔵省から一週間に及ぶ実態調査のため検査官五名が派遣されています。しかし、元大和銀行ニューヨーク支店トレーダーで事件を引き起こした井口俊英が書いた『告白』(文藝春秋、一九九七年)によると、実際には検査官が「支店に立ち寄ったのは一日目の午前だけ。しかも、上層部と一時間懇談したのみ。ニューヨーク滞在は二日。日程には、金融事情調査としてラスベガスに行く予定も含まれていた」ということです。検査に実質はありませんでした。検査する側にも想像を超える腐敗があったようです。制度を作っても運用が適切でなければ機能しないのは当たり前ですが、井口は、変動金利債券の取引で五万ドルの損失を発生させたことを隠蔽するために簿外で米

『告白』
(井口俊英著，文藝春秋，1997 年)

国債の取引を行っていましたが、その不正は一二年も続いていたにもかかわらず、行内では発見できず、最終的には一一億ドルに損失が膨れ上がっていました。このような不正について、米国当局の検査でも不正取引はみつけられませんでした。ニューヨーク連銀は、九二年に検査官一人を二日間派遣しますが、そのときには検査官がオフィスにいたのはわずか一五分でした。翌九三年にも四週間の検査が行われ、この時はていねいに検査が行われたようですが、問題を発見することはできませんでした。

事件が発覚したのは井口が打つ手に窮して大和銀行上層部に手紙で巨額損失を告白したからでした。この手紙に驚愕した上層部はとりあえず大蔵省に報告しますが、大蔵省は事実発表を遅らせるように指示したと伝えられています。米連邦捜査局もこの手紙は入手していて捜査を開始し、後手を踏んだ大和銀行は米国当局に事実隠蔽を疑われることになり、結果的には大和銀行に対して厳しい処分が下ることになりました。司法取引に応じた大和銀行が支払った罰金は、それまでの最高額の三億四〇〇〇万ドルで、大和銀行は米国内の営業から完全に撤退させられることにもなりました。

一人の担当者に委ね過大な権限を与えて実態を把握できなかったツケがこのようなかたちに結実したのです。組織的な企業犯罪というわけではなかったでしょう。その点では、本章で取り扱ったインサイダー取引や損失補塡は関係企業が営利を優先して組織的に引き起こしたものですから、だいぶ様相は違います。しかし、根っこのところでは同じ病根が巣くっています。営利を優先するために、外見的には儲かっているようにみえる取引を行ったと報告してきていたニューヨーク支店に対する大和銀行のモニタリングはまったく機能していませんでした。儲けが報告される限り、支店は優秀であり、担当者はヒーローだったからです。

そんなヒーローの一人であったベアリング社のニック・リーソンが書いた『私がベアリングズ銀行をつぶした』（新潮社、一九九七年）には、「私はたぶん世界でたった一人の、バランスシートの両側を操作できる人間で、しかも、その異常さが気にならなくなっていた」と記されています。そして、会社の幹部がなぜ問いつめなかったのかという問いに対して、「それは彼等が馬鹿だったから」「幹部たちは先物取引とは何かを知らなかった。幹部になどなるべきではなかった」とさえうそぶいているのです。ベアリング社は八億三〇〇〇万ポンドの損失を出し、オランダの金融保険グループに買収され、イギリス金融市場でも著名なマーチャントバンカーであった同社自体が消滅したのです。営利に目がくらんだ結末がこれでした。大和銀行の事件も同根と思います。

参考文献

井口俊英『告白』文藝春秋、一九九七年
岩田規久男『金融法廷　堕落した銀行堕落させた大蔵省』日本経済新聞出版社、一九九八年
神山敏雄『日本の証券犯罪　証券取引犯罪の実態と対策』日本評論社、一九九九年
神山敏雄『日本の経済犯罪　その実状と法的対応』新版、日本評論社、二〇〇一年
小谷融「証券不祥事と法規制　インサイダー取引規制」『大阪経大論集』六二巻二号、二〇一一六年
鈴木恒男『巨大銀行の消滅　長銀「最後の頭取」10年目の証言』東洋経済新報社、二〇〇九年
武田晴人「序章」武田晴人編『高度成長期日本の産業発展』東京大学出版会、二〇二一年
ニック・リーソン（戸田裕之訳）『私がベアリングズ銀行をつぶした』新潮社、一九九七年

第16章 山一證券の自主廃業

甘い期待が招いた失敗

はじめに

一九九七（平成九）年一一月一九日の昼少し前、山一證券の野澤正平社長と藤橋忍常務は大蔵省を訪問して長野厖士証券局長と面談し、長野局長から「感情を交えずにタンタンと言います。検討した結果は自主廃業を選択してもらいたい。社長に決断をしていただきたい。金融機関としてこんな信用のない会社に免許を与えることはできない。行平さんはどう考えていたか、伺いたいぐらいだ」（「社内調査報告書」山一證券株式会社社史編纂委員会編『山一證券の百年』一九九八年、四五八頁）と伝えられました。これが日本の証券業界の一角を長く担ってきた山一證券が命脈を絶たれた瞬間でした。

この事件について、河原久『山一証券失敗の本質』（PHP研究所、二〇〇二年）は、「山一と相前後して発生を見た他の金融機関の破綻、三洋証券、北海道拓殖銀行、日本長期信用銀行、日本債券信用銀行などは営業譲渡や再建計画による処理だったために、従業員の失職のテンポが緩慢であり、かつある程度雇用の機会も残っていましたが、山一の破綻は自主廃業によるものであり、そのために山一グループ全体で一万人の従業員が一挙に失職……その家族を含めて三万人の生活基盤が同時に失われたことを意味し、大きな社会問題として表出するにいたった」（同書、二頁）と解説しています。単なる企業破綻ではなく、社会的な影響が大きかったということです。一方で、経済史家の橋本寿朗さんは「春秋の筆法を借りれば、九七年の自主廃業は六五年の再建措置に胚胎していたとみられる」としています（橋本寿朗「山一證券の破綻と銀行管理下の再建」『証券経済研究』二二号、一九九九年、九〇頁）。本章では、この橋本さんの指摘にもある一九六五年の経営破綻にさかのぼって、山一證券の経営展開の問題点を探り、九七年の自主廃業に至る経緯を考えていきたいと思います。

1　一九六五年の証券恐慌と山一證券

消費ブームと投信ブーム

一九六〇年代前半、所得倍増計画に象徴される強気の経済政策にも支えられて高成長を遂げた日本経済のもとで、個人投資家の株式投資熱にのって山一證券をはじめとして証券業界は活況にわいていました。その背景には、企業の好調な業績を反映して株価が上昇し、これに刺激されて、株式への投資や、さらに新しく売り出された投資信託に人びとの関心が集まっていたからです。六一（昭和三六）年の公社債投資信託の発売時には、「銀行よサヨウナラ、証券会社よコンニチワ」というキャッチフレーズで投資信託が宣伝されます。その効果もあって公社債投信は、発売一ヵ月で四六〇億円という資金を集める爆発的な売れ行きとなります。投資信託に投下された資金量は、年末残高でみると五五年ころの約六〇〇億円から、六〇年には一〇倍の六〇〇〇億円を超え、公社債投信が売り出された六一年には約一兆二〇〇〇億円になります。その背景には、高成長による企業業績の好調が大企業を中心に従業員の賃金上昇に結びつき、これによって生活に余裕ができた消費者の資金などが、株式や債券などの市場に動員されたからでした。銀行などの金融機関に資金調達を依存していた企業のなかにも、設備投資資金を株式市場に求めるものが出はじめ、株式を上場する企業数が飛躍的に増加したのがこの時期です。

ところが、このようなブームの状態にもかかわらず、このころから株式市場はかつてのような勢いを失いつつありました。一九六〇年にようやく一〇〇〇円台に達した東京証券取引所の平均株価は、翌年の一九六一年夏には一八〇〇円を超える水準まで急騰しましたが、その後、反転して下落基調になり、六四年終わりころには一二〇〇円ほどとなり、三年半ほどで三分の二水準に下落しました。六四年は東京オリンピックの年で実質経済成長率は一三%を超えており、貿易収支も黒字となるなどマクロ的にみると経済状態は良好でした。しかし、労働力不足が顕在化して賃金上昇圧力が高まる一方で、設備稼働率は必ずしも高まらず、結果的には企業利益が低迷するミクロの不況となっていました。この企業収益の悪化が株価の低迷に反映していたのです。

一九六五年の証券恐慌

市場の変調は証券会社の経営も圧迫するようになりますが、それでも証券会社の多くは、強気な経営方針で顧客を集め、「運用預かり」という手法で資金を集めて営業活動を展開していました。現在では認められていませんが、「運用預かり」とは、証券会社が主に割引金融債を中心に各種の債券を不特定多数の顧客から預かり、これを運用して利子を含めた運用益の一部を品借料として顧客に支払う契約によって資金調達を進めるものでした。品借料を支払えるだけの運用の成果が上がればともかく，株価の下落はこれを強く制約するものでしたから，結果的に六四年秋には大手の証券会社のうち三社までが赤字決算になるというほど業績が悪化していきました。同じころ，ミクロの不況を反映して，産業界でも企業倒産が増加しています。六四年一二月のサンウェーブと日本特殊鋼，六五年三月の山陽特殊製鋼と，うち続く大型倒産によって「構造不況」を唱える論者も出るほどでした。

こうしたなかで，一九六五年五月に山一證券の経営破綻が発覚して証券恐慌が発生しました。六四年秋に赤字決算を発表したころから，有力証券会社の経営状態が悪いことは，業界の関係者や監督官庁である大蔵省には，ある程度知られていました。そのため，六四年一〇月には，証券市場対策の一環として，個々の証券会社の経営建て直しを進めるため，まず，山一證券に対してメインバンクである日本興業銀行，富士銀行，三菱銀行が再建案の検討を始めています。この動きに対して，政府は日本共同証券を設立し，低迷する株式市場から株式を買い上げて，株価の回復を図る方策を打ち出すとともに，証券業をそれまでの登録制から免許制に改め，証券業への監督を強化する証券取引法の改正を準備することになりました。

極秘処理作業の破綻

山一證券の経営悪化の実態が，メインバンク三行による調査で明らかになったのは，一九六四年一二月末ころで，損失額は公表された赤字三四億円よりはるかに厳しいものでした。事態の深刻さに驚いた銀行側は，年が明けた六五年一月に大蔵省に対して経営再建のための政府の救済を要請し，山一證券も経営再建計画を作成して，大蔵省と日本銀行に協力を要請しました。これに対して，日本銀行は個別の企業の経営破綻に特別な措置をとるわけにはいかないという態度で救済に消極的でした。大蔵省は，山一證券の経営破綻が証券恐慌から金融恐慌へ発展するのを回避することを重視して対応策を模索していました。この大蔵省の方針に沿って，山一證券の経営状態の詳しい調査や，どのような対策をとるかについての検討が限られた人たちだけで極秘のうちに進められていくことになります。また、大蔵省は有力報道機関に対して、山一證券の現状を率直に説明したうえで、混乱を避けるために報道自粛を要請し、社会党にも国会での追及を行わないよう要請しています。対策が固まるまでは隠密行動をとり、問題が公表されることによる混乱を避けたかったからだといわれています。

しかし、このシナリオ通りにドラマは進みませんでした。三月末決算で判明した山一證券の損失額は、公表された金額は八四億円でしたが、実際には二八二億円と予想以上に巨額でした。山一證券の資本金八〇億円の三・五倍の大幅な赤字でしたが、これについてメインバンク三行の利害が対立して再建策はまとまりません。こうして時間ばかりが空費されていくなかで、報道自粛協定に加わっていない西日本新聞社という地方新聞社がこの問題に気がつき、五月二一日、報道自粛の協定期限が到来する直前に「山一證券、経営難乗切りへ、近く再建策発表、社党、国会で追及か」という次のような記事を報道しました。これによって大蔵省主導で進められていた極秘作業は破綻しました。

「山一證券、経営難乗切りへ

近く再建策発表／社党、国会で追及か

山一證券（資本金八十億円、社長、日高輝氏）は、経営難打開のため、かねて主力三銀行（富士、三菱、興銀）の協力をえて、抜本的な再建策を検討していたが、このほど①店舗・人員整理などの内部合理化②金利負担の圧縮を柱とする経営改善策を固めた。同社は業界内部への影響を考慮して、あくまで経営難の表面化を避けてきたが、社会党が国会で同問題を追及する動きを見せてきたため、近く再建策を発表する予定である。産業資本調達の使命をもつ大証券が、このような経営難に直面したことは前例のないことである。しかし、政府や日銀は「系列会社や一般投資家に実害がない前向きの対策だから、連鎖倒産や社会不安を招く心配はまったくない」とし、証券界建て直し策の一環として、同社再建を援助する姿勢をとっている。」（『西日本新聞』一九六五年五月二一日）

政府は、特ダネ報道の当日昼前に田中角栄大蔵大臣が談話を発表して、「投資家に迷惑をかけない」「場合によっては日本銀行が資金面で特別の配慮をする」など万全の対策が準備されていることを明らかにします。金融恐慌へと信用不安が拡大することを抑えるためでした。しかし、報道翌日の二二日には、山一證券の全国約九〇の支店には解約を求める投資家たちが殺到しはじめます。この日は土曜日で、この当時は半日営業だったのですが、通常の五倍の顧客が店を訪れ、取引口座を解約しました。翌週になると株価も影響を受けて下がりはじめ、来客数は連日一万人を超え、二八日には二万人を上回り、山一證券では一週間で一七七億円の解約に応じることを余儀なくされました。二八日の昼過ぎ、山一證券の経理担当常務から電話で「もうどこの銀行も、信用金庫も一〇〇万円ですら貸してくれない」という悲痛な報告が大蔵省に届いたといわれています。解約に応じるために山一證券は、必死になって資金をかき集めていたのです。しかし、投資家の不安は昂じるばかりで、山一證券広島支店では顧客整理のために警官が出動し、神戸支店では投石によって支店のガラスが割れるなどの事態まで起こりました。そして、不安心理に駆られた顧客の動きは、他社にも波及し、証券会社が解約を求める顧客であふれることになります。証券恐慌でした。

日本銀行特別融通の実施

五月二八日の夜、東京・赤坂の日本銀行氷川寮で、田中角栄大蔵大臣、大蔵省幹部、佐々木直日銀副総裁、富士、三菱、興銀の頭取が緊急に会合して対策を協議することになりました。この席上、日本銀行は、特定の企業の救済に手をさしのべることが歯止めのない救済活動につながるのではないかと懸念し、メインバンク三行の責任を問題にし、日本銀行からの資金融通に消極的でした。「悪例を残したくない」ということでした。日本銀行の救済措置がなければ、メインバンク三行が山一證券に資金援助をすることは難しいことは明白でしたから、この日銀の態度を変えることが解決策をまとめるためには必要でした。

田中大蔵大臣は、日本銀行からの資金融通によって山一證券を救済する以外に方法がないと判断していました。なかなかまとまらない会談のなかで、「証券取引所を閉鎖してゆっくり時間をかけて対策を検討すべきだ」と提案した三菱銀行の田実渉頭取に対して、田中大蔵大臣は「それでも都市銀行の頭取か」と一喝し、議論のリーダーシップをとっていきます。そして、日本銀行法の第二五条に、「日本銀行は主務大臣の許可を受け信用制度の保持育成の為必要なる業務を行うことを得」という条文があることを根拠に、大蔵大臣の許可のもとに山一證券に特別融通を行い、その資金難を解消して経営再建を図るという救済案で関係者の合意をえることにしたのです。大蔵大臣が実質的には指示して救済するというのであれば、日銀も許容できるものだったわけです。

しかも、こうして合意された日銀の融資額は二四〇億円でしたが、救済策を発表するに際して田中大蔵大臣は、限度なしで無制限に資金を貸し出すと報道機関に対して説明するように日本銀行に要請しました。つまり、田中大蔵大臣は、マスコミの報道によって始まったこの取り付けを、マスコミを利用して鎮静に向かわせようとしたのです。無制限の融通という大胆な対策がとられるとは考えていなかった新聞などの報道機関は、この決定を大きく報じ、それによって取り付けはようやく鎮静化しました。

その後、山一證券の経営破綻によってピークに達した不況に対処するため、政府は七月に新しく大蔵大臣に就任した福田赳夫大臣が赤字国債を発行して積極的な景気対策を講じることを発表します。景気回復のために政府は、一九四九年のドッジライン実施以来守り続けてきた均衡財政主義を放棄し、財政法四条で規定されていた非募債の原則を破り、赤字公債の発行による財政面から景気刺激策を実施しました。これをきっかけに株式市場もようやく回復に向かい、やがて日本経済は岩戸景気を上回る長期の好況、「いざなぎ景気」のなかで、再び高度成長を続けることになります。そして、この景気の回復と株価の回復が、再建を目指していた山一證券には追い風となり、四年後にはこのときの特別融通を完全に返済し、再び四大証券会社の一角を占めることになりました。短期間に経営再建を果たしたことが、その後の山一證券にとって、破綻の教訓の継承を曖昧にさせたのではないかというのが、おそらく冒頭で紹介した橋本寿朗さんが指摘したものではないかと思います。

もちろん、この証券恐慌をきっかけに大蔵省の証券行政は、監督色の強いものになり、銀行業と同様の「護送船団方式」へと変わり、大蔵省の過保護な金融行政という禍根を残すことにもなりました。この保護的な態度が証券不祥事などをきっかけに改められていくことは、前章でみた通りですが、山一證券にとっては、困ったときには政府・日銀が助けてくれると期待でき、それで時間を稼げれば、何とかなるという意識を生んだのかもしれません。

2　一九九七年の自主廃業

財テク・ブーム下の山一證券

前章でもふれたように、一九八〇年代には事業会社の一部では「銀行離れ」が進む一方で「財テク取引の拡大」が明確化しています。この企業の財テク取引において、証券投資の面で顕著だったのが直接的には信託銀行が提供する特定金銭信託およびファンド・トラストの急増でした。事業会社にとって、これらの利用は、いわゆる簿価分離が認められた結果、それまでの保有株式の含み益を温存したまま同一銘柄での資金運用が可能となったため、短期間で収益がえられることとなり、株価バブルをあおる主因ともなりました。

これらの運用は、本来は委託者およびその代理人が信託銀行に指示し、証券会社に発注されるべきものですが、バブル期においては、運用は証券会社に一任され、信託銀行には売買の結果を事後報告するだけという「営業特金」が幅をきかせていました。かつての「運用預かり」に類似した手法であり、委託者などの本来の投資家が運用の内容に無関心になる悪弊を伴っていました。この「特金・ファントラ」の活用にはバブル期には都市銀行を中核とする銀行も大いに参入したとみられていますから、山一證券だけの問題ではありませんでした。

バブル期の証券会社にとって「営業特金」は収益拡大の安易な手段でした。運用を一任されているために、買いと売りを繰り返す回転売買を行うことで多額の手数料収入がえられるうえに、全般的な株価上昇が続く限り、これに基づく運用成果は委託者にとっても満足しうるものだったからです。こうして営業特金の残高は急拡大していきます。そして「利回り保証」が証券への投資運用というリスクを伴う資産運用に多くの顧客企業を巻き込んでいきます。その舞台回し役が証券会社でした。

バブル期の証券各社は株価のつり上げに躍起になって取り組み、高収益を謳歌することになりました。山一證券も例外ではなく、「法人の山一」として、六五年証券恐慌時に損なわれた名誉回復、汚名返上の絶好の機会としてとらえていました。そのため、当時の横田良男・山一證券社長は営業特金拡大策を積極的に展開しました。しかし、「営業特金」の拡大は「利回り保証」の拡大をも招くものであり、「利回り保証」を実現化するには場合によっては「飛ばし」によって損失を顕在化させずに、順調な運用を装う必要があります。その結果、「飛ばし」が繰り返されて、元々の顧客がわからなくなり新たな引受先を求めてさまよう「宇宙遊泳」なるものも存在したとさえいわれます。この「狂気の沙汰」としかいいようがない営業実態も、株価が上昇を続ければ一時的な損失も取り戻すことはできました。だから、誰もが株価の上昇を信じて疑わなかったバブル期においては、「利回り保証」も「飛ばし」も当たり前の行為として違法性の認識は希薄だったのです。

繰り返された失敗

しかし、一九九七年の経営破綻の要因としては、営業特金の問題だけでなく、それ以外にも証券会社の業務からの逸脱や法令遵守にもとる行為が積み重ねられてきた経営実態に目を向ける必要があります（以下の記述は、飯田隆「山一證券の破綻」宇田川勝・佐々木聡・四宮正親編『失敗と再生の経営史』有斐閣、二〇〇五年による）。たとえば、一九八六年には一〇〇〇億円の転換社債を発行した三菱重工業が、その一部を指定する総会屋に引き受けさせるよう山一證券に指示し、山一側はやむなくこれを受け入れています。この件は、さすがに問題視する山一の関係者が総会屋リストを一部マスコミに流してスキャンダルになっています。また、前章で紹介した八七年九月のタテホ化学工業事件では債券相場の暴落によって運用を任されていた営業特金で山一證券は大きな損失を出し、さらに一〇月のブラックマンデーによる世界的な株安のなかで、株式で運用していたファンドにも多大な損失を受けました。しかも、「ニギリ」による利回り保証の約束のもと、これらの損失は山一が負うこととなり、その額は一挙に一〇〇〇億円前後に達しましたが、山一證券はこの損失を表面化させずに、簿外でペーパー会社などに飛ばして密室処理しています。

その後、一九八九年一二月に大蔵省が営業特金の解消を命じる旨を通達したことをきっかけに金融・証券に関わるスキャンダルが相次いで発生することになりますが、九〇年に山一證券は、湾岸危機以降の円高進行により一〇月に六〇〇億円を超える為替差損を被り、これを九一年三月決算で表面化を避けるため、損失の隠蔽工作を行っています。

こうしたなかで、九〇年二月から社内で行われていた営業特金の調査において、事業法人部門の運用金額は一兆八〇〇〇億円程度で、その含み損は一三〇〇億円程度であることが判明しました。問題はその処理の仕方で、調査報告では顧客に損失を負わせることは難しいので、山一證券が損失補塡する以外に選択肢はないと報告しています。これを受けて同社の行平次雄社長は、①客とトラブらない、②粛々と引っ張れ、③営業担当者の責任にはしない、との方針を打ち出しました。要するに、うるさい法人顧客に対しての損失補塡は仕方がないが、なるべく先送りして、相場の回復を待つという安易な道を選んだのです。そして、この方針に沿って「飛ばし」が繰り返されることになりました。

しかし、九一年にはいって『読売新聞』が国税庁の税務調査で判明した四大証券の補塡の実態を連日掲載し、損失補塡追及キャンペーンを展開するなどのなかで、七月には大蔵省が四大証券に対する特別検査を開始します。この動きに対して顧客企業からは「営業特金」を解消したいという要求が相次いだといわれています。顧客企業はいち早く損失補塡を受けて取引を解消し、自らに火の粉がかかることを避けようとしたのだと思います。しかし、特別調査のさなかには無理な相談でした。こうして「客と争わず、粛々と引っ張る」ことなどできない状況となりました。

それでも、山一證券は巨額の損失が表沙汰にならないようにと、検討チームを設けて処理の方策を模索し、法人ファンドで処理できない一二〇〇億円ほどをペーパー会社に引き取らせることを決定します。この決定に基づいて九〇年の二月と一一月に二社のペーパー会社が設立され、さらに同じころ、海外にも受け皿となるペーパー会社が設立されています。

法的な観点からみれば明らかに問題のある処理でしたが、顧客企業からのクレームを恐れる一方で、株価が回復すれば問題は霧散するという楽観もあったものと思います。この点は、「飛ばし」の最終受け皿の一つだった東急百貨店との関係で明らかになります。両社の交渉は難航しますが、そのトラブルについて九一年八月には大蔵省証券局から山一證券に対し問合せがありました。この件で三木淳夫副社長と面会した松野允彦証券局長は「大和は海外に飛ばすようだが、山一はどうか」というような「飛ばし」で処理することを示唆するような問いかけをしています。もちろん、この発言について松野局長は九八年二月の衆議院大蔵委員会に参考人として出席し、否定しています。しかし、示唆ないし指導と受け止めた山一證券は、東急百貨店関係のファンドもペーパー会社に引き取らせることにして弥縫（びぼう）します。この報告を三木副社長から受けた松野局長は、「ありがとう」とか「ご苦労様」とねぎらい、「山一にすればたいした数字ではない、ひと相場あれば解決ですよ」などとも話したとされています。真偽は藪の中ですが、相場回復があれば問題は解消できると考える傾向が関係者の間で共有されていたことは間違いないでしょう。付け加えると、山一證券がまとめた「調査報告」では当日のやりとりが同行者のメモのかたちで残っています（山一證券株式会社社史編纂委員会編、前掲書、四三一～四三二頁）。記憶に基づく大蔵省の「否定」が事実をねじ曲げていると私は思います。いつものことですが。

この山一證券の動きは、同じように営業特金で「利回り保証」を行っていた他社の対応とは異なっていました。野村證券では八七年に田淵節也会長が「営業特金の拡大は証券会社の経営に禍根を残す」として営業特金の自粛を打ち出します。八八年には事業法人部門の運用担当者に損失の出ているファンドでも強引に顧客企業に引き取らせるように指示しました。また、特定銘柄を買い上げて「ちょうちん」をあおり、高値で売り抜けるなどの相場操縦ともいうべきやり口もとられたようです。また、それ以外の証券会社では、営業マンが会社に無断でやったと片付けて、多額の賠償金を支払うことで解消したり、大和証券と東急不動産や東急百貨店との間では、裏でこっそりやると損失補塡になるから、相手に飛ばし取引の損失を賠償せよとの訴訟を起こしてもらって、途中で和解し賠償金を払うという裁判所を利用した「合法補塡」も行われたようです。いずれも違法すれすれの手法でバブルの清算を試みていました。しかし、山一證券の選択は客との争いを徹底して避け、トラブルを内に封じ込めるきわめて消極的なものでした。

自主廃業に追い込まれる

一九九三年三月の決算で山一證券は二期連続の赤字を計上することになります。それに先だって行われていた大蔵省と証券取引等監視委員会の定例検査を受けて、大蔵省小川是証券局長は六月に三木淳夫社長に対して、九月までに経営再建策をまとめるように指示しました。証券局は事態の重大性をようやく認識したように思います。

しかし、再建策に関する山一證券の検討は、それまでの路線を反省し、再出発を果たすためには何が必要かというような建設的な議論に乏しいものであったようです。要するに経営首脳部に危機意識が欠如していたのです。この検討過程では、オフバランス（簿外）を合わせると六三〇〇億円の含み損があり、そのうちオフバランスは二二九〇億円に達していましたが、これらの含み損をどう処理するかについて十分な議論はなされず、先送りするしかない、というのが経営の判断でした。

再建案立案に逡巡しているなかで、経営悪化に追い打ちをかけるように、「モーゲージ・ジャンボ問題」が発生しました。これは、山一が開発した米国の抵当証券を組み入れた個人投資家向け投資信託商品で、九〇年の販売額が合計三〇〇〇億円に達するヒット商品でしたが、九二年には米国抵当証券相場下落によって額面割れや償還延期が生じました。販売時点では元本保証・確定利付き商品であるかのように説明されていたため、山一證券は販売上の責任をとって、すべての顧客に額面まで損失補塡することになり、一〇〇億円の損失を負うことになりました。

こうした事情もあって、一九九三年一二月に山一證券が大蔵省に報告した計画書では、オフバランスが存在しないことを前提にした内容になりました。こうしてオフバランスの含み損（簿外債務）の問題は再び先送りされたのです。それは無理に無理を重ねるものでした。配当する原資がないにもかかわらず配当するなどして体裁を整えたものの、四大証券のなかで山一證券の地盤が沈下していきます。

一九九七年八月になって、山一證券の取締役会は、簿外債務の存在を知らされていなかった五月女正治専務が会長に、野澤正平専務が社長に就任することを決定します。新体制のもとで経営再建へ向けて方策を練るための極秘プロジェクト、「新生山一」の頭文字をとった「Sプロジェクト」を発足させ、約一ヵ月後には「国内顧客重視型の収益性の高い中堅証券会社へと変貌を図る」ことを目標に、大幅なコスト削減と安定的な収益確保体制の構築を進める一方で、簿外債務を特別損失として当期中に処理することも盛り込む再建案がまとまります。しかし、この再建計画を実行するためには八〇〇億円の外部資金導入を必要としていました。しかも迂闊なことに山一證券はその融資について山一證券がメインバンクと信じて疑わなかった富士銀行から借り入れることしか考慮していませんでした。一〇月初めに富士銀行に対して、渡辺常務らが「含み損」の存在を明かし、支援を要請します。支援を受けるために山一證券は「グループ全体を丸裸にした」情報を提供したといわれています。しかし、富士銀行は一一月一一日になって事実上の「ゼロ回答」を山一證券に伝えました。富士銀行は山一證券を切り捨てたのです。こうしてSプロジェクトは幻の再建計画に終わりました。

この一週間ほど前の一一月三日に三洋証券が会社更生法の適用を東京地裁に申請したことをきっかけに、第二次世界大戦後の日本のコール市場で初めてのデフォルトが発生しました。そのため金融機関は互いに疑心暗鬼をつのらせ、危ないとみられた金融機関の短期資金調達が困難になっていました。この金融不安は、一七日に北海道拓殖銀行の破綻につながりました。銀行としては異例の資金繰り倒産でした。その三日前、一四日の午後六時ころ、山一證券の野沢社長と藤橋常務は大蔵省長野証券局長を初めて訪ね、その席上で山一證券は簿外の含み損が約二六〇〇億円存在することを打ち明けます。これに対して長野局長はとくに驚いた様子もなく、「むしろ、もっと早く来ると思っていました、三洋証券とは違いますのでバックアップしましょう」などと述べたと伝えられています。もちろん、長野局長はこの話を後日になって否定し、「誰でもできることはしますよ、ということぐらい言うでしょう」と語っています。しかし、山一證券の野澤社長らは、大蔵省が何とかしてくれる、助けてもらえる、と受け止めました。

同じ日、山一證券の五月女会長と渡辺常務が日本銀行を訪問し、同様に簿外債務の存在を報告しています。この時の報告によると、一一月一四日付の資金繰表において、山一證券には月末に約二五〇〇億円の資金不足が生じることになっていました。対応した日銀営業局の吉沢保幸課長は、即座に山一は破綻せざるをえないと判断したようです。そして、二日後の一六日に日銀営業局を訪ねた大蔵省証券局業務課長小手川大助に対して二八日期限のローン返済は絶対無理と説明しました。そこで、大蔵省は、三洋証券と同様、会社更生法の適用も考慮しましたが、三洋とは顧客口座数などの規模が違ううえに、海外拠点の数も多く、山一證券の海外現地法人には更生法は適用されないため、デフォルトの危険性が高く、「自主廃業しかない」と判断することになります。こうして、本章の冒頭で紹介したように、一九日には長野局長から「自主廃業」の方針が山一證券に伝えられます。それでも山一證券の首脳は自主廃業を避けようと大蔵省や外資と懸命に交渉を続けましたが、二二日の『日本経済新聞』朝刊で「山一、自主廃業へ」のトップ記事が打ち出されて万事休し、同日早朝に山一證券取締役会は「自主廃業」を正式に決定しました。

山一證券・野沢正平社長
（東京証券取引所，1997年11月24日）
朝日新聞社　提供

自主廃業を発表した記者会見で野沢正平社長は、次のように述べています。

これだけは言いたいのは……私ら（経営陣）が悪いんであって、社員は悪くありませんから！　どうか社員のみなさんに応援をしてやってください、お願いします！　私らが悪いんです。社員は悪くございません‼　善良で、能力のある、本当に私と一緒になってやろうとして誓った社員の皆に申し訳なく思っています！　ですから……一人でも二人でも、皆さんが力を貸していただいて、再就職できるように、この場を借りまして、私からもお願い致します！

その後、山一證券の従業員たちは顧客資産の返済業務などに忙殺されつつ、自らの再就職先を見出さなければならなくなりました。山一證券株式会社は、翌一九九八年三月末をもって店を閉じ、九九年六月二日付けで東京地裁から破産の決定が下されました。

こうして大蔵省の護送船団方式が崩壊したことを受けて、日本の金融業界は大規模な再編過程に突入します。すなわち、証券業界のみならず銀行業界や保険業界をも巻き込んだ、従来の系列関係を超えた合従連衡の時代を迎えることとなります。おそらく、山一の破綻をみて、著しく恐怖感をつのらせたのは当時の大手金融機関のトップたちだったと思います。政府・大蔵省や日本銀行はいざというとき、もはや助けてはくれない、自助努力で生き残る以外に手はない、と感じたに違いないと思います。

参考文献

飯田隆「山一證券の破綻」宇田川勝・佐佐木聡・四宮正親編『失敗と再生の経営史　新しいパラダイムを探究』有斐閣、二〇〇五年
河原久『山一証券失敗の本質』ＰＨＰ研究所、二〇〇二年
北澤千秋『誰が会社を潰したか　山一首脳の罪と罰』日経ＢＰ社、一九九九年
草野厚『山一証券破綻と危機管理　一九六五年と一九九七年』朝日新聞社、一九九八年
佐々木信二『山一證券突然死の真相』出窓社、一九九八年
橋本寿朗「山一證券の経営破綻と銀行管理下の再建　一九六五年証券恐慌と山一證券」『証券経済研究』第二一号、一九九九年
山一證券株式会社社史編纂委員会編『山一證券の百年』一九九八年

あとがき

「はしがき」と重なりますが、現在の経済社会を経済主体という視点からみれば、企業は主役の地位を占めています。企業は、近代的な資本主義経済制度が成立するとともに、財やサービスの生産組織として、私的財産制度に基づいて、権力からの恣意的な介入を受けない「営業の自由」の原則を勝ち取ることで、その創造的な活動の場を広げてきました。

主役であるということは、企業が組織された生産活動を担っているだけではなく、大多数の社会の成員が企業に雇用されることで所得をえていること、そして、その所得を基礎に企業の供給する製品やサービスを購入し、日々の生活を送っていることにあらわれています。このような関係を取り結ぶことによって、企業は社会的な再生産に必要な財やサービスの生産に従事し、労働力の再生産に必要な所得機会を提供するだけでなく、その社会の拡大再生産に用いうる社会的な剰余の投資先の選択に責任を負う主体であるという意味でも主役です。企業は社会の持続可能性に必要な経済的な条件を満たす責任を、こうしたかたちで負っています。

さまざまな出来事を通して示したように、企業に関わる投資家、経営者、従業員、顧客などのステークホルダーの関係は、歴史的にみれば必ずしも安定的なものではありませんでした。企業が「営利企業」として認識されるようになると、利益を生むことだけに関心をもつような投資家も生まれ、利害関係者の間での軋轢を生むことになりました。

株価に翻弄される投資行動が投機的な逸脱を生む例のいくつかは，本書でも紹介した通りです。こうした状況は，資本市場の発展とともに投機的な投資行動が短期的な収益機会として注目されたからです。一九九一年の日本のバブル崩壊や二〇〇八年のリーマンショックなど，最近に至るまで経済実態から乖離した株式市場の暴走がもたらした経済的混乱が与えた打撃の大きさは計り知れないものです。

だからといって株式・資本市場が無用なものというわけではありません。実体経済では資本の移動が制限されていますから，証券の形態でより高い効率性を実現できるような分野へとスムースな資本移動を促したり，収益性が毀損した資本の再評価をすることで経済活動の健全性を回復させるうえで資本・資金の市場機能は必要不可欠なものです。問題はそうした市場において，企業活動による利益高だけを指標にして，投資収益だけの確保を優先する行動が市場の本来の機能を損なっていることなのです。それゆえにESG投資などによって投資家の行動原理そのものの見直しなどが求められています。投資家が企業への投資について期待すべき基準も変わりうるものなのです。

歴史的にみると，投資家と経営者との関係はプリンシパルとエージェントの関係に単純化できるものではありませんでした。従業員も代替可能な「労働力」というようなモノではなく，人間として対等な扱いを求めて声を上げるようになります。社会主義の思想に影響された指導者たちもいましたが，多くの従業員が求めたのは自らの生活を少しでも豊かにすることでした。社会主義的な思想は，それまで社会的に虐げられてきた労働者階層の人たちの権利意識を覚醒させ，企業活動に不可欠な一員とするうえで重要な役割を果たしています。そして，そうした人たちの声がより平等で誰でもがそれぞれの幸福を追求することを認め合うような社会へと確実に歩みを進める力となってきたのです。営利を追求することを第一とする企業だけでは、このような変化は遅々として進まなかったでしょうから、企業のあり方に異議を申し立てる労働組合運動などの役割は歴史を大きく前進させてきました。労働組合だけでなく、公害反対運動などの住民運動も同様に企業行動の逸脱をチェックし、企業には果たすべき社会的な責任があることを示し続けてきました。こうした動きも収益第一の企業行動に反省を迫ってきました。

もともと企業が生産活動を通して利益を生むのは、その生産物が消費者・需要家に選択されるからです。そのためにはただ作ればよいのではなく、ニーズに合った良質の製品を安価で供給することが必要です。それは、経営者だけの力ではなく、従業員の積極的な関与があってはじめて実現するものです。コストを下げることは日々の取り組みの積み上げによって実現されるものです。そして、そのようなコスト削減は他者の不利益、たとえば安価な原材料確保のために供給側の劣悪な労働条件などに目をつぶることではなく、自ら技術・技能を改善して、生産性を引き上げることによってはじめて実現できるものであり、そうでなければ、経済社会の発展に寄与することはできないことをきちっと見極めなければなりません。こうした誠実な選択に基づいた行動によって、企業は社会に対して貢献できることになります。こうして企業は「効率性を実現する装置」の結晶として製品を市場に送り出すのです。その結果が利益につながりますが、それはそうした企業内の努力が社会的に認められてはじめて実現されることです。

つまり、企業が利益を生むのは市場での競争・コンテストで高い評価をえた結果です。それは株式市場で株価が利益率や配当などをよりどころに変動することとは異なるものです。製品市場でのコンテストの結果が企業利益となるのですから、その結果である利益だけをみていては企業の本来の姿はわからないはずです。ところが、「効率性を実現する装置」であるはずの企業が「高収益実現のための装置」という外観を呈しているのが現代です。営利の追求は、利害の異なる関係者を企業の生産活動に摩擦を最小化して協力させていくためには必要な目標設定です。稼いだものを分配することを約束することがつなぎの糸であり、もっともわかりやすい目標設定だったからです。

しかし、それは企業の生産活動を生き生きとした、活力あるものにするための手段にすぎず、企業の本質的な社会的役割は、財やサービスの生産に努めることです。言い換えると、営利の追求は企業活動を効率的で社会的なニーズに適合させていくという目的を実現するための手段にすぎません。その点を見誤ると、営利の追求が自己目的化します。

このような問題は歴史的に繰り返し発生しています。二一世紀にはいってからの企業関連の事件として誰もが忘れることができないのは、東京電力福島原子力発電所の爆発事故でしょう。東日本大震災という想像を超える自然災害が発生したことを背景にしているとはいえ、津波の襲来による原子力発電所の危険性は、東京電力の社内で指摘されていました。しかし、このリスクを東京電力の経営陣は重視しませんでした。予備電源を浸水から安全な場所に移設することや防波堤をかさ上げするなどの予防的な措置にともなう費用が収益を圧迫することを懸念したからと考えられています。リスクを軽視して収益確保を優先したのです。東京電力は、「過去の判断に捉われて全電源喪失等により過酷事故が発生する可能性は十分小さく、さらに安全性を高める必要性は低いと思い込んだ結果、過酷事故対策の強化が停滞した」と事故原因を総括しています。しかし、この判断ミスが事故による除染や廃炉のために多額の国費を費消することになったことは、忘れてはなりません。

この東京電力では、原発事故より前の二〇〇二年に原子力発電所のトラブル記録を意図的に改ざんし、隠蔽していた事件も発覚しています。そして、二一年には柏崎刈羽原子力発電所で侵入検知設備が機能していなかったことが判明して、原子力規制委員会が四段階で最悪の評価を下す事件も引き起こしています。リスクを軽視して収益確保を優先したという企業経営の判断は、第13章でみた公害問題などにも共通するものです。企業活動の社会的影響力について、十分な配慮がなされることが必要であり、株主の求める高い収益だけにこだわることの問題性は明白でしょう。

二〇〇二年に発覚した雪印食品・日本ハム・伊藤ハムなどによる牛肉などの食品偽装事件にも同様の企業活動のゆがみがみられます。それは、消費者に対して偽りの情報を提供することで売り上げ拡大を優先させた結果です。一六年には三菱自動車の燃費試験の不正が明らかになりましたが、これを追いかけるようにスズキの燃費不正が発覚し、さらに一七年には複数の自動車メーカーによる車両の完成検査不正が発覚しました。日本企業が誇ってきた生産品質、生産者による品質保証の信頼性が揺らぐような事件が頻発しています。三菱自動車の事件と同じ年には神鋼鋼線ステンレスにおいて、ばね用ステンレス鋼線の強度試験データの改ざんが発覚し、ＪＩＳ認証を取り消されています。同様のデータ偽装の事件は、それから四〇件近く発覚しています。そして二一年には三菱電機によって鉄道車両向け製品など広範囲に検査不正が長期間にわたって行われていたことも明らかになっています。検査の手抜きなどが常態化していた背景には、余計な費用をかけたくないという企業の「身勝手な行動原理」が働いているようです。こうしたゆがみは改められなければなりません。本書では詳細を紹介はできませんでしたが、「営利追求」を過度に強調するようになったことのゆがみが大きくなっていることは、本書を読みといた読者には理解できるでしょう。

企業活動が社会に果たす役割からみると、収益は潤滑油ですが、それ以上ではありません。だから「営利企業」だけが企業活動が担うべき社会的責務を果たすことができるというわけでもありません。現代の非営利組織の活動範囲の拡大などからもわかるように、財やサービスの生産という企業の社会的役割が社会全体のニーズを満たすうえでは十分ではなく、営利を目的としない生産組織によって補完的な生産活動が必要となっているのです。非営利組織は新しい企業観を提示することによって、これまでの営利本位と捉えられてきた企業観に対して挑戦しているようにもみえます。このような動きにも影響されながら、経済社会が抱える地球規模での問題に対処して営利企業も自己変革を遂げようとしています。もちろん、こうした動きがどのような未来を創り出すかはわかりません。しかし、特定の見方によって企業のあり方を型にはめて考えることが不適切なことは、ここまで読んできた読者であれば気がついているのではないかと思います。

経済社会が求める企業のあり方は、時代とともに変化しうるものだとすれば、私たちの前に広がる未来予想図が変わりうるものであること、そして、投資家として、消費者として、私たちがどのような基準で企業の行動を評価するかが、変化を方向づける重要な役割を果たすことも間違いないことです。未来は、私たちの選択によって創り出されていくのです。

本書は、二〇一九年に有斐閣から刊行された『日本経済史』の出版企画を同社編集部の藤田裕子さんと相談していた一九九七年に藤田さんから提案されたものがもとになっています。つまり、企画から刊行まで四半世紀が経過してようやく上梓にこぎ着けたわけで、ひとえに著者の怠慢によって今日に至ったものです。藤田さんの企画案は、『事件で読む日本企業史』という仮タイトルのもとで、ちょうど著者が新曜社から九五年に出版した『日本経済の事件簿』の企業史・経営史版のようなものを企図していました。当初の目次案では二五項目ほどが候補になっていましたが、その後、出し入れがあり、また、各章の記述が予想外に長くなったので16章に絞ることにしました。この間に、世田谷市民大学などにおいて日本の企業史に関する講義を行ったりしながら、材料を集めて執筆準備を進めていくつかの草稿はまとめたものの、本格的な執筆作業に入ったのは、『日本経済史』が終わってからでした。企画から執筆まで時間がたち、それでも当初の案を優先したために、二一世紀に入ってすでに二〇年以上経過しているにもかかわらず、その時期の企業事件については取り上げることができませんでした。新しい時代の問題を改めて調べるだけの力が足りなかったことは、そうした時代の記述を期待した読者には申し訳なく思います。課題が残ったことは自覚しますが、これ以上時間をかけることもできないので、潮時と思います。

それにしても、これほど長い時間をかけることになるとは思ってもみませんでした。もちろん、その間に本書に向き合った時間が続いていたわけではありません。しかし、著者にとっては、『日本経済史』とともに長いこと果たしていない約束として、藤田さんとお会いするたびに口には出さなくとも申し訳ない気持ちが続いていました。その重石からようやく解き放たれることになりますが、その間に忍耐強く執筆が進むことを待ってくださった藤田さんにはお詫びの言葉もありません。藤田さんの勧めがなければ、このような主題の書物を執筆することはなかっただろうと思います。もし、本書が読者の好意的な評価を受けるとすれば、それは藤田さんの企画の着眼点の良さによるものです。改めて、長い付き合いとなった藤田さんには心から御礼申し上げるとともに、本書の出版をお認めくださった有斐閣にも心からの謝意を記して結びといたします。

二〇二一年コロナ禍の秋に

武田晴人

索　引

人名・組織・機関名索引

や　行

ら・わ行

事項索引

さ 行

た　行

♣著者紹介

武田 晴人（たけだ・はるひと）

公益財団法人三井文庫常務理事・文庫長

東京大学名誉教授，経済学博士（東京大学）

おもな著作

『日本産銅業史』東京大学出版会，1987 年。『帝国主義と民本主義』〈集英社版 日本の歴史 19〉集英社，1992 年。『談合の経済学』集英社，1994 年（集英社文庫，1999 年)。『日本経済の事件簿』新曜社，1995 年（新版，日本経済評論社，2009 年)。『日本人の経済観念』岩波書店，1999 年（岩波現代文庫，2008 年)。『ビジネスの歴史』（共著）有斐閣，2004 年。『高度成長』〈シリーズ日本近現代史 8〉岩波新書，2008 年。『異端の試み　日本経済史研究を読み解く』日本経済評論社，2017 年。『日本経済史』有斐閣，2019 年。『日本経済の発展と財閥本社』東京大学出版会，2020 年（日本学士院賞受賞)。

事件から読みとく日本企業史

The Case Study on Japanese Business History

2022 年 5 月 20 日　初版第 1 刷発行

著　者　武　田　晴　人

発行者　江　草　貞　治

発行所　株式会社　有　斐　閣

郵便番号　101-0051
東京都千代田区神田神保町 2-17
http://www.yuhikaku.co.jp/

印刷・萩原印刷株式会社／製本・大口製本印刷株式会社

ISBN 978-4-641-16595-3